옌스 하르더

ALPHA

...directions

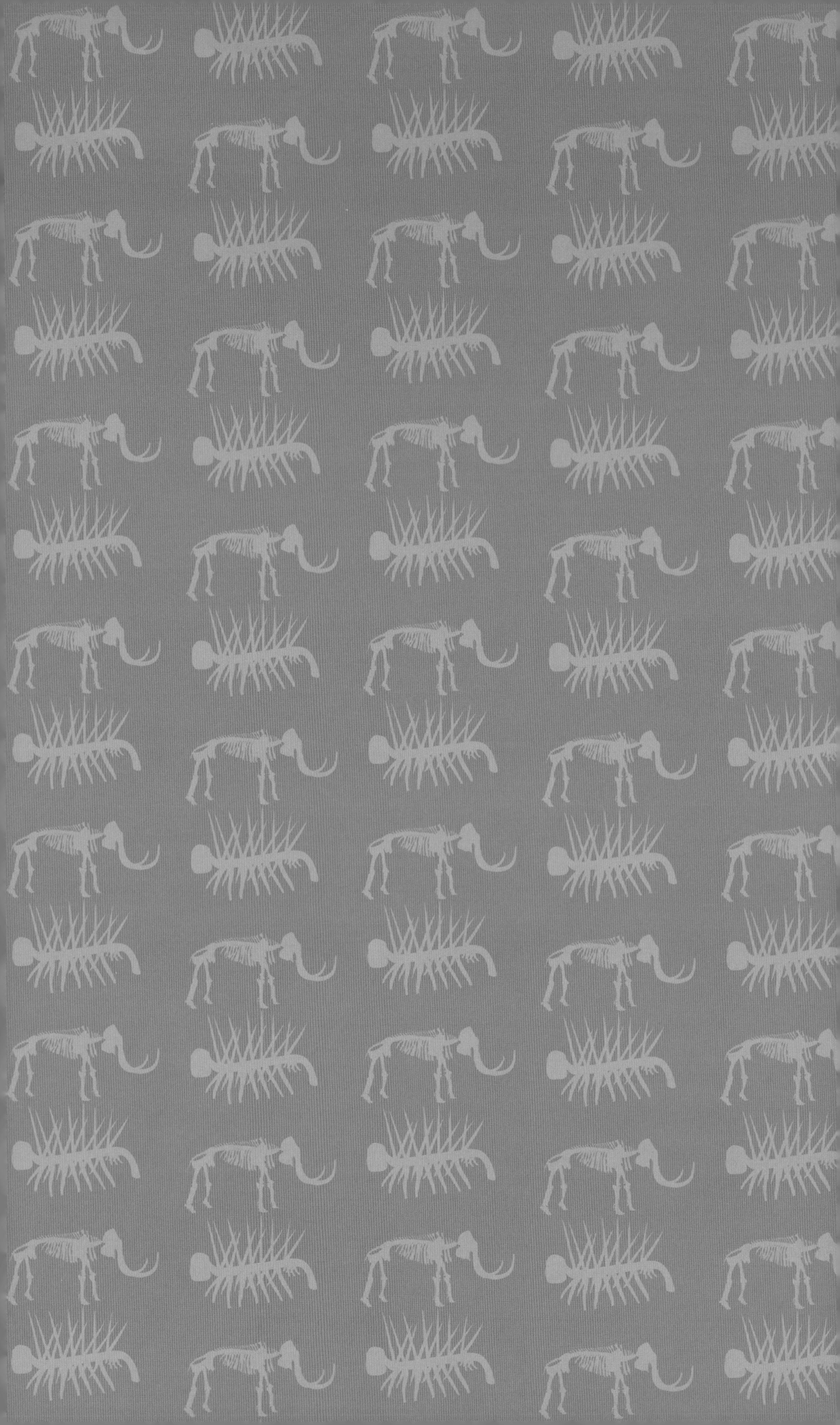

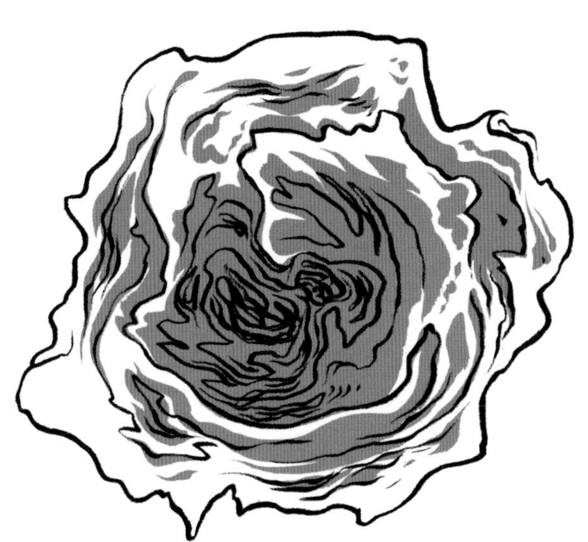

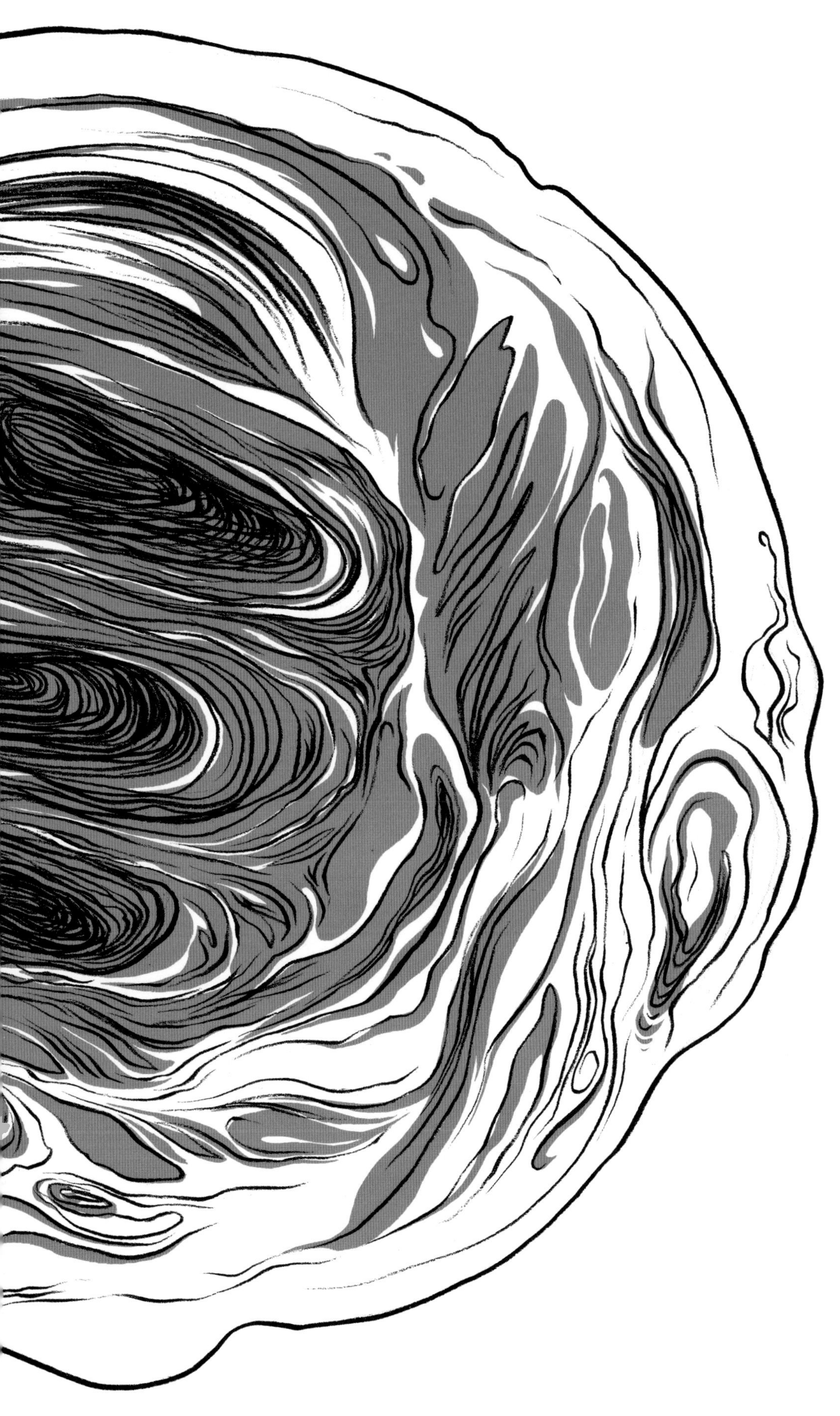

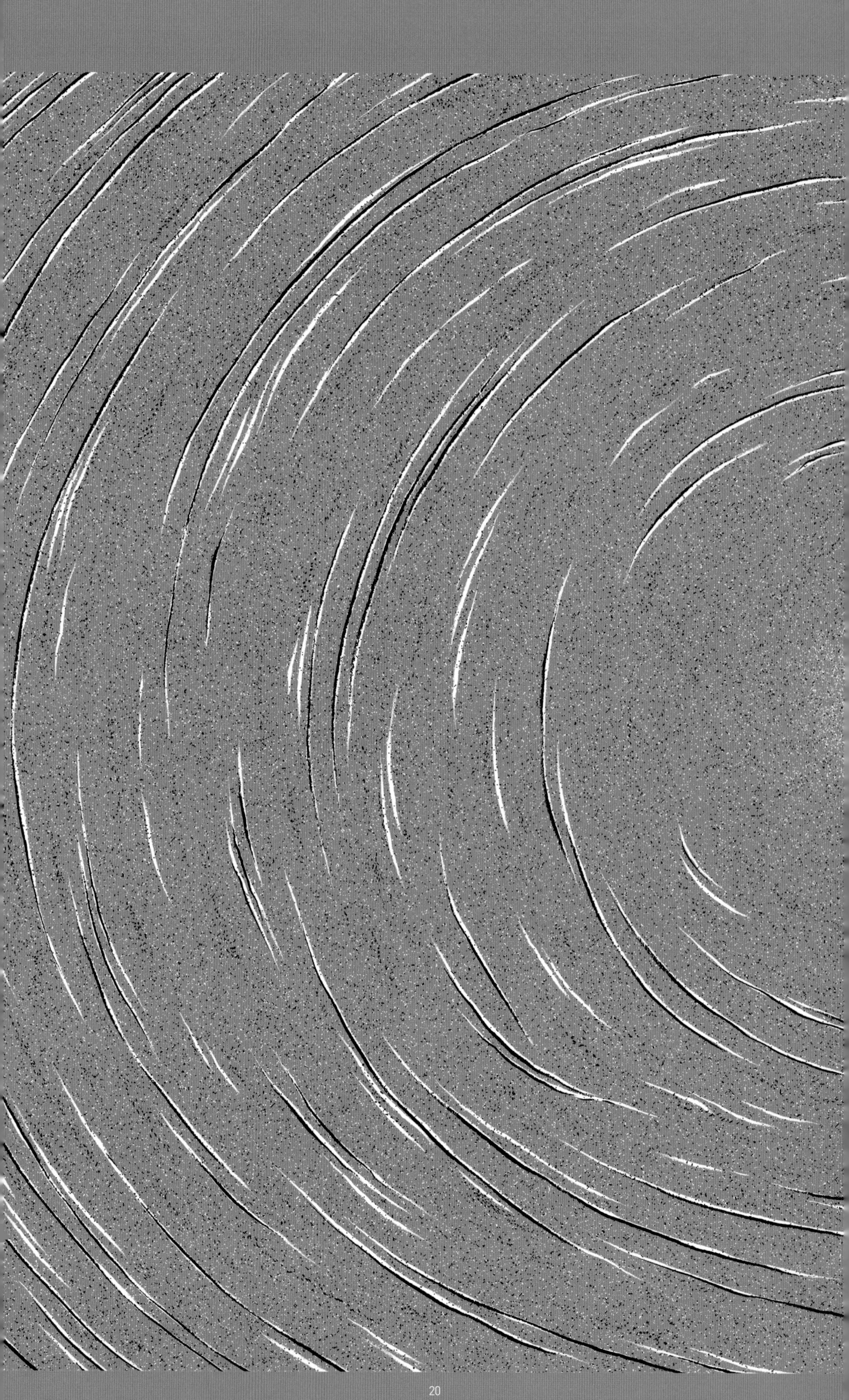

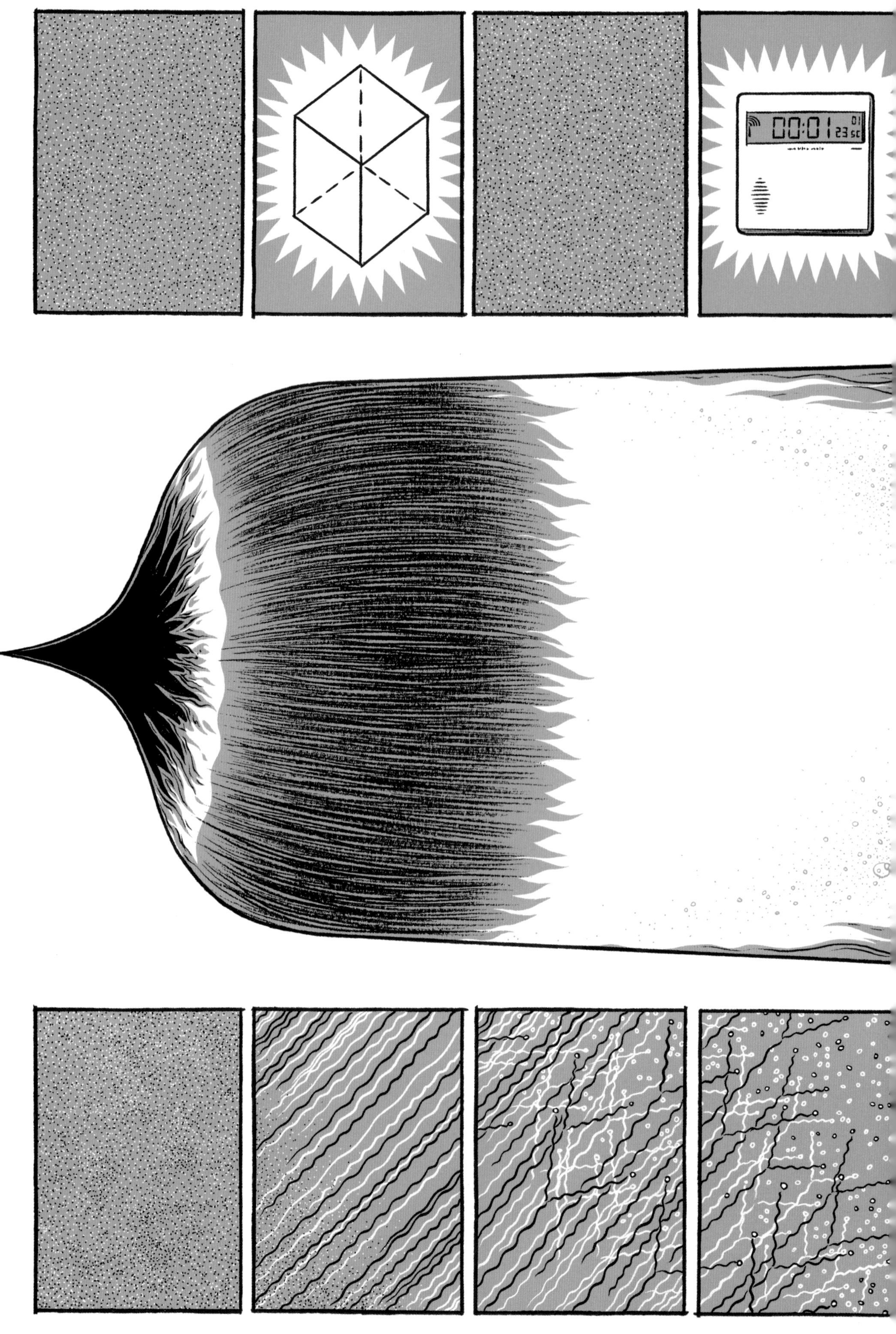
00:01
23

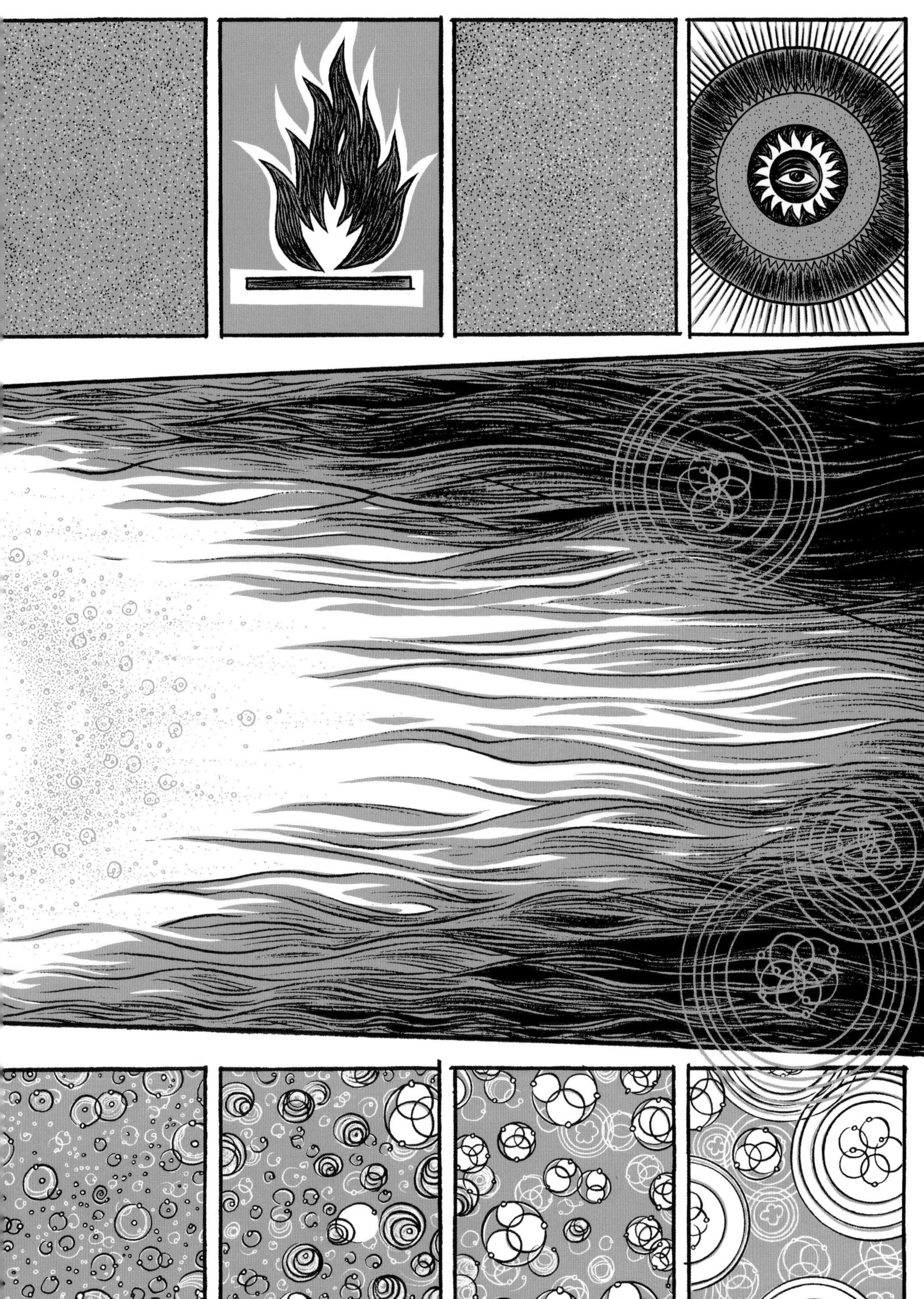

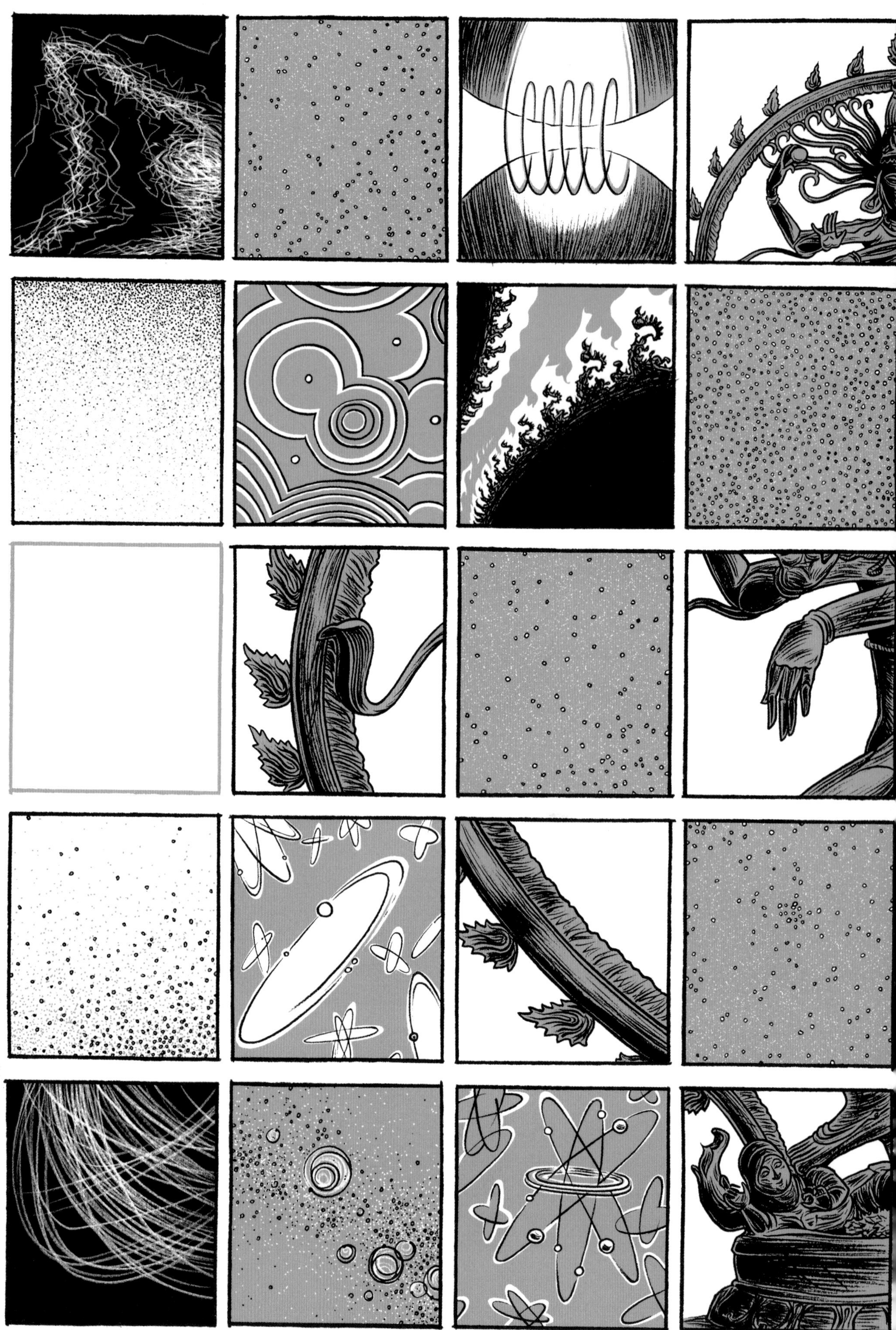

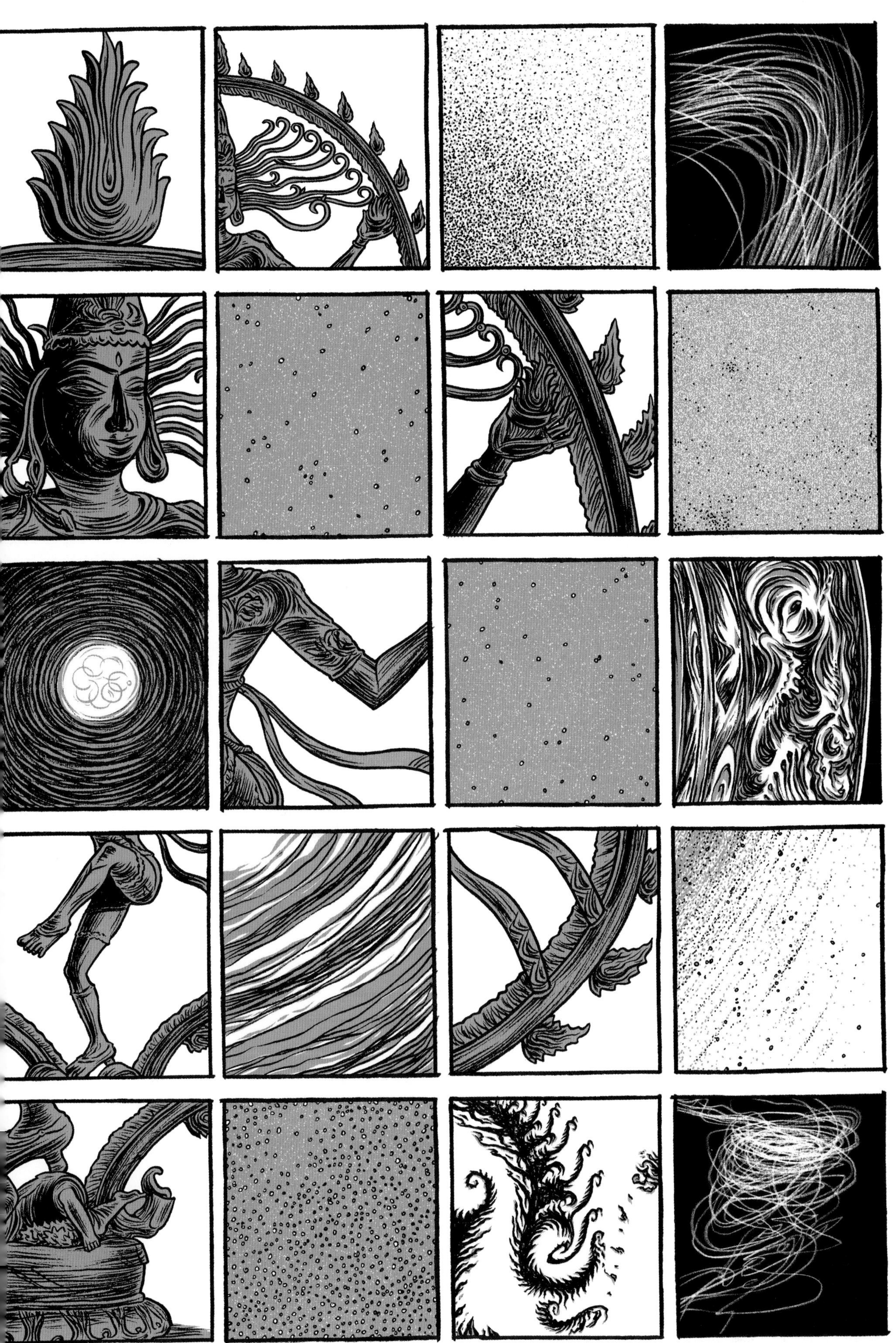

처음에는 하나의 어린 싹,
특이점밖에 존재하지 않았다.

축구공 크기의 한없이 뜨겁고 진한 이 원초의 상태가 우주팽창의 출발점이다.

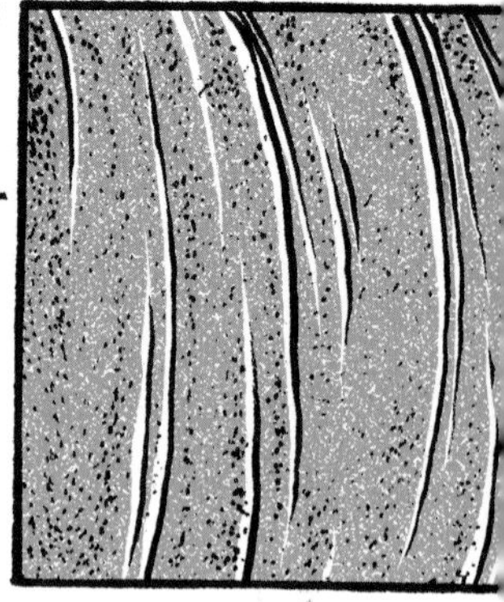
인플레이션 우주가 창조되고,
그것이 시공의 시작이다.

눈 깜짝할 사이에,
플라즈마가 방대한 양에 달한다.

물질은 반대의 전하로 이루어진 반입자인,
반물질에 대항한다.

쿼크가 차츰 안정적인 구조를 형성하고, 초기우주의 온도는 급격히 낮아진다.

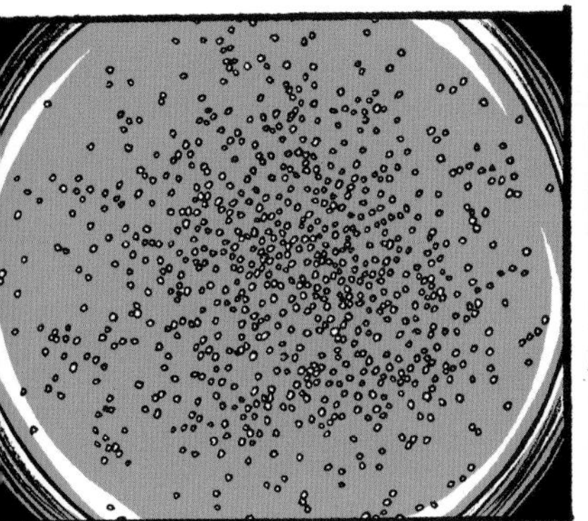

물리적 특성이 구성요소의 기본적
소용돌이에 질서를 가져온다…

… 모든 것이 제각기 움직이려는 공간에서
구조를 만들어내려고 시도하면서.

막 생겨난 힘의 연관을 방사선이
비추기 위해 다가온다.

각각의 충돌이 새로운 입자를 만들어 내고,
아원자의 세계가 활기를 띤다.

전자와 양전자에 따라.

중간자와 **바리온**.

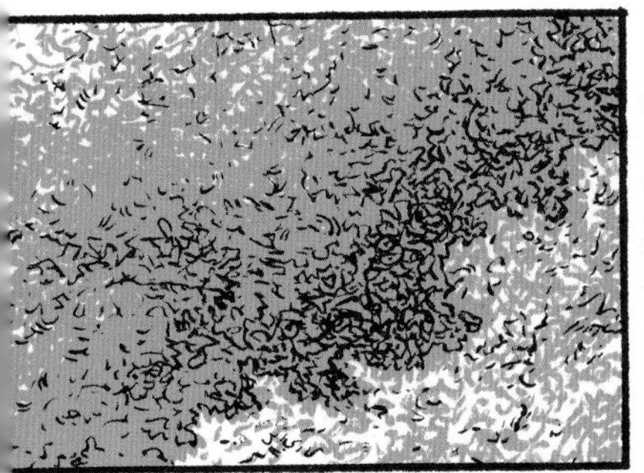

하드론과 **렙톤**.

뮤온과 **뉴트리노**.

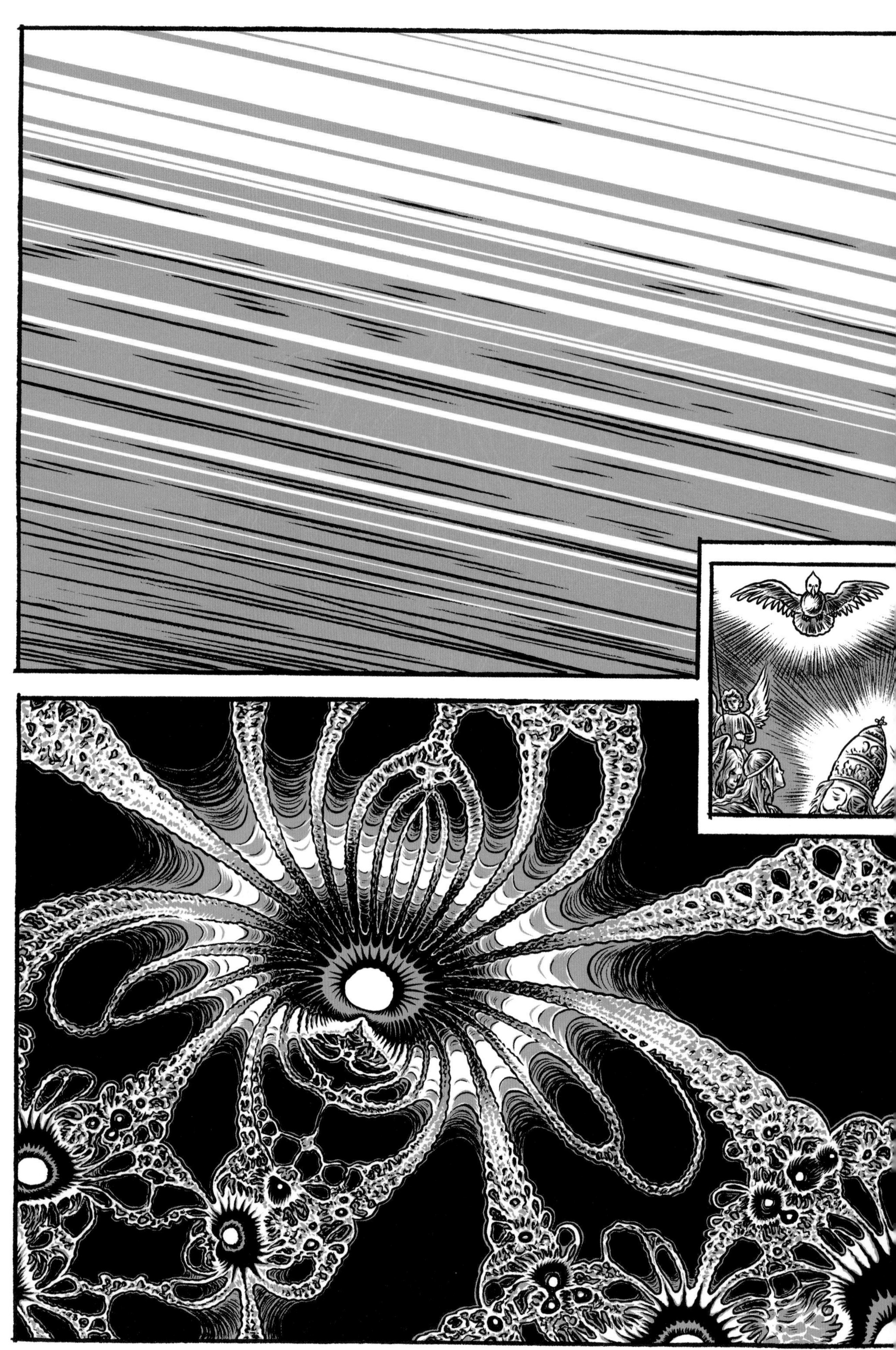

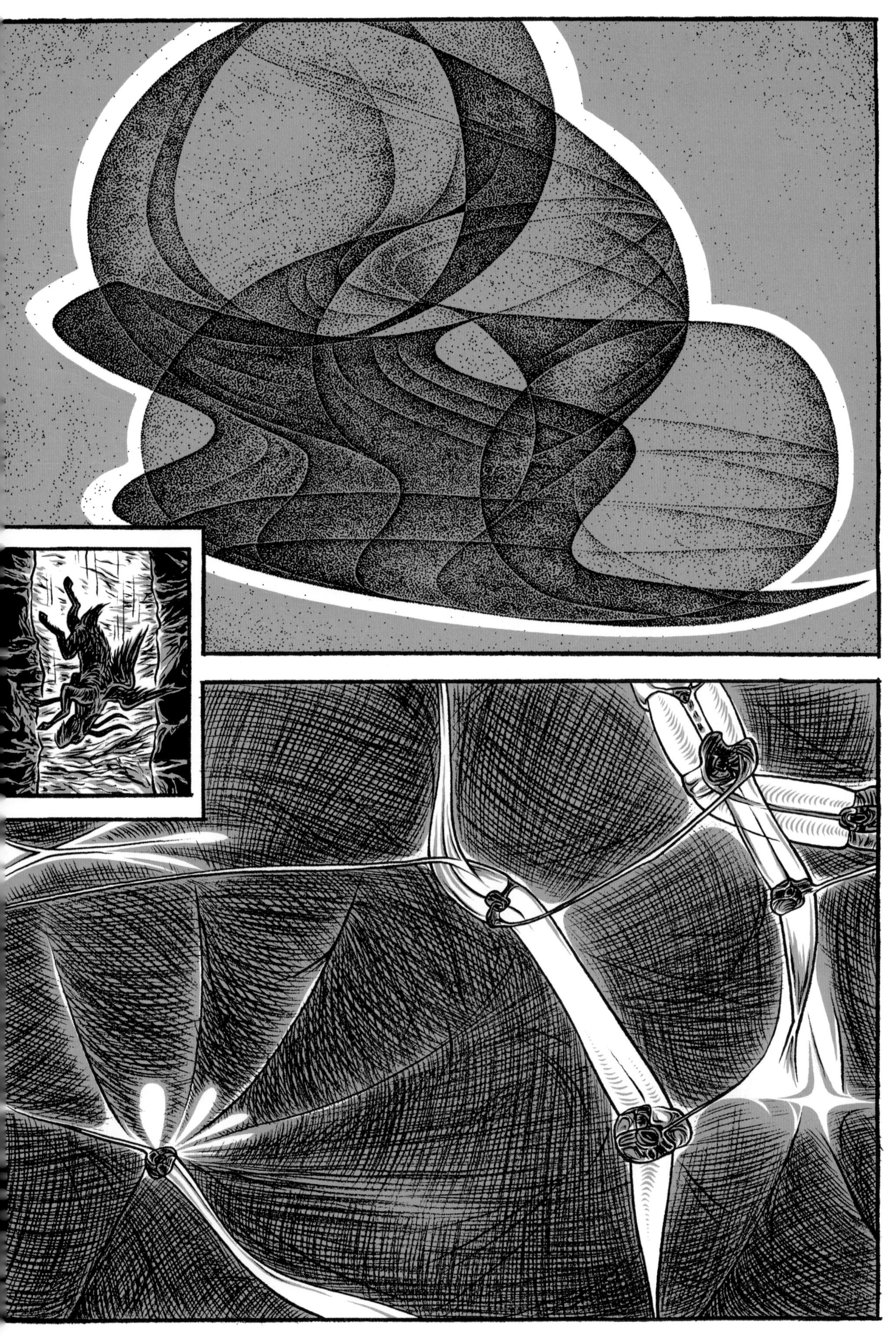

이러한 전개가 시작된 후,
채 15분도 지나지 않아…

…온도가 100억 도로 내려가고, 우연적 질서의 인과적 연쇄가…

…새로운 시대를 탄생시킨다.

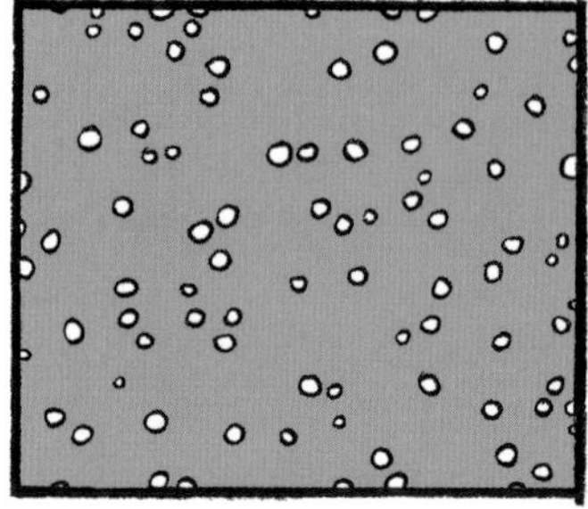

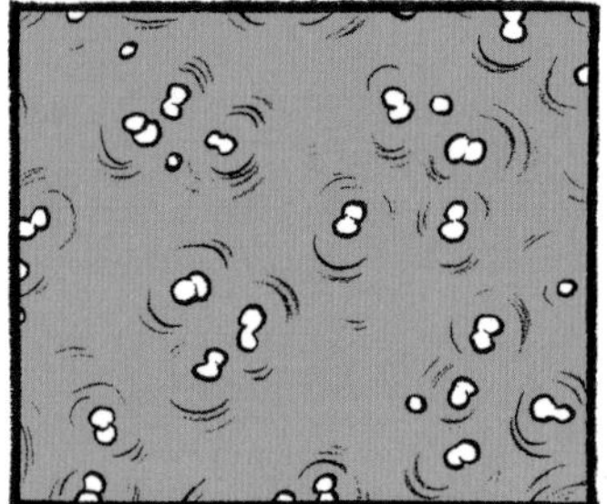

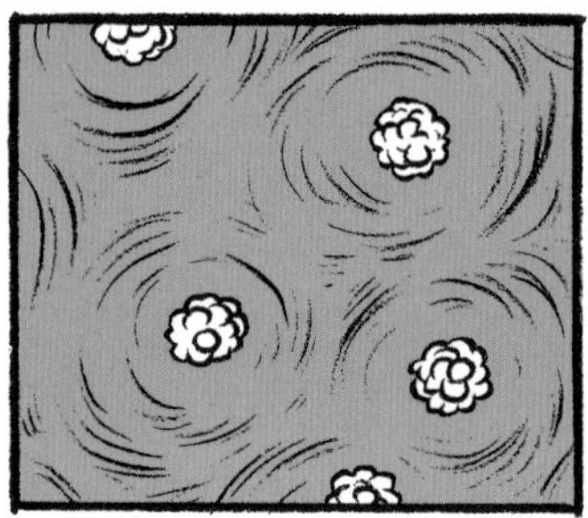

이 풍부함이 입자의 흐름을
집합시킨다.

양자와 중성자가 결합하고,
보다 큰 본체를 형성한다.

화학의 샘플케이스가 열리자, 원자의 시대가 시작된다.

일단 토대가 마련되면,
모든 세계는 도미노효과에 의해 끝없이 증가를 계속한다.

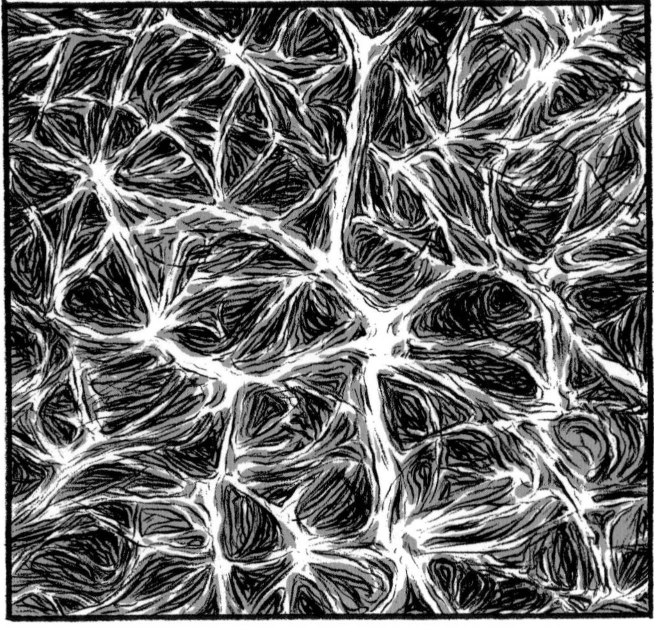
시공의 크기가 부풀어 오르고,
거대하고 복잡한 솜사탕을 한없이 만들어 낸다.

혼돈이 이 비옥한 과정을
점점 더 촉진시킨다.

이 과정은 물리법칙에 의해
이끌린다.

친밀했던 에너지와 물질은
분리된다.

우주는 냉각을 계속하고,
그리고…

…암흑이 된다.

100만 년이 눈 깜짝할 사이에 지나가고, 간접적인 약한 방사선만이 우주를 횡단한다.
이후의 우주는 투명해지고, 그 온도는 원초의 염열 후, 이제는 수천 도밖에 상승하지 않는다.

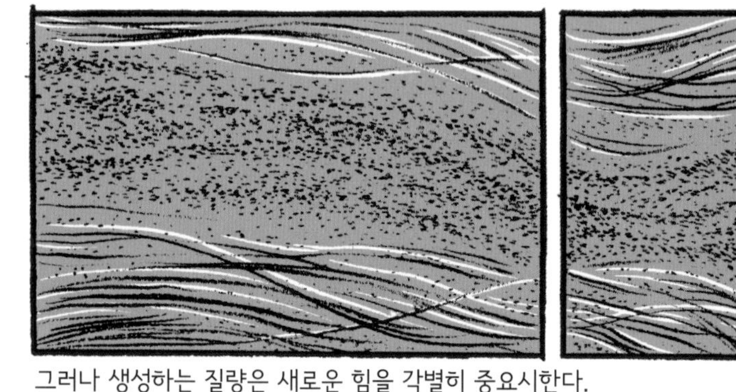

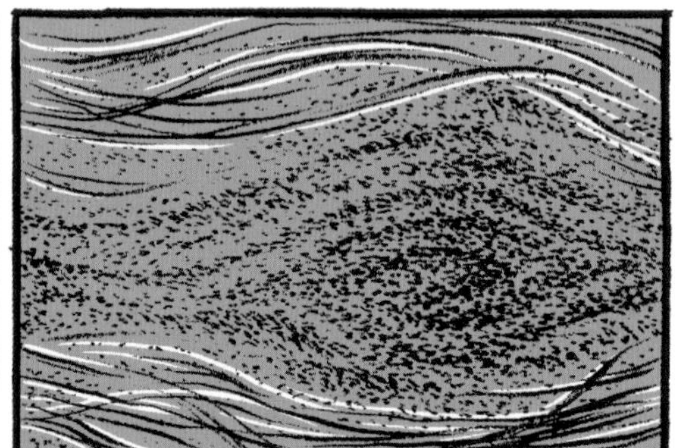

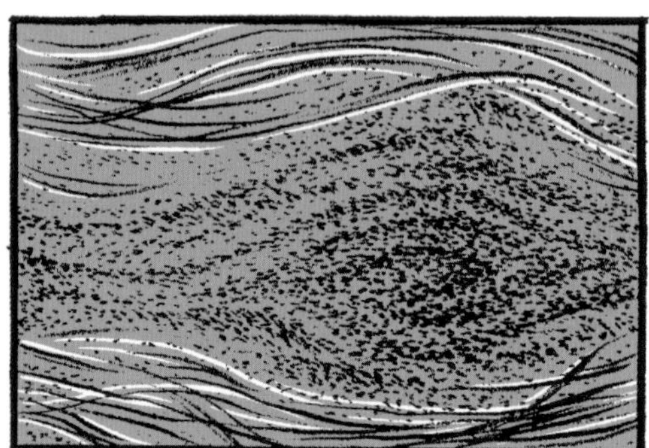

그러나 생성하는 질량은 새로운 힘을 각별히 중요시한다.

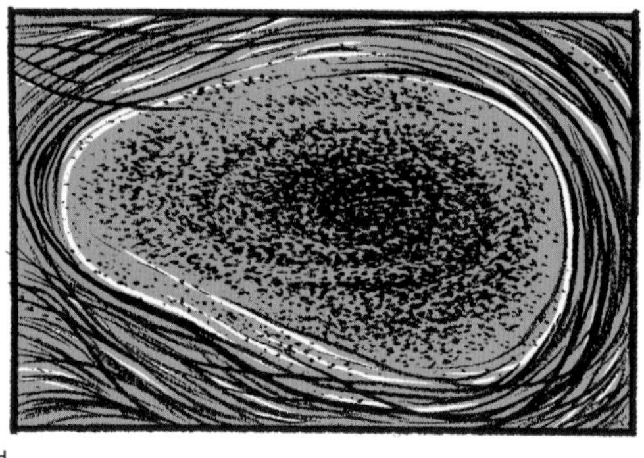

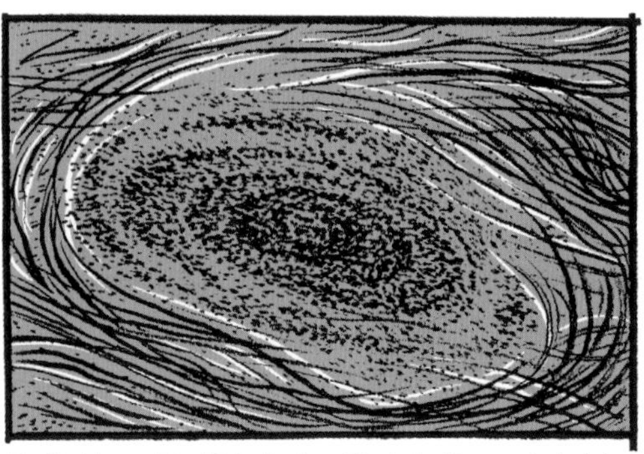

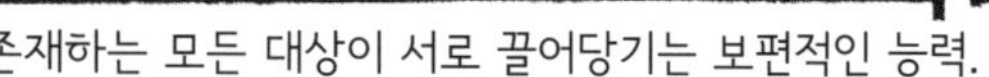

존재하는 모든 대상이 서로 끌어당기는 보편적인 능력.

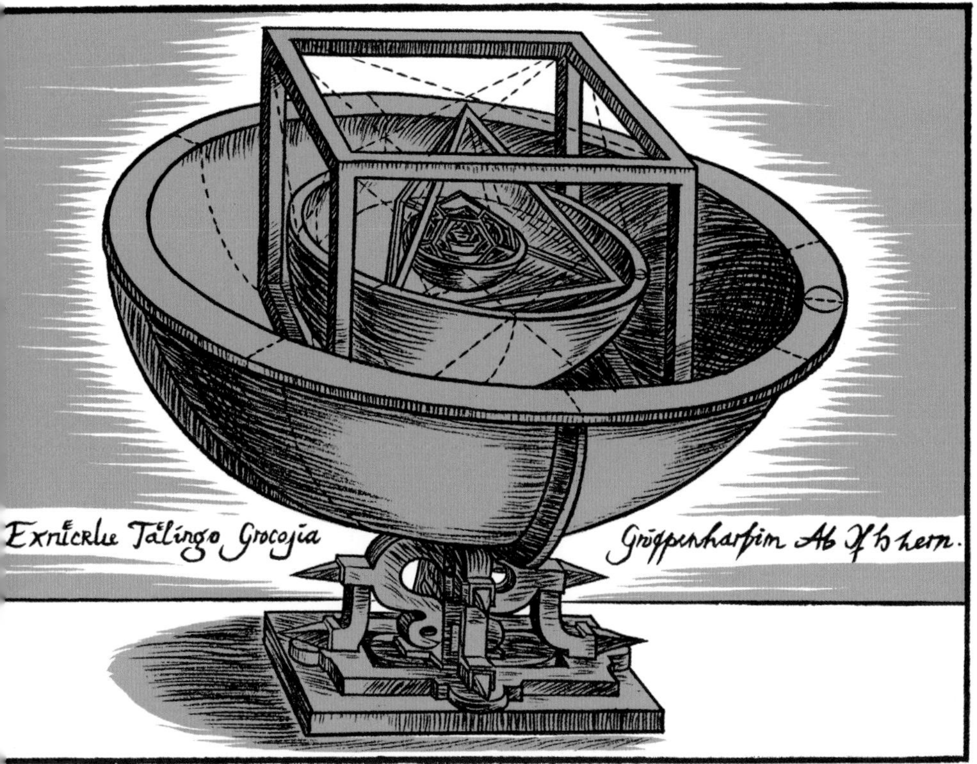

물리학의 네 가지 기본적인 힘의 하나이고, 천체역학 전체의 기초이며 원동력인 --- 중력

이후 수소나 헬륨과 같은 가벼운 기체가 고유한 질량을 지니고 집중하기 시작한다.

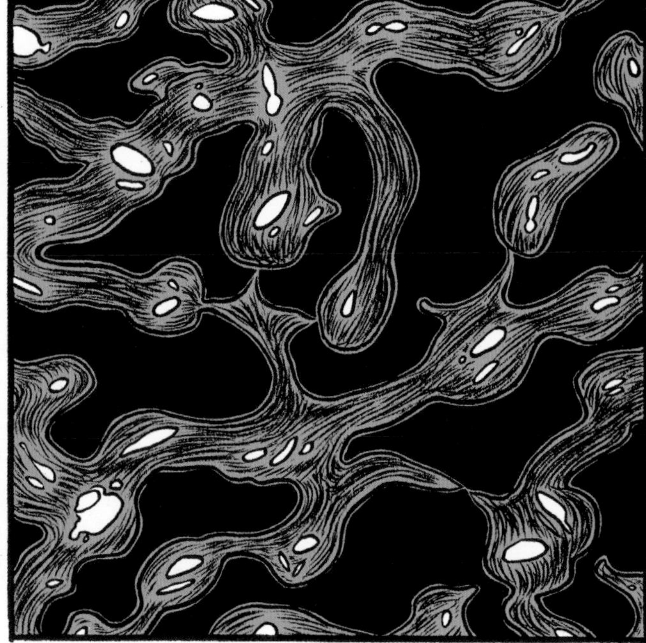

물질이 공간의 십자로에 모여서 응축하고 장래발전의 중심지가 된다.

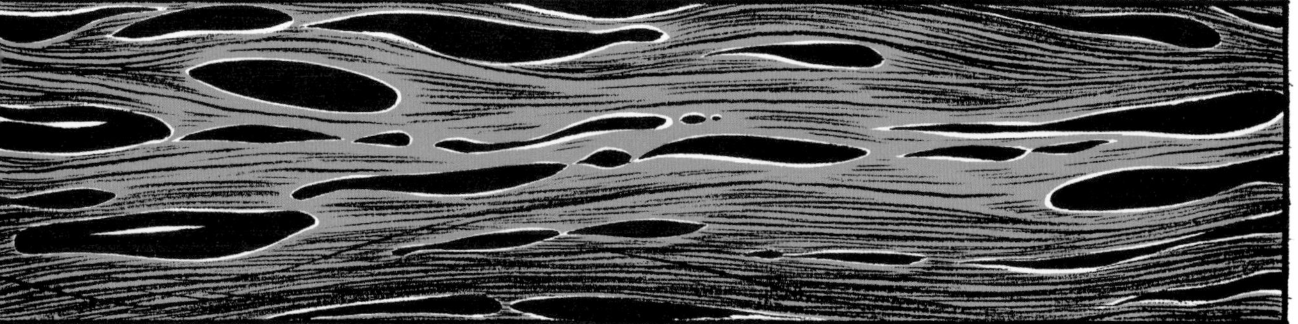

하지만 잠재적 반응의 최초 핵이 활동을 시작하기 위해서는 2억 8천 만년이 더 필요 할 것이다.

NASA

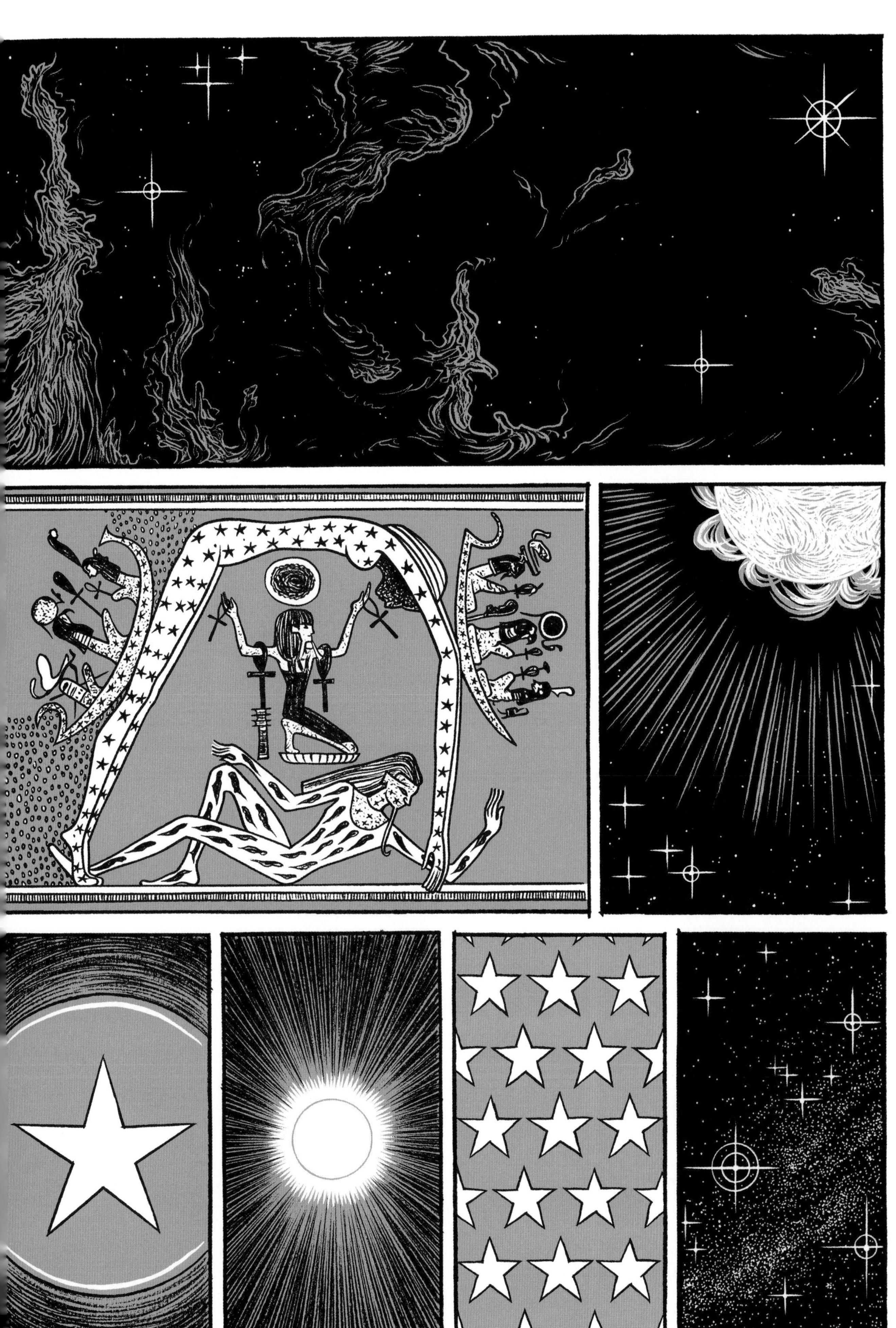

ALCOR
Infernus

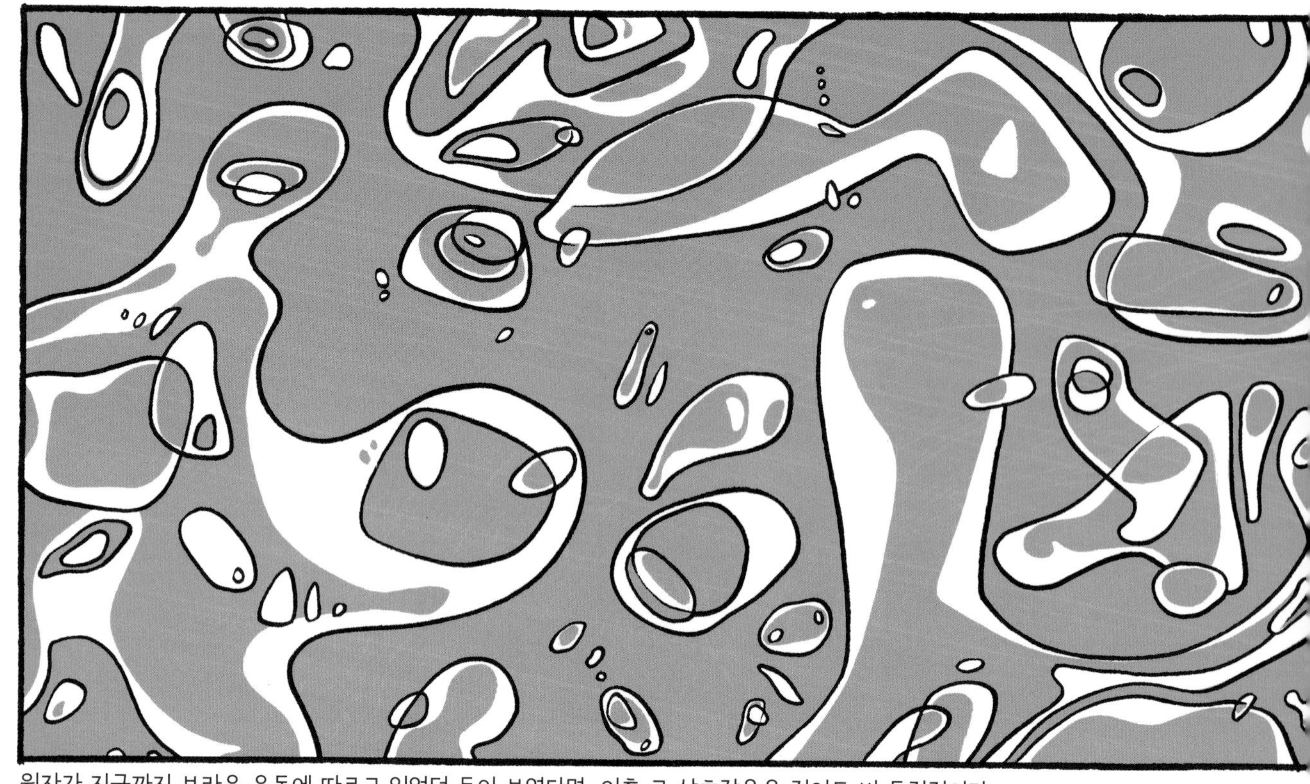

원자가 지금까지 브라운 운동에 따르고 있었던 듯이 보였다면, 이후 그 상호작용은 적어도 비 동질적이다.

중력이 물질을 흐름에 따라 응축하고…

… 역학적 축적의 붕괴를 일으킨다.

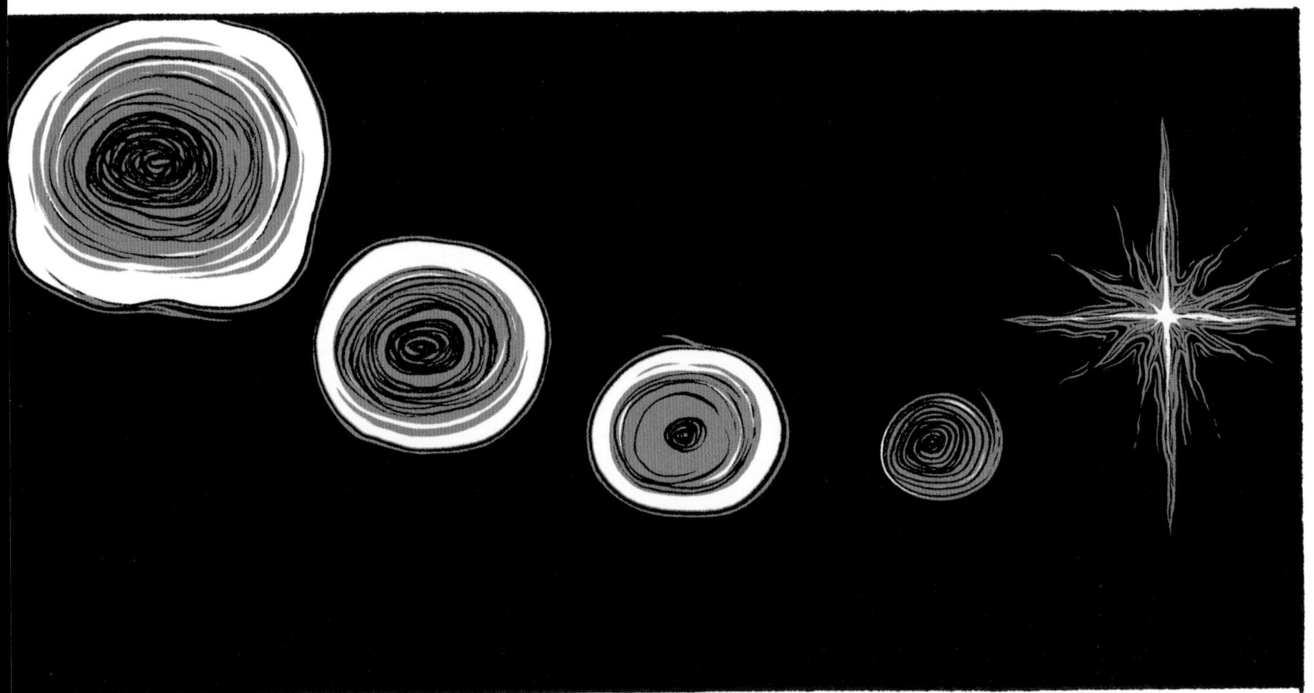

수백 만 년 동안에, 핵융합 반응의 무대인 수백 만 도의 중심핵이 형성된다.
수소와 중수소라고 하는 원시기체의 연소가 **헬륨**을 생성시킨다. **최초의 항성탄생**이다.

갖가지 항성이 출현한다. **백색왜성**, **적색초거성**, 혹은 태양을 닮은 황색 형태.

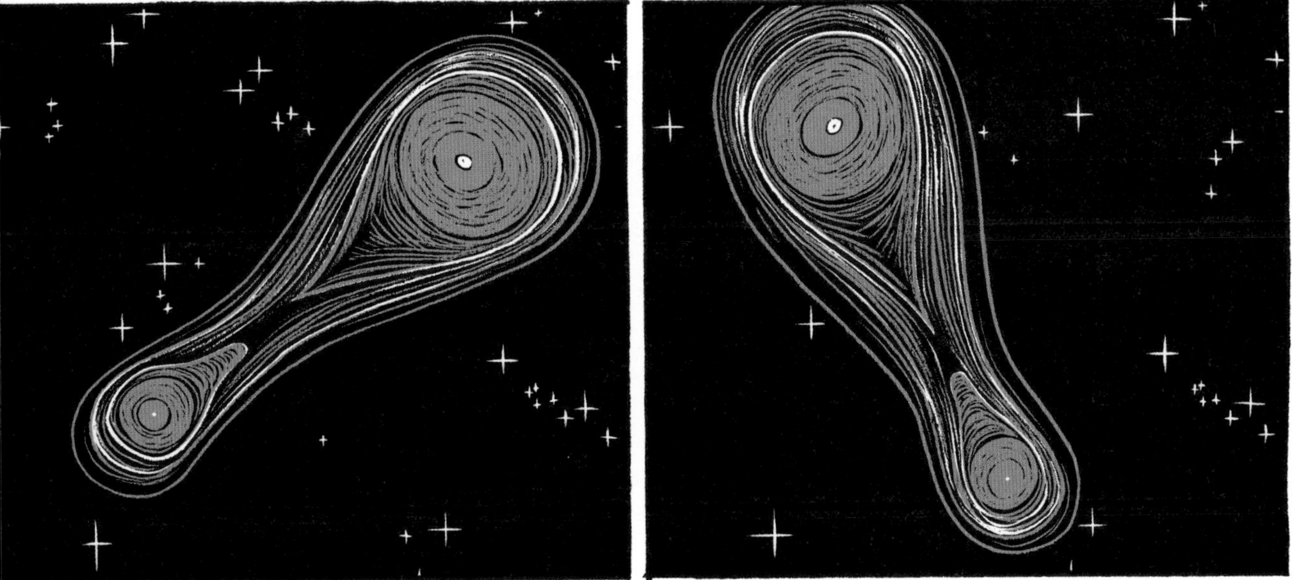

최초의 집단, 특히 서로 연결된 두 개의 별로 구성되는 2연성계가 형성된다.

연소가 끝나면 별들은 소멸하고, 그 융합에서 좀 더 무겁고 새로운 원자가 탄생한다.

어떤 종류의 별은 팽창하고, 거대한 초신성으로 변하여 최후에는 죽은 금속 덩어리에 지나지 않게 된다.

질량이 좀 더 큰 별은 **펄서**로 변화한다.

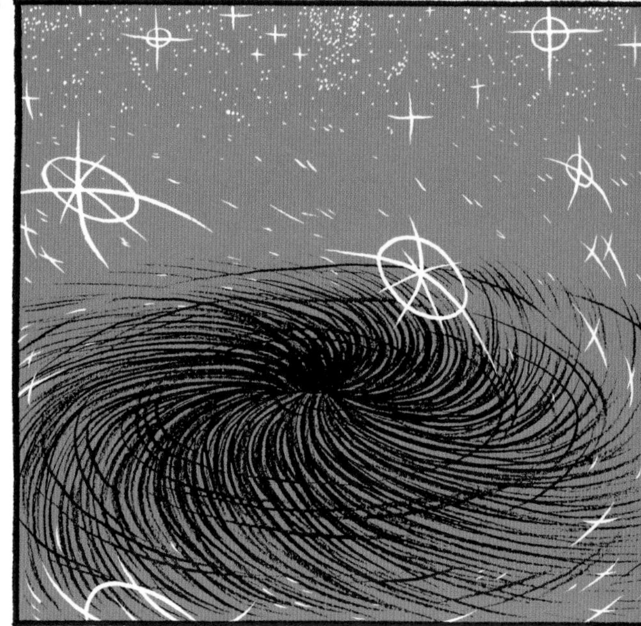

혹은 삼켜져서 거대한 **블랙홀**이 된다.

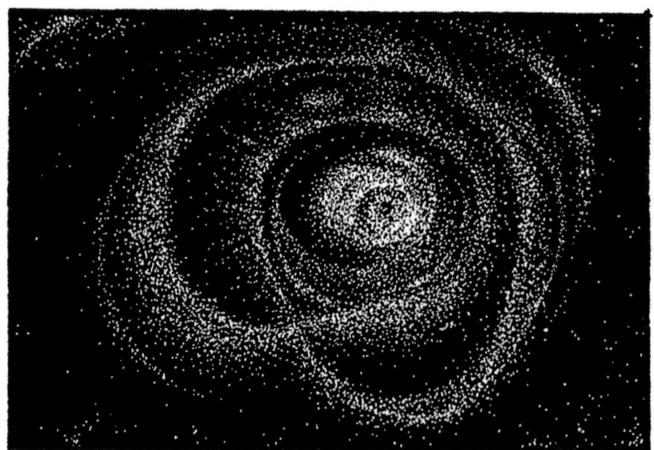

최초의 별이 **원시은하**를 형성한다…

…그것이 20억 년에서 60억 년에 걸쳐 소멸한다.

조용히 회전하는 다양한 둥근 형태 외에…

… 차차 복잡한 계가 구성된다.

이중은하

막대소용돌이은하

소용돌이은하

은하군

보이지 않는 중심의 동력에 이끌리듯이 질량이 아주 큰 블랙홀에 의해 조작되고 항상 움직이고 있다.

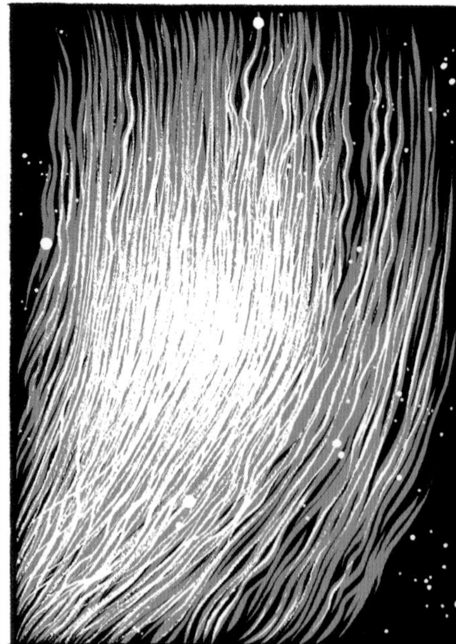

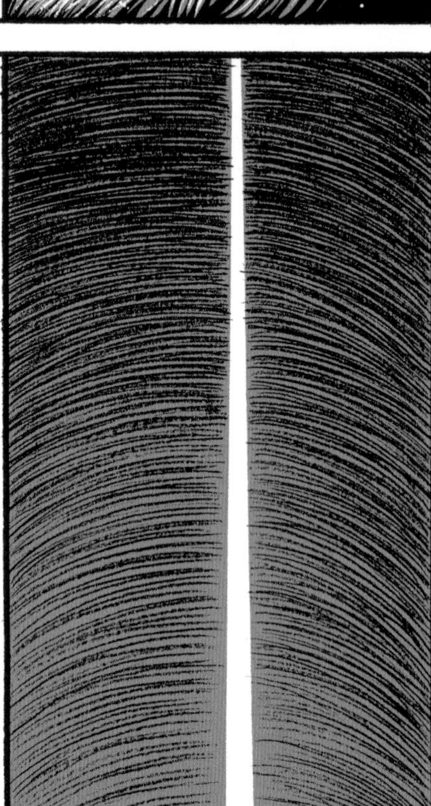

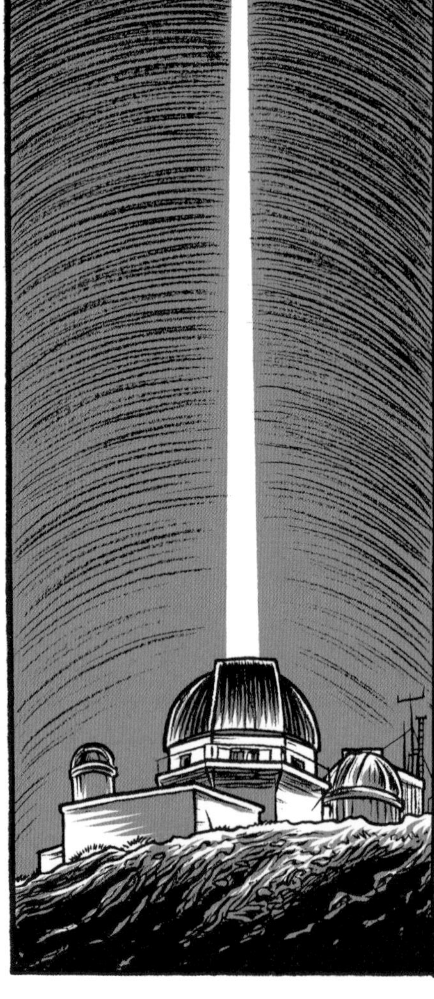

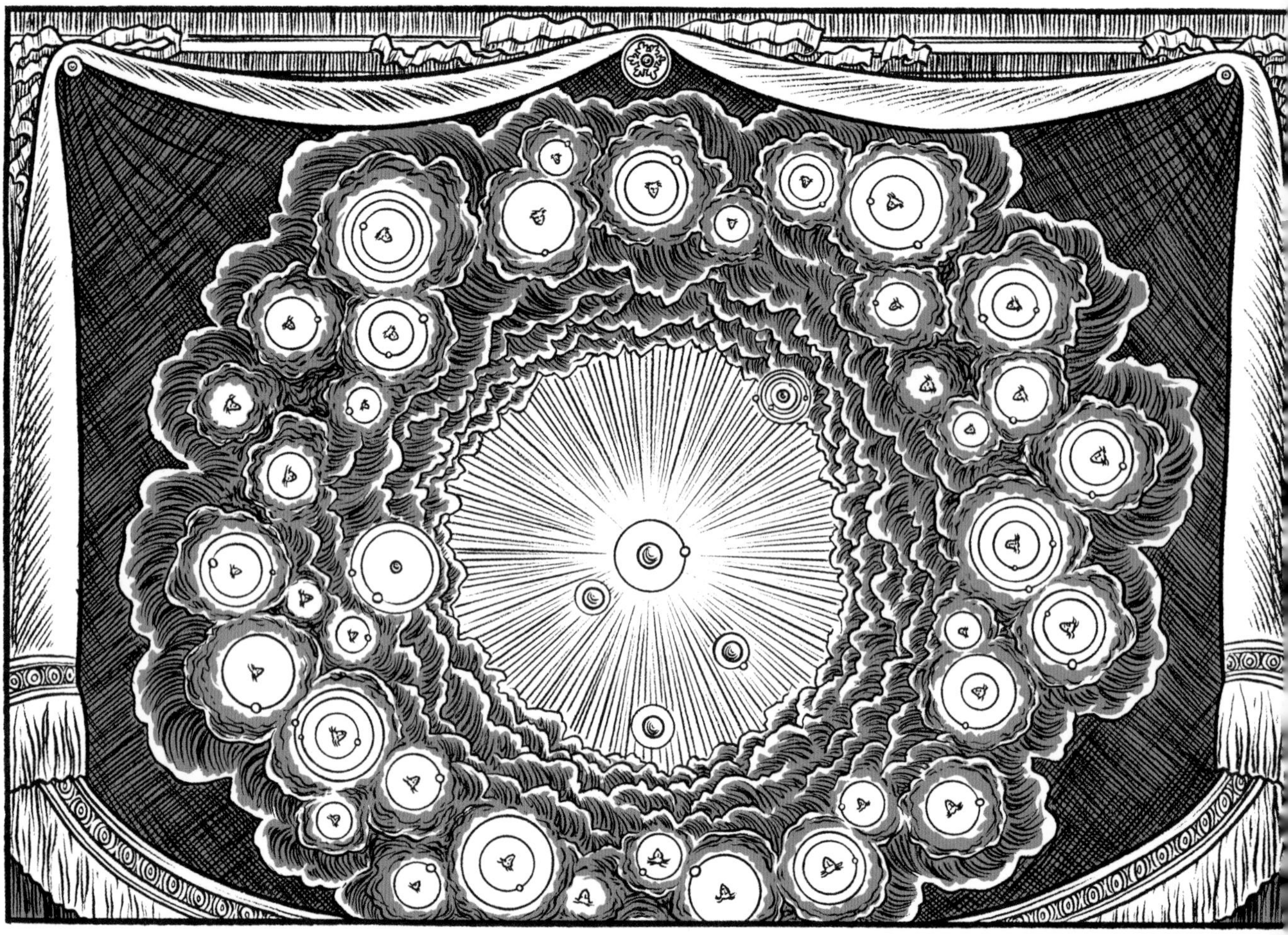

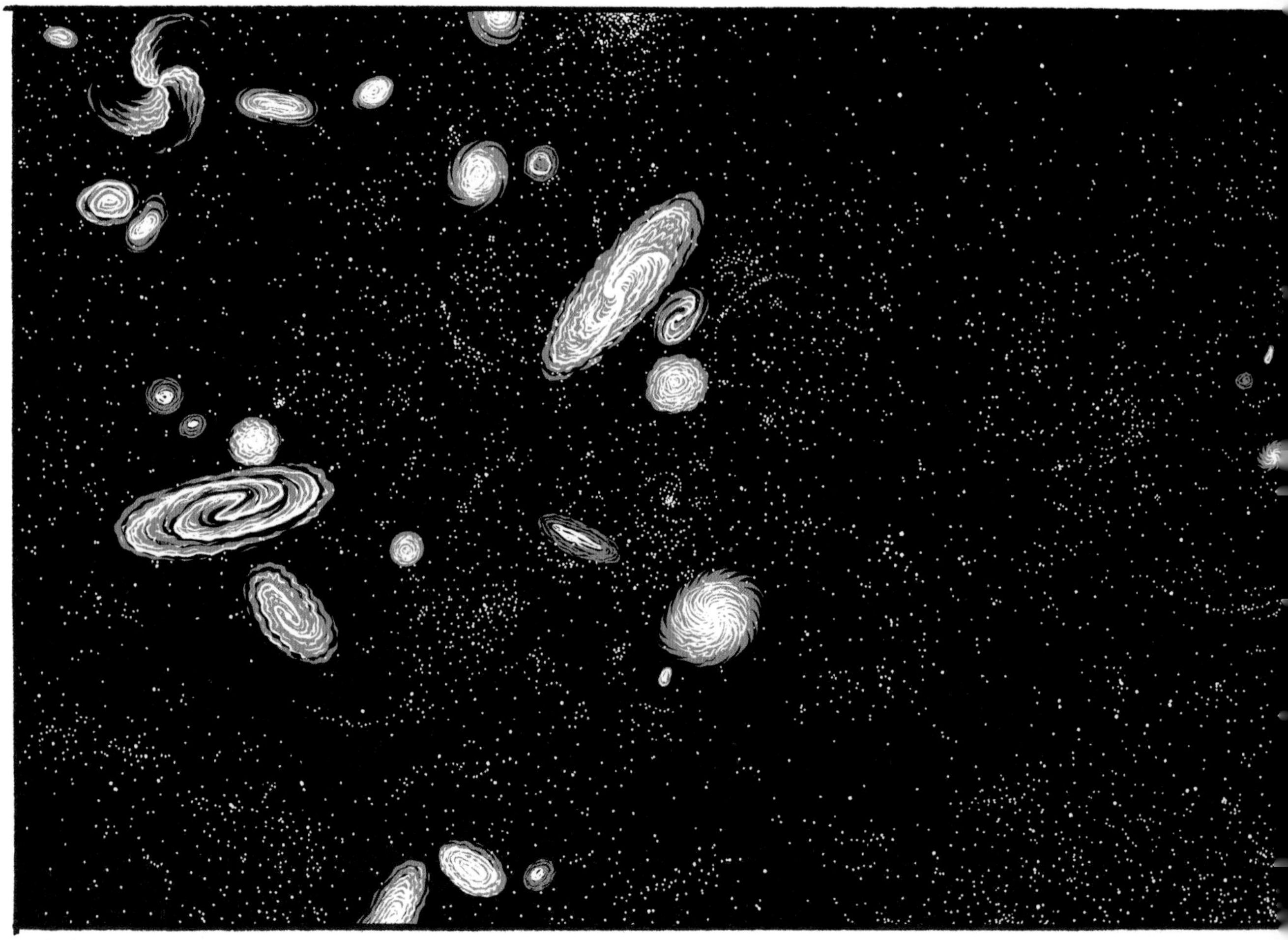

중간정도 크기 중의 하나가 30개 정도의 다른 계와 함께 **국부은하군**이라 불리는 것의 일원이 된다.

은하계

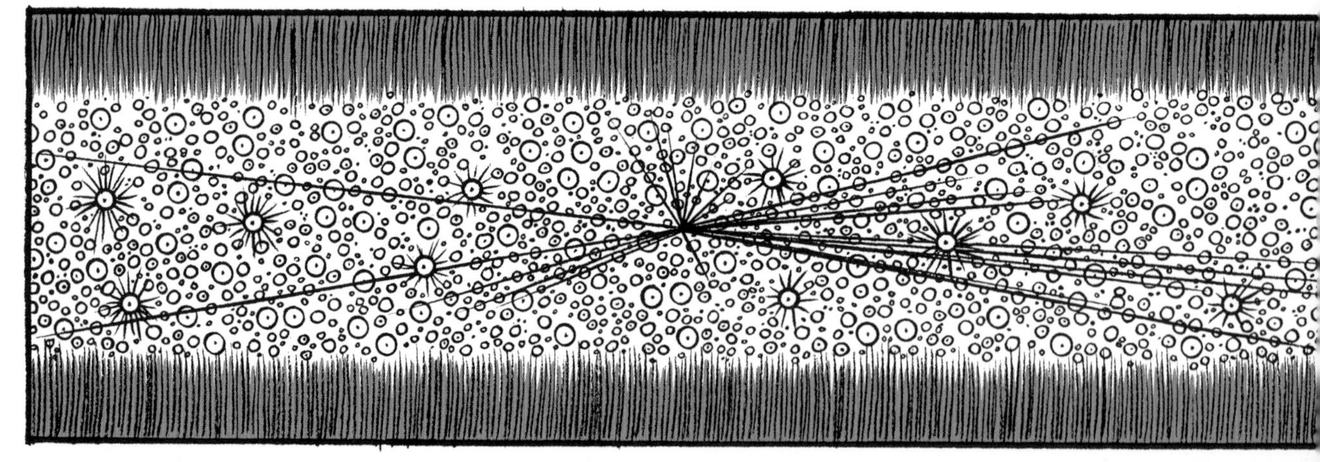

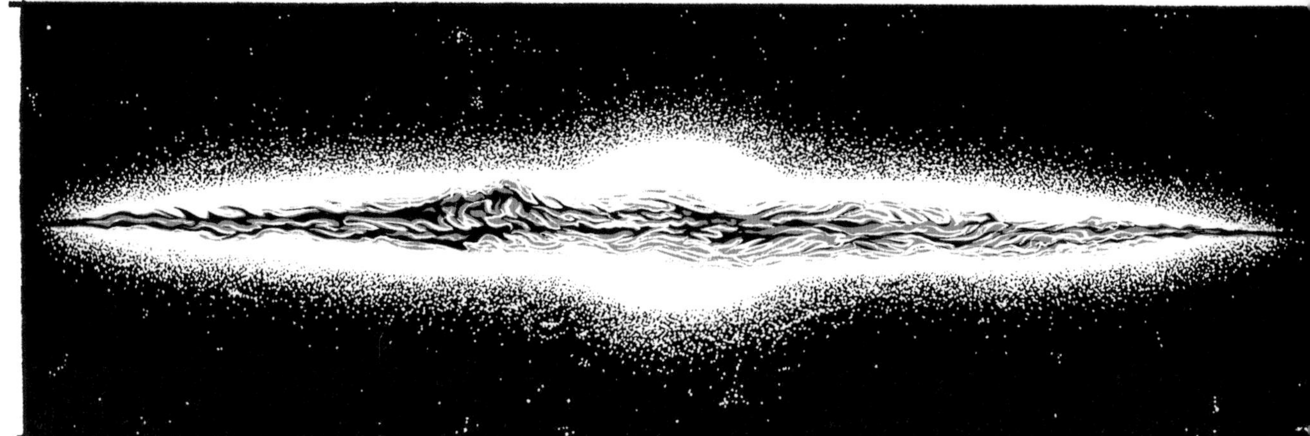

엄격한 움직임으로 자전하는 수천 억 개의 별로 구성된 빛의 원반.

60억 년을 조금 지났을 무렵, 은하계 주변에서 가벼운 기체와 별의 먼지로 만들어진 차가운 구름이 분리한다.
---- 빛을 잃어버리거나 폭발로 죽은 제1 세대의 별의 잔해

원시태양의 안개가 응축한다.

핵융합이 시작된다.

새로운 별이 타오른다.

태양

SOLARIS

이어서 수백 만 년 동안 안정된다.

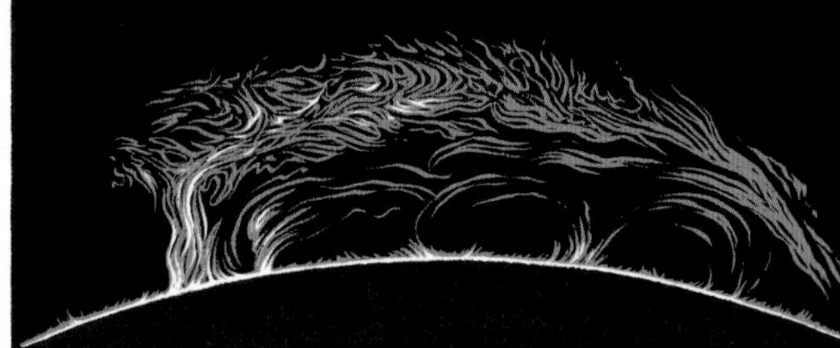

그러나 표면에서는 소동이 끊임없이 계속되고 있다.

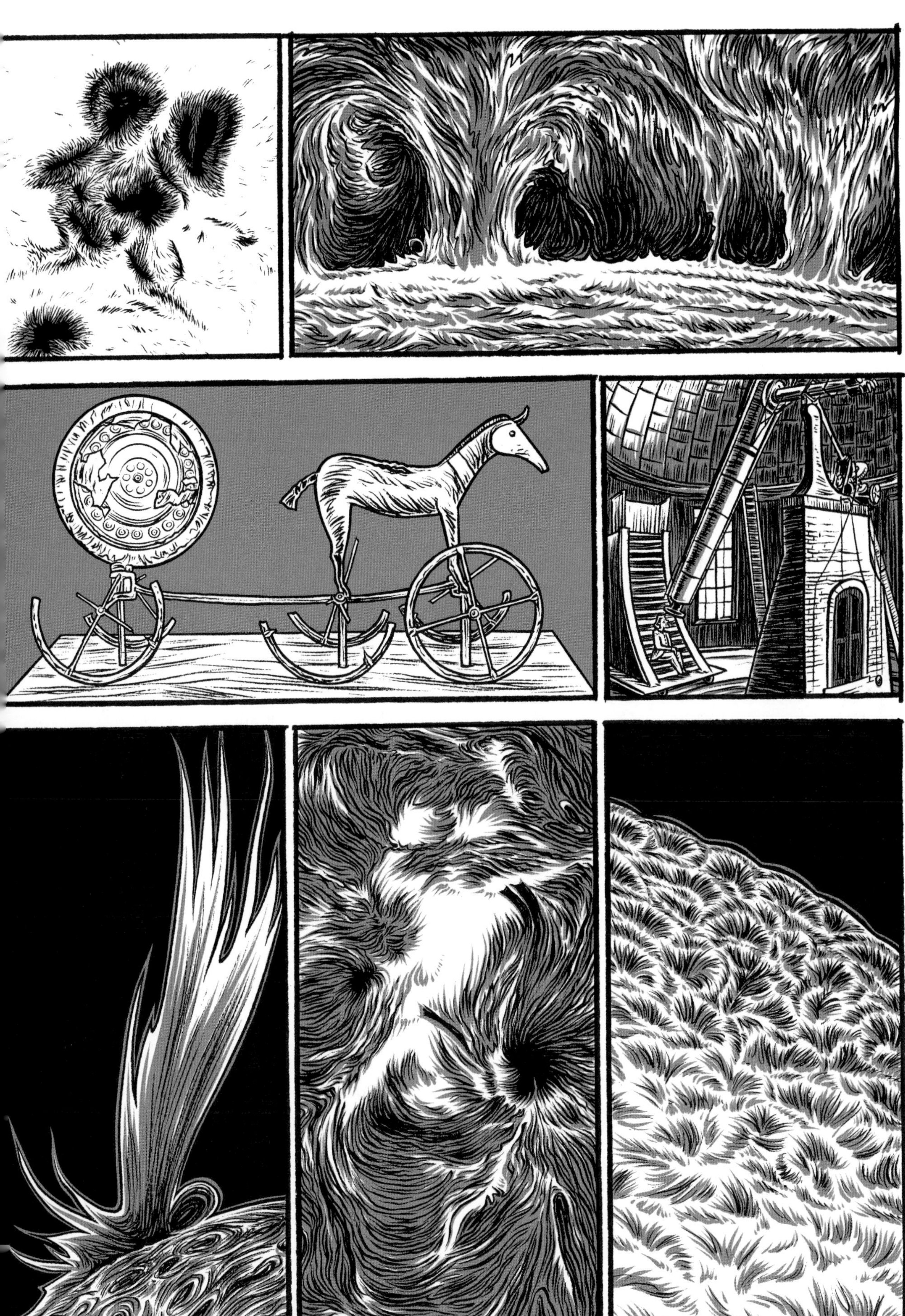

가스의 태풍이 표면을 찢어 갈라놓고, **흑점**이 그 빛을 흐트러뜨려, 대류가 그것을 자기화 한다.

이 용광로의 중심 온도는 섭씨 1500만 도에 달한다. 표면은 약 6천 도이다.

이 원시태양은 공전하는 두터운 구름에 아직 휩싸여 있지만, 이윽고 그 구름은 응축되어 먼지의 고리가 된다.

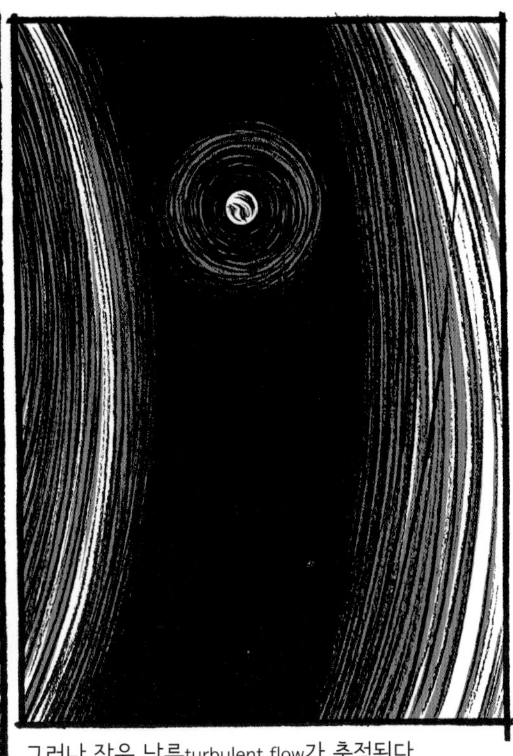

그러나 작은 난류turbulent flow가 축적된다.

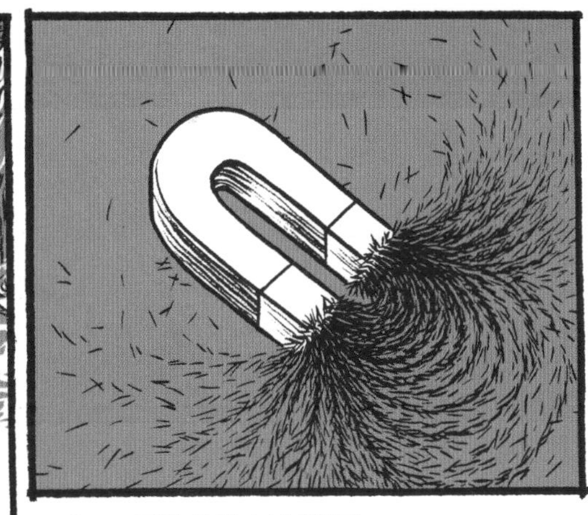

그리고 조밀한 물체가 탄생한다.

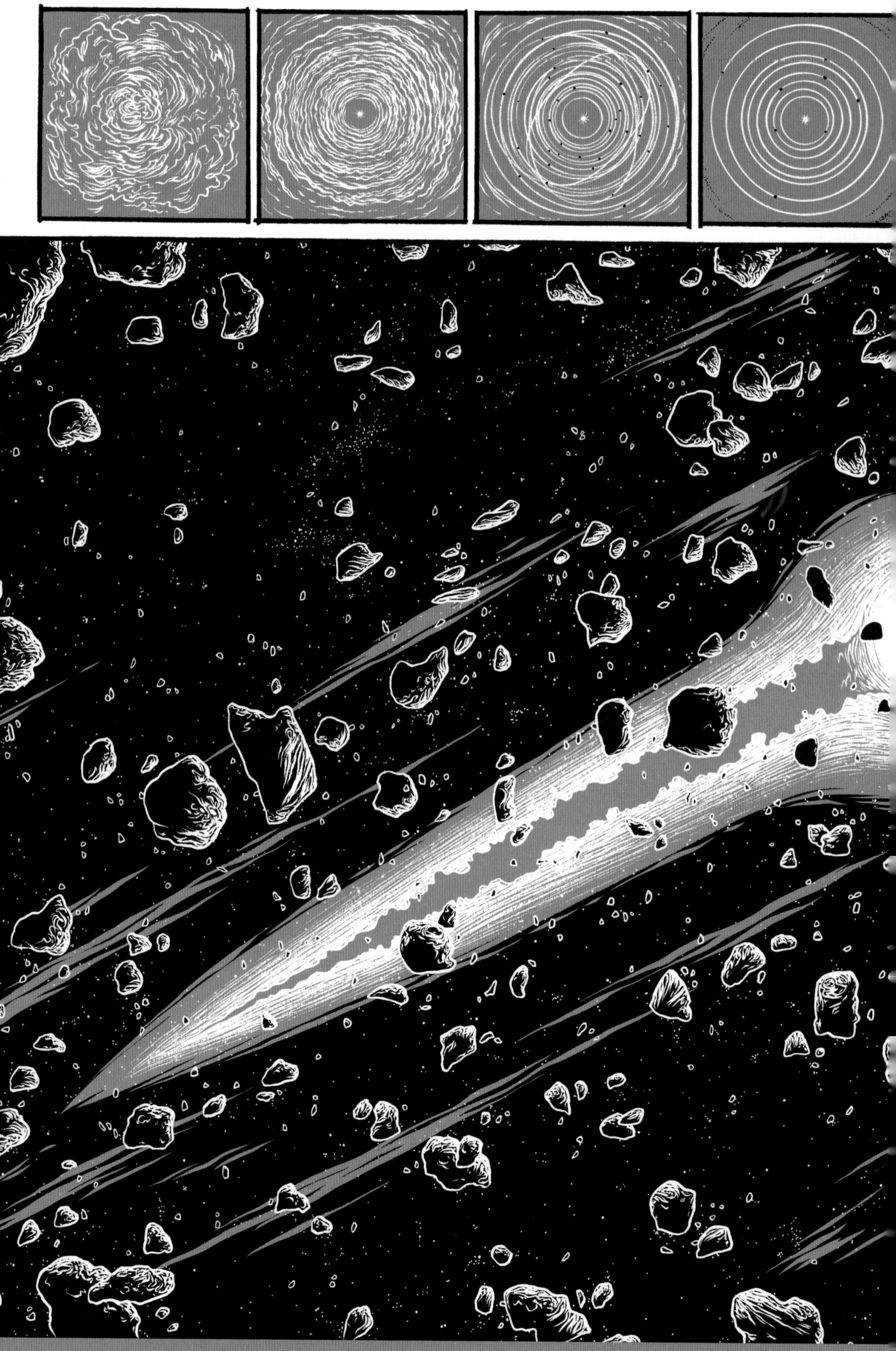

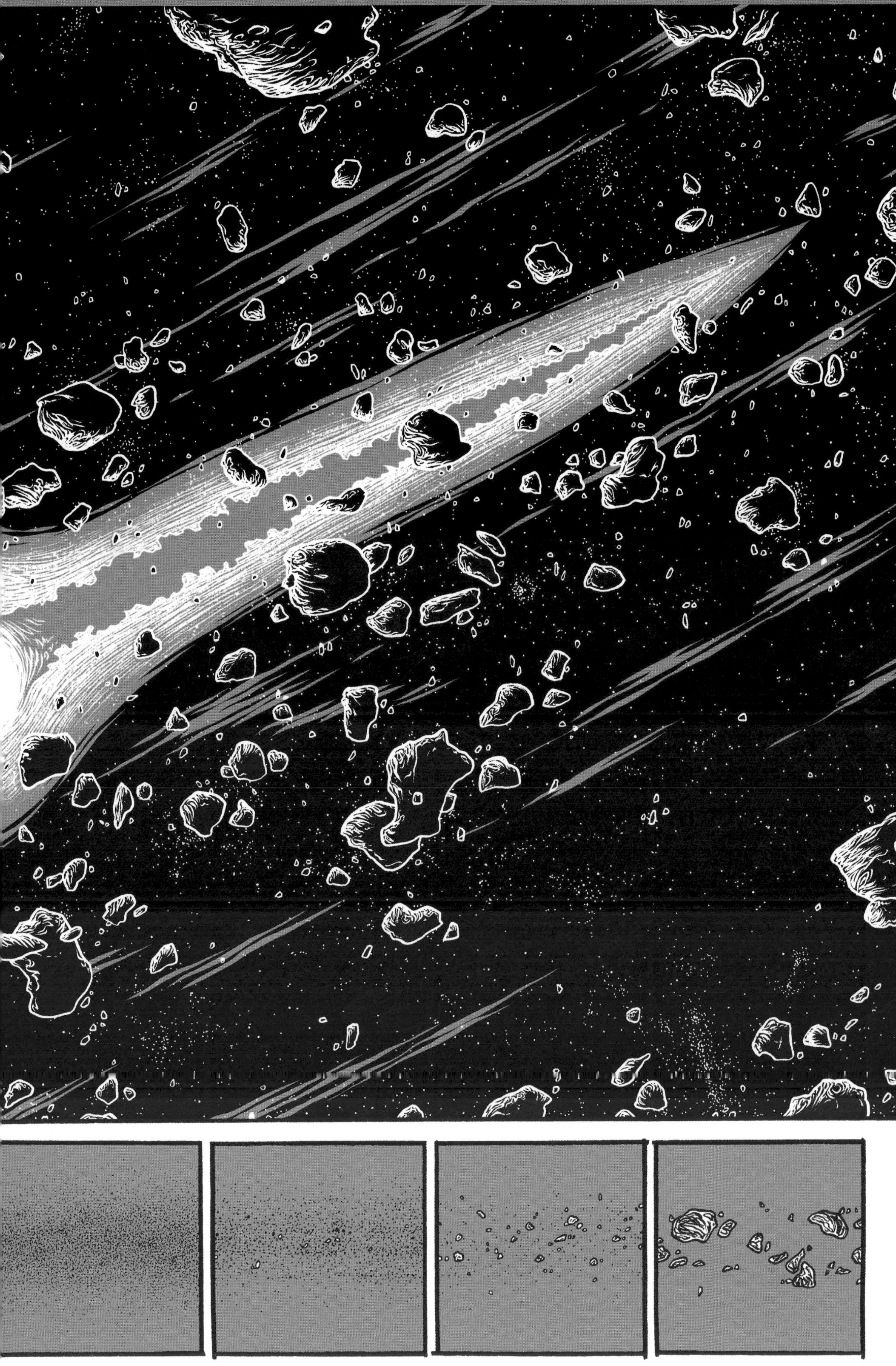

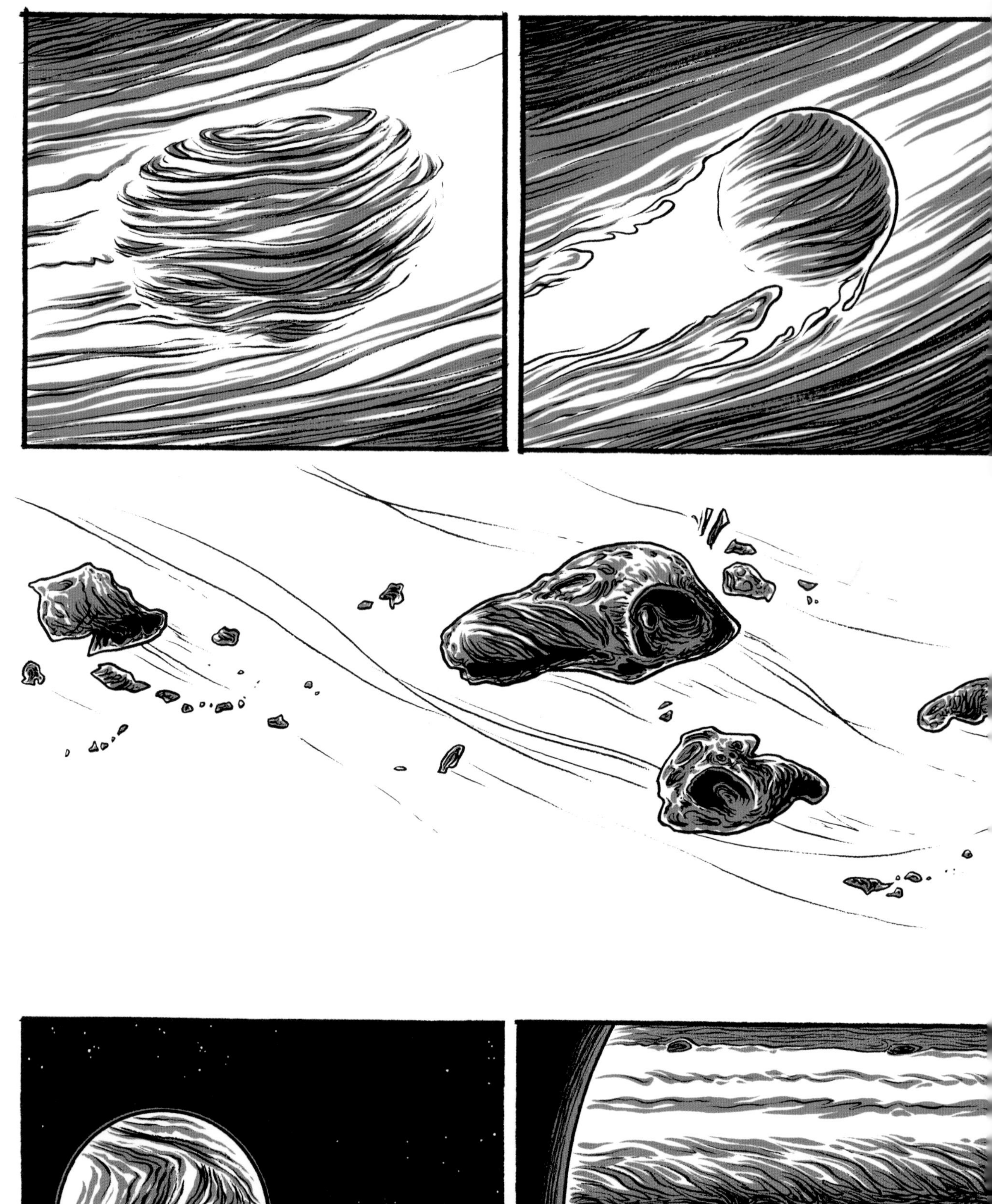

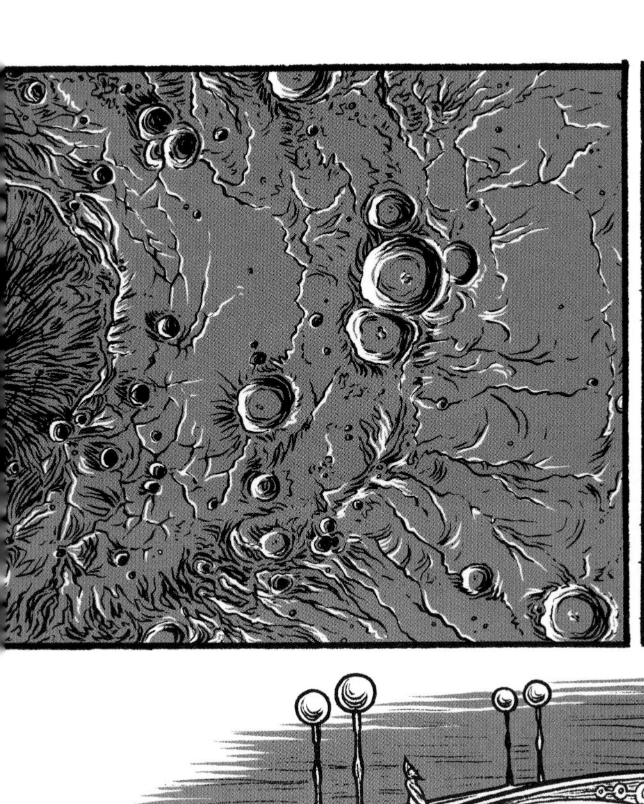

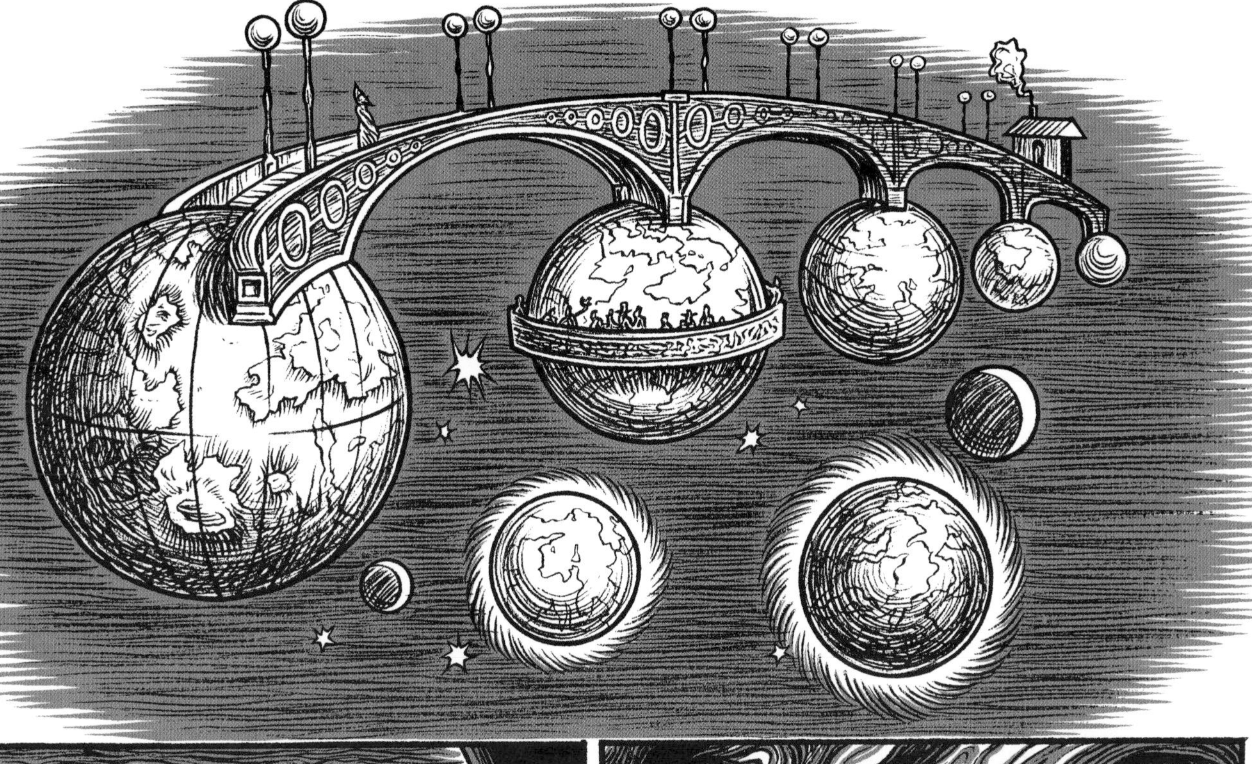

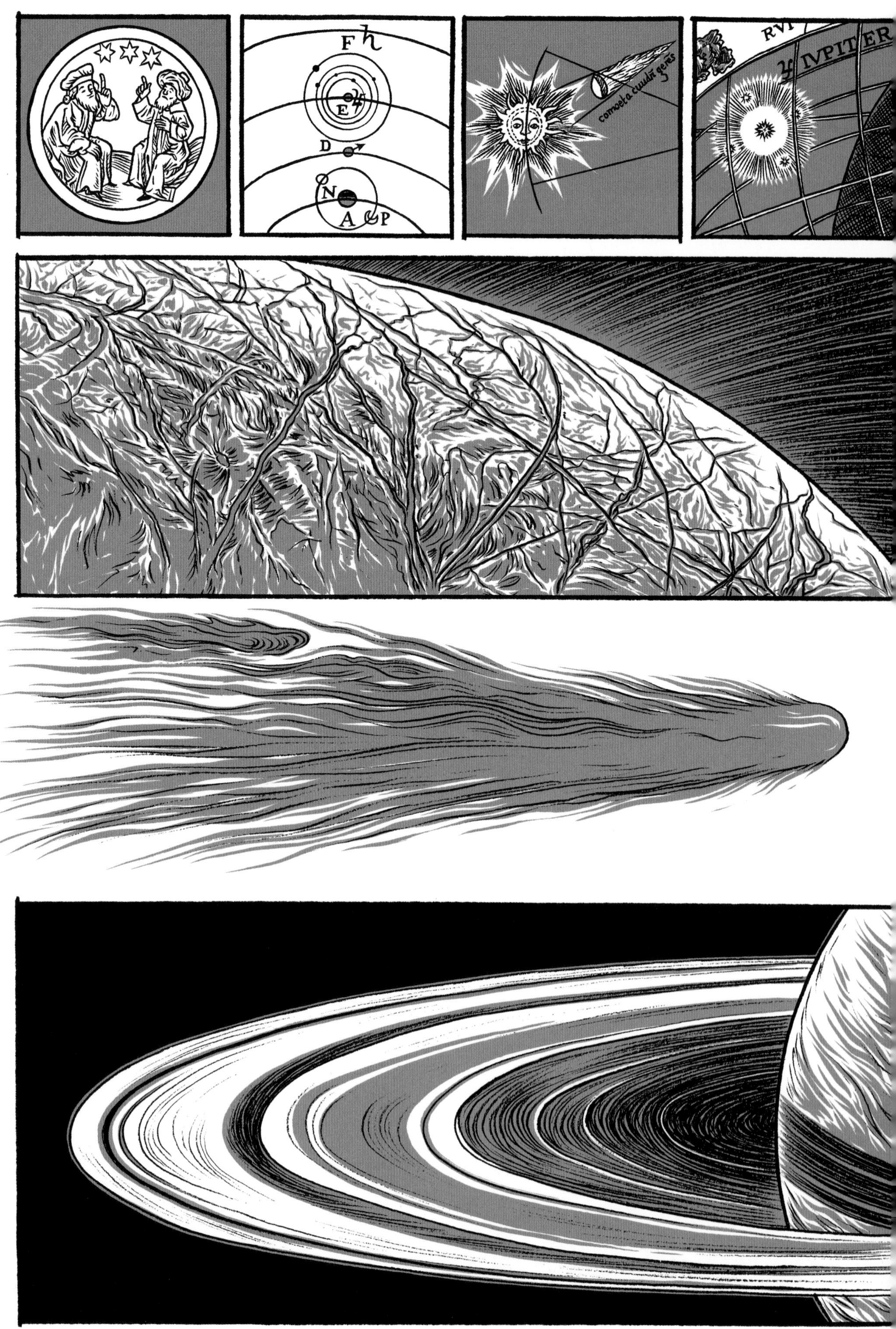
F
E
D
N
A
P
comoeta caudā gerēs
RVI
IVPITER

mars
venus
mercur
la lune
le soloil

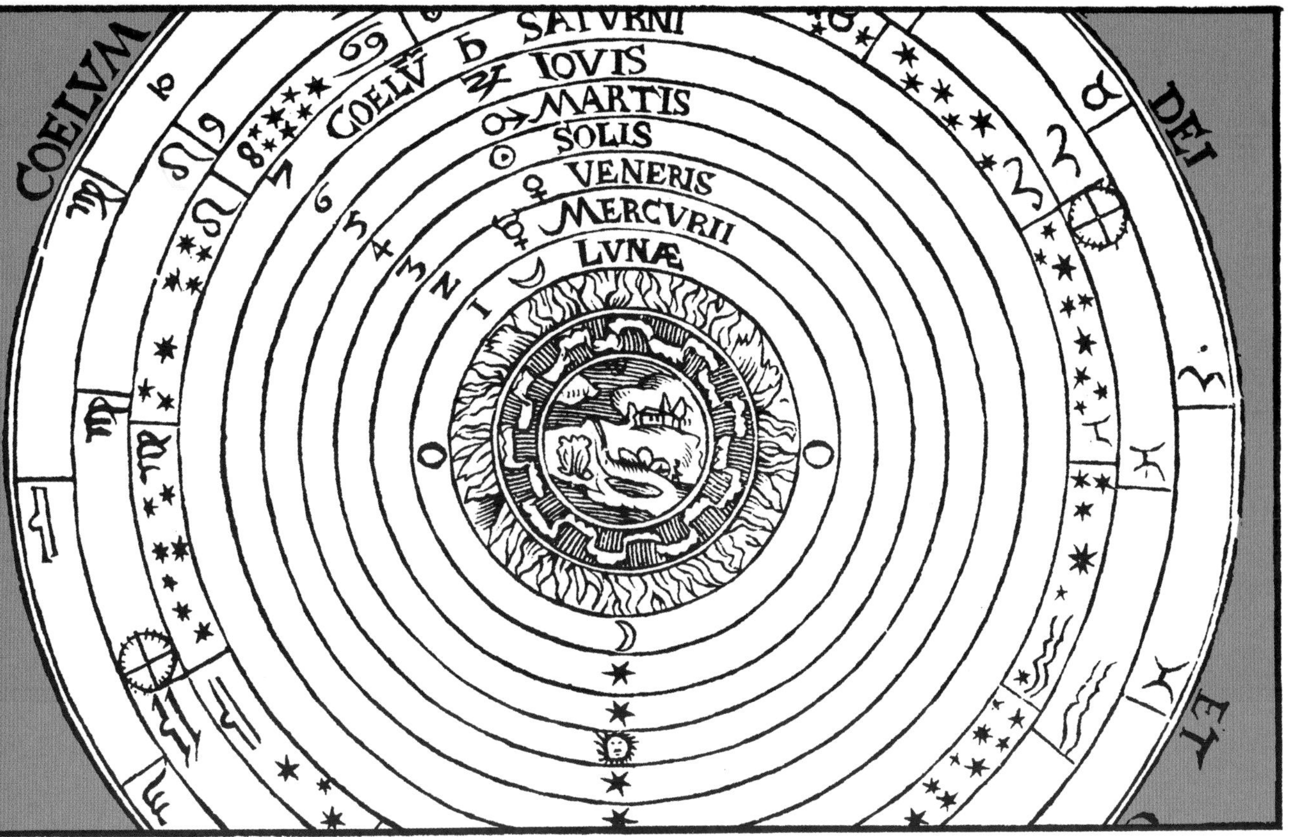
COELVM
DEI
ET
SATVRNI
COELV̄
IOVIS
MARTIS
SOLIS
VENERIS
MERCVRII
LVNÆ

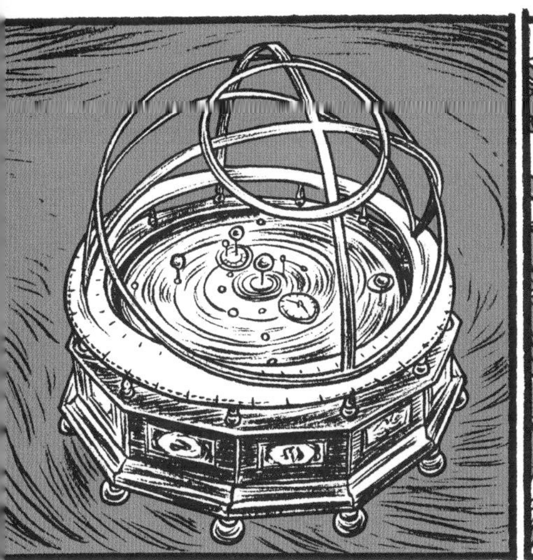

ISTIMIRANT
STELLA
hAROLD

끊임없이 상호 작용하는 갖가지 구성요소에 의해, 태양계가 차츰 분화한다.

최초의 얼음덩어리가 형성된다.

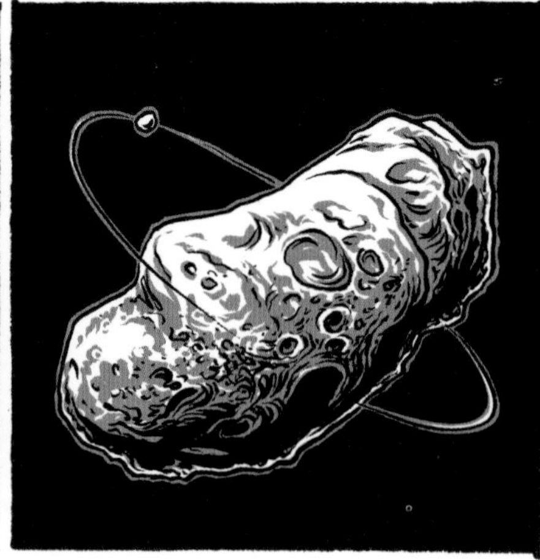

혜성과 소행성.

그리고 마지막으로 9개의 행성.

수성이나 금성처럼 어떤 종의 행성은
오히려 조신한 크기의 열구熱球인 채로 머문다.

토성이나 목성처럼 다른 행성은 무겁고
차가운 가스 형태의 거성巨星이 된다.

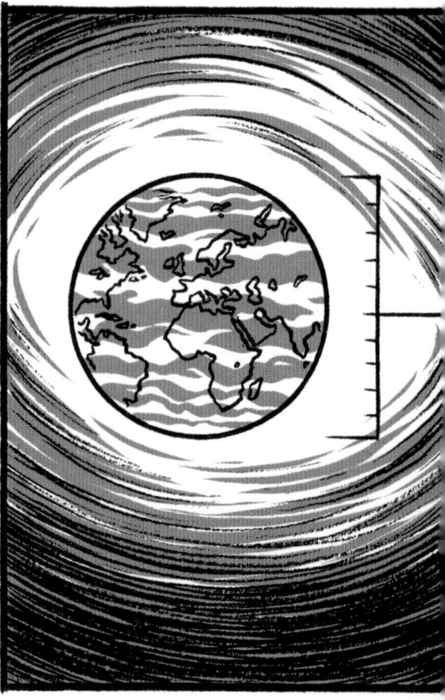

하나의 행성만이 치명적인 양극단의 사이에서
균형을 맞추는데 성공한다.

지구

0
처음으로 특이점이 존재한다.
축구공 크기의 한없이 뜨겁고 진한 이 원초의 상태가 **우주팽창**의 출발점이 된다.

1 우주
인플레이션 우주가 창조되고, 뜨겁고 불투명한 **플라즈마**가 태양의 100조배의 에너지를 가지고, 폭발의 결과인양 확장된다. 이것이 시공의 시작이다.

10-43초 **플랭크시대**. 물질과 반물질의 균형이 물질에 유리하게끔 파괴된다. 방사선의 온도는 급격히 낮아진다.

10-39초 **쿼크**와 **반쿼크**에 지배된 전약 통일 시대電弱統一時代

10-11초 약한 힘이 전자력電磁力으로부터 분리된다.

10-5초 쿼크시대. **하드론**과 **렙톤**의 시기. 쿼크는 양자, 중성자, 중간자, 바리온으로 변화하고, **감마선**은 전자 · 양전자로 전환한다. 온도는 이미 1000억 도로 상승한다.

0,01초 원자형성의 시대. 양자와 중성자가 집합하여 수소, 헬륨, 리튬, 중소수의 핵이 된다. 우주의 온도는 10억 도로 낮아진다.

3분 방사시대의 사이. 에너지와 물질은 긴밀히 뭉쳐져 있다.

30만 년 에너지와 물질이 분리한다. 광학적으로 농밀했던 우주는 우주 배경 방사에 대하여 투명해진다. 온도는 3천 도까지 낮아진다. 가벼운 핵이 완만한 전자를 끌어당기고, 초기에는 수소와 헬륨의 원자만을 1헬륨원자 대비 4수소원자의 비율로 형성한다. 우주는 이미 약 1000만 광년으로 넓어졌다.

100만 년 암흑시대. 우주가 확장되었을 때, 배경방사의 온도는 우주가 암흑처럼 보이도록 낮아진다.

2억 8000만 년 대규모 구조형성의 시대. 물질의 덩어리가 **퀘이사**, 항성, 성단을 형성하고, 특히 항성의 중심에서 헬륨이 연소할 때, 무거운 핵 -탄소, 산소, 규소, 마그네슘, 철- 의 합성이 생겨난다. 질량이 무거운 별은 폭발하고 초신성이 되어, 이것보다 더 무거운 원소를 다음 세대의 별들에게 물려준다.

7억 년 최초의 은하가 만들어지기 시작한다. 원래 원반형태였던 은하는 일부가 타원형으로 변한다. 다양한 별의 군락이 탄생하고 발달한다. 이렇게 해서 갈색왜성, 태양을 닮은 별, 백색거성, 청색초거성이(나아가서는 백색왜성, 적색초거성, 펄서, 연성계등도) 보여진다. 그것들은 모두 마지막에 사라지고, 초신성, 금속 덩어리, 혹은 블랙홀로 변한다.

13억 년 은하계는 원초의 가스와 죽은 별의 잔해로 만들어진 구름으로 형성된다. 그 후 그것은 다른 별의 집단과 충돌을 계속한다. 다음 세대의 별 주위에서 행성을 가진 최초의 **태양계**가 출현한다.

70억 년 암흑에너지가 우주의 팽창을 가속화시킨다.

87억 년 은하계와 다른 은하가 충돌했을 때, 우리의 태양계가 탄생한다. 어두운 구름이 수축하여 원시태양을 형성하고, 외층부터 분리된다. 외층에서 생겨난 먼지 고리가 냉각하고 얼음과 바위덩어리, 곧 이어서 소행성의 고리와 구름, 아홉 개의 행성 -지구나 가스 상태의 거성과 같은- 이 출현한다. 그것들은 때로 위성이나 대기를 지니고 있다.

92억 년 이 구름의 중심온도가 100만 도에 달하고 - 태양이 타기 시작한다.

명왕누대

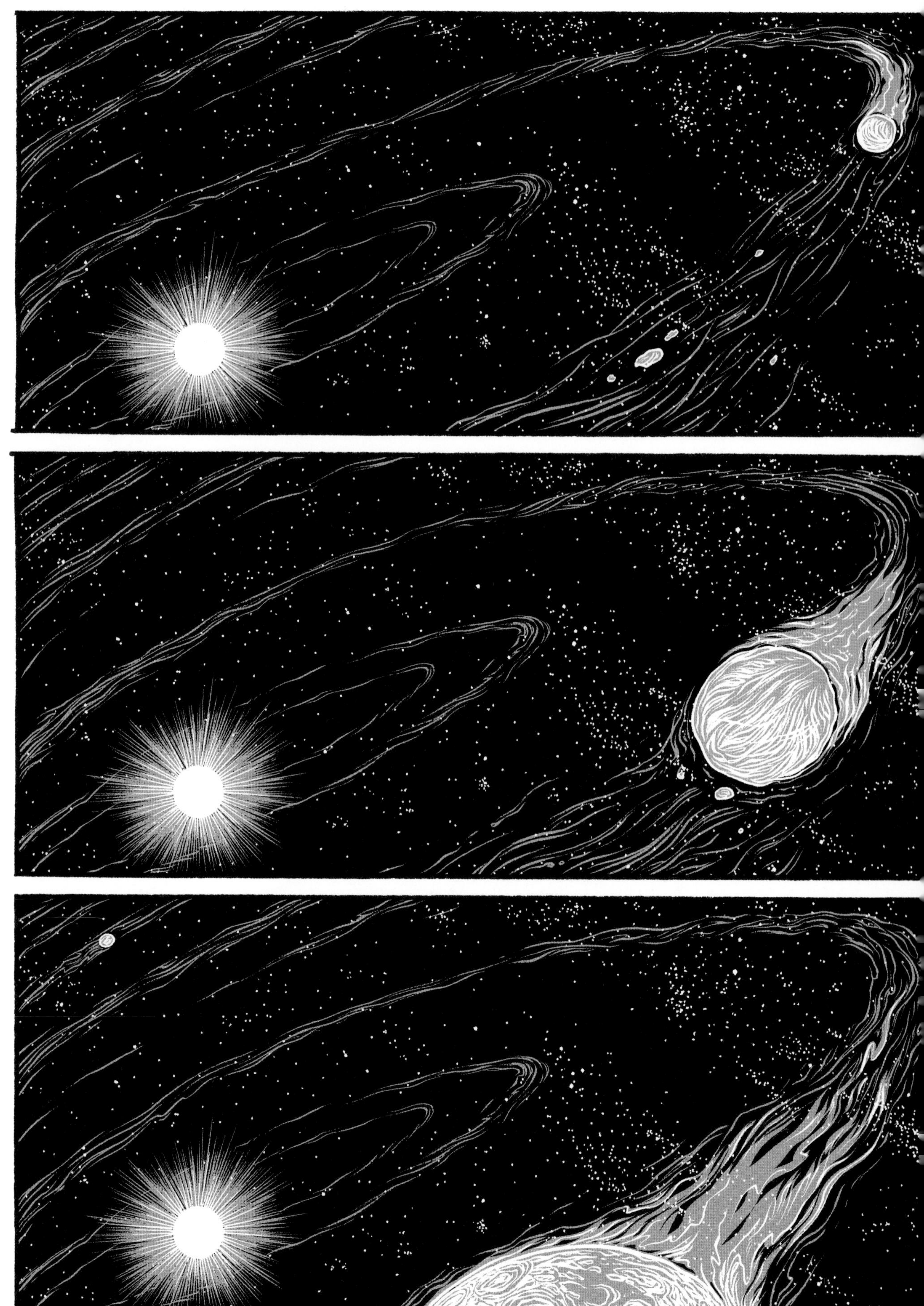

응축이 끝나자, 어린 지구는 냉각하기 시작한다. 주위의 먼지 원반의 잔해에서 유래하고 우주로부터의 끊임없는 폭격과 방사성 원소의 붕괴 이 과정을 상당히 복잡하게 한다.

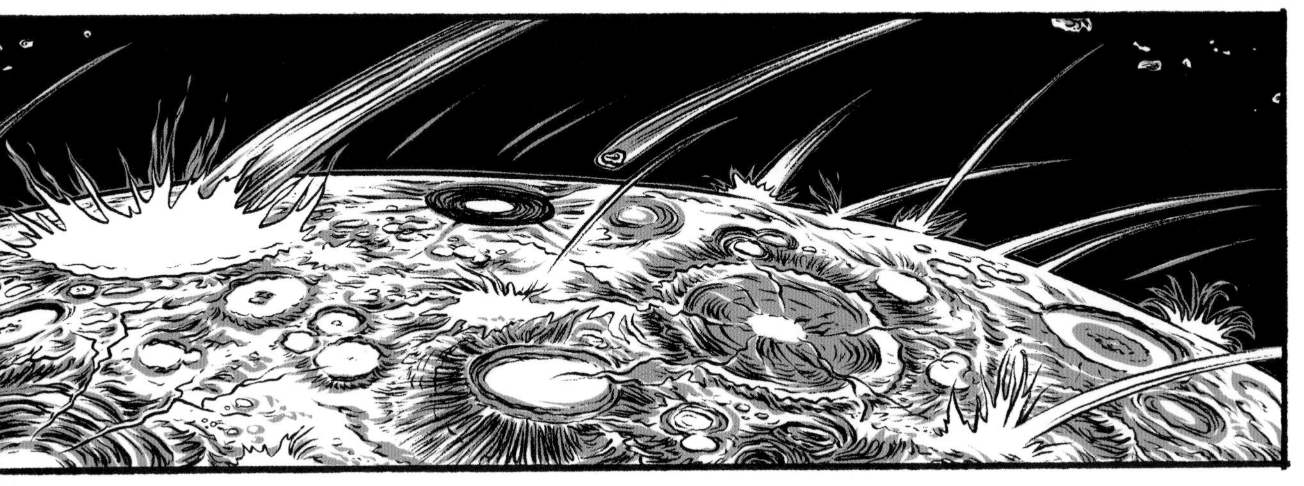

존재하기 시작했을 무렵, 지구는 화성크기 만한 원시 행성과의 충돌을 간신히 피한다.

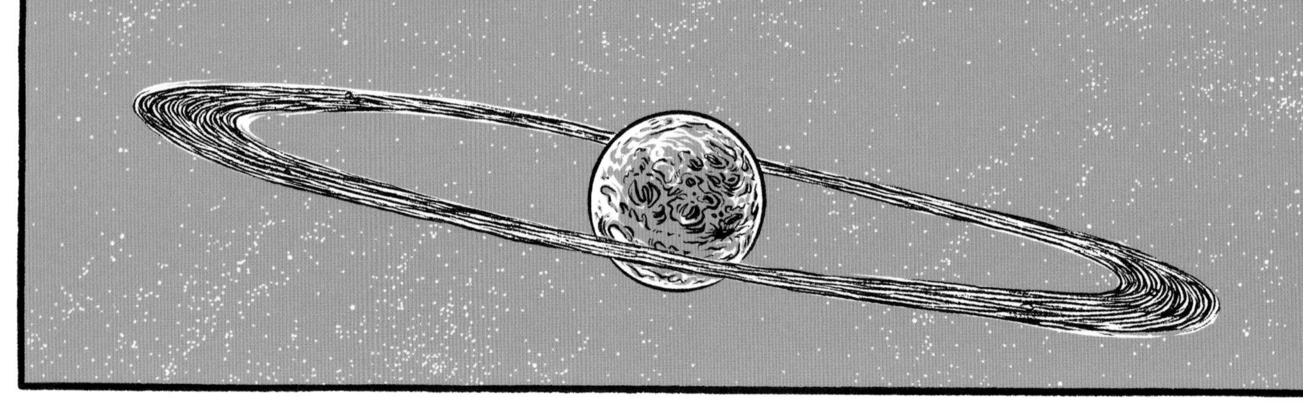

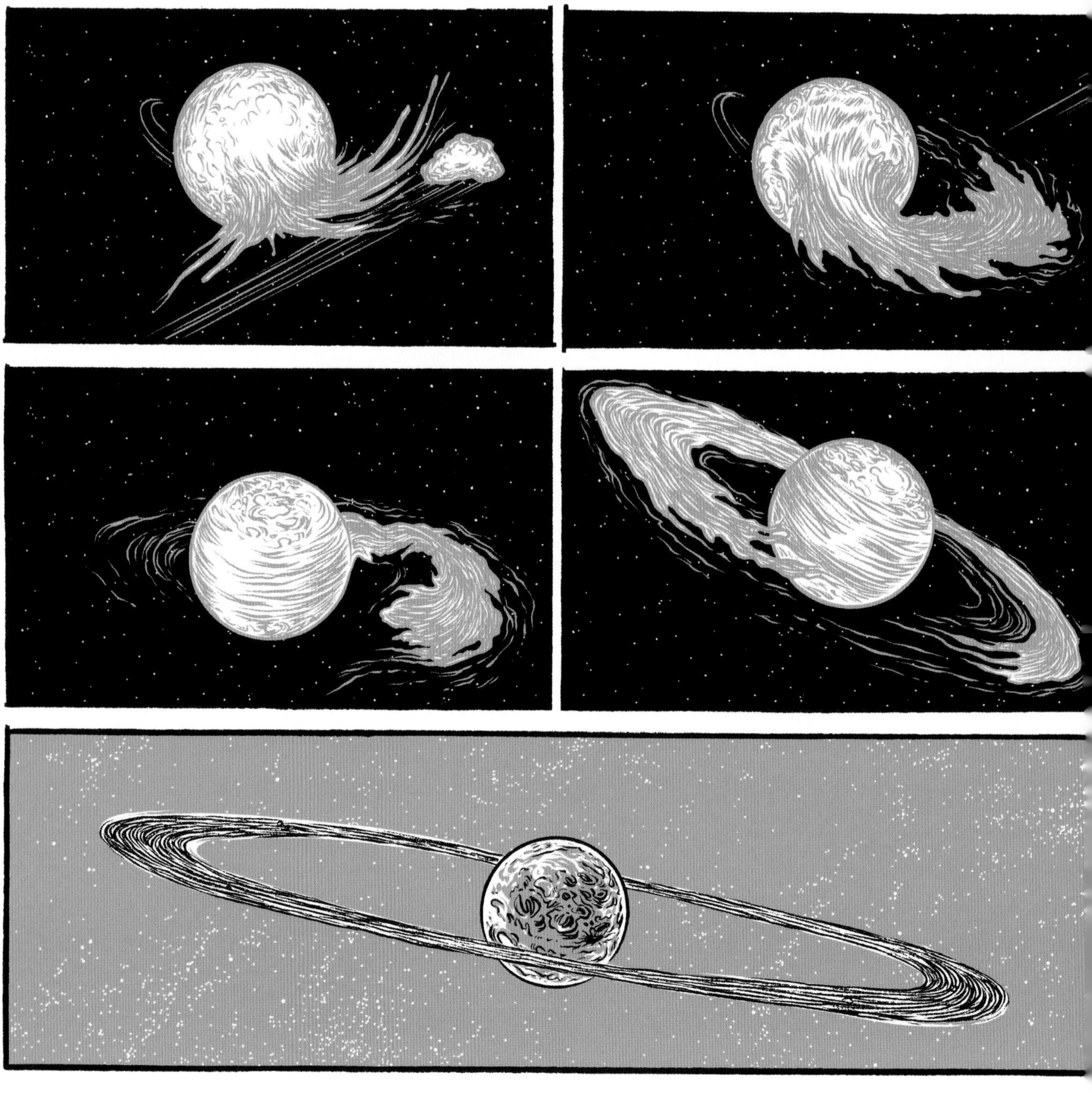

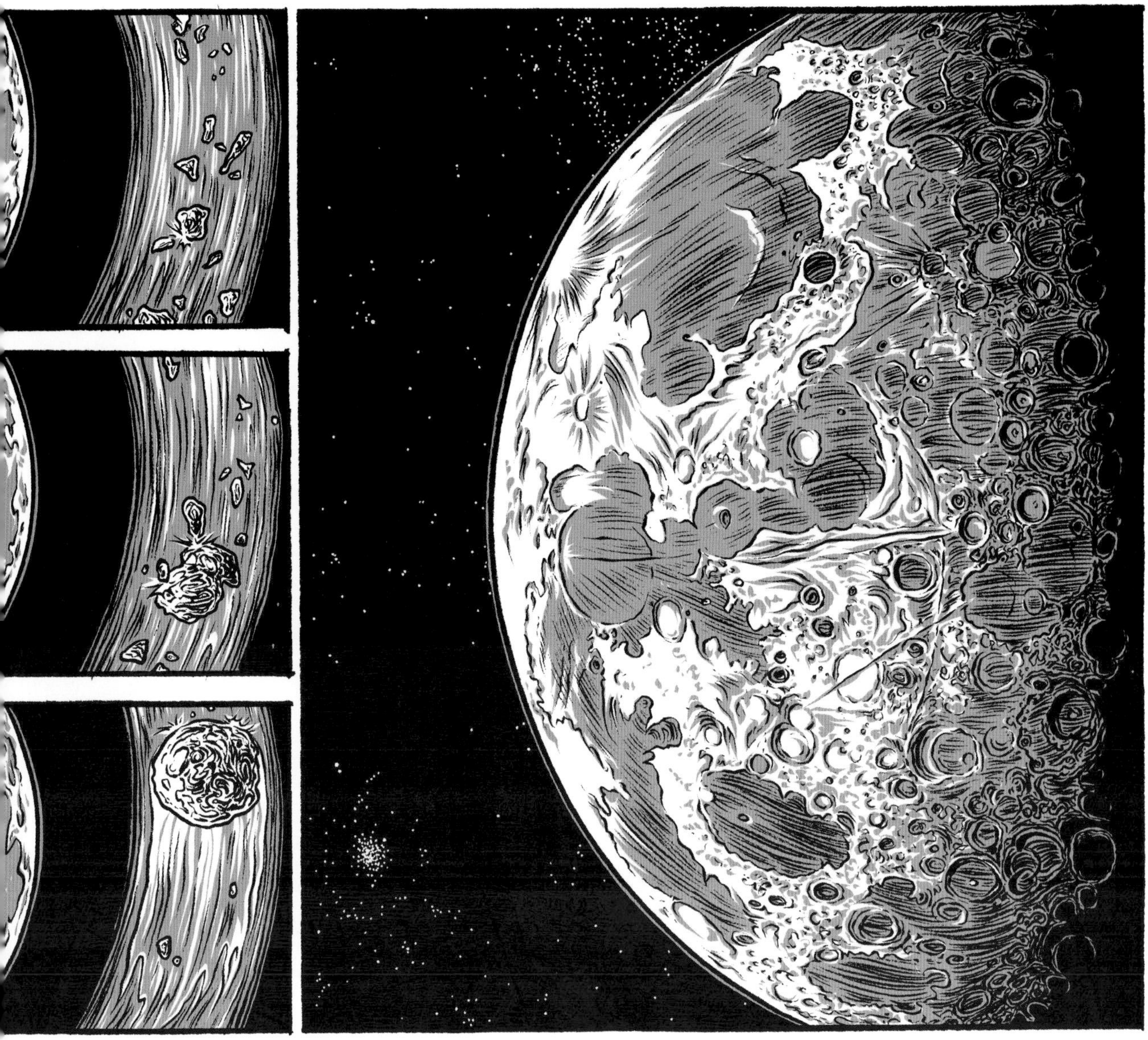

그 행성이 스쳐 지나갈 때, 원시지구에서 떨어져 나온 액체상태의 암석과 광석의 거대한 꼬리가 안정되고 물질의 고리를 형성한다.
그것이 수축하여 새로운 천체인 달을 형성하기에 이른다.

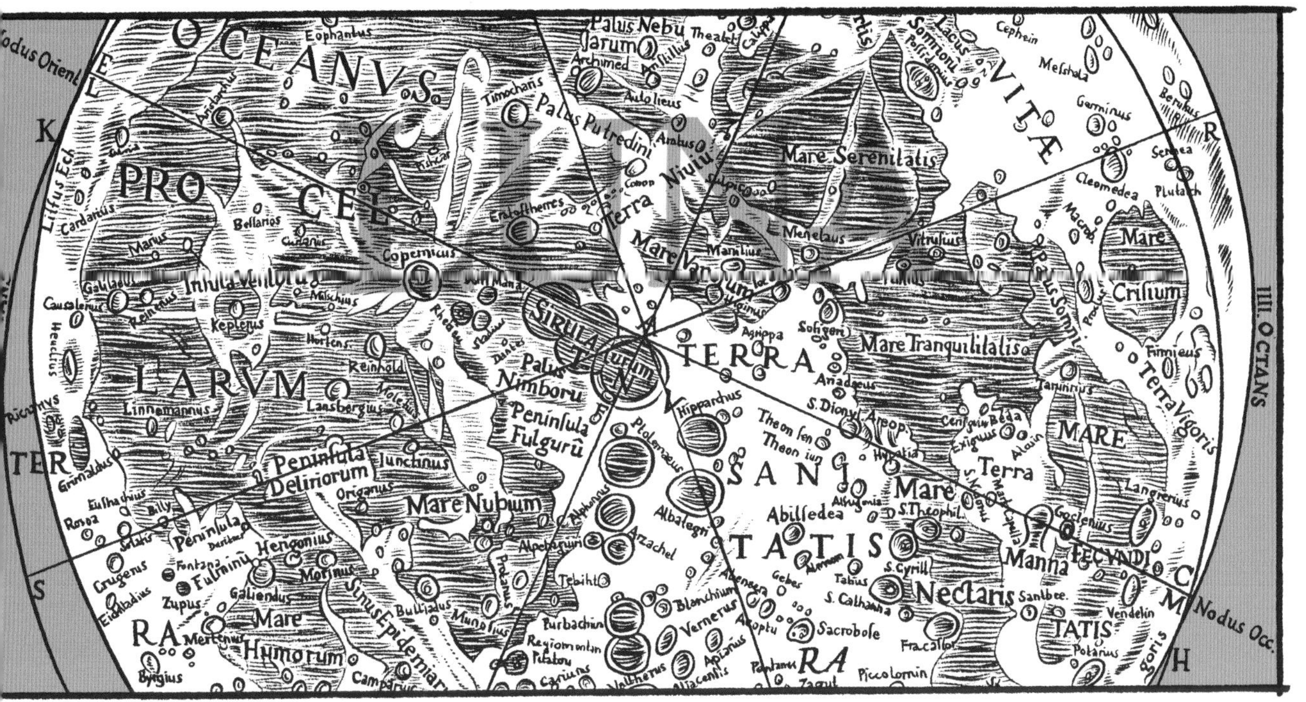

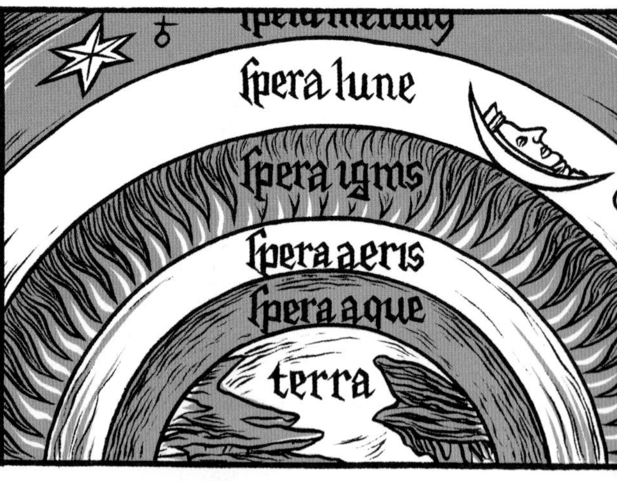
ſpera lune
ſpera ignis
ſpera aeris
ſpera aque
terra

Magritte

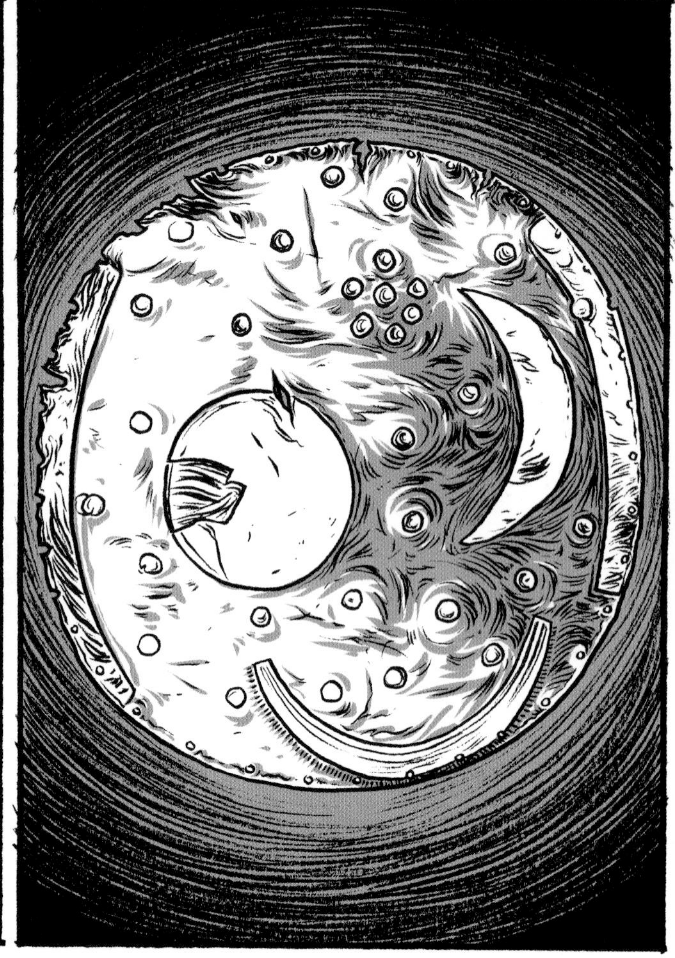

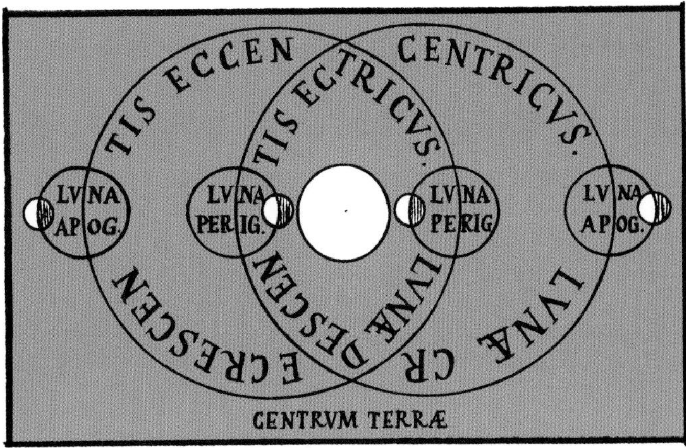

이후의 지구는 흔들거리는 위성을 반려자로 받아들인다.

빛과 중력에 관해서는 태양의 라이벌.

6억 년 후에 달의 내부는 응고한다.

어지럽혀진 지구의 표면은 진화를 계속한다.

오늘날보다 약 5배 빠르게 자전하는 지구에 대해, 달은 브레이크 역할을 맡는다.
달은 현재 거리의 10분의 1, 즉 3만km 떨어진 곳에서 지구의 주위를 돈다.

태양계의 「원동력」은 이제부터 완벽해진다.

태양계는 갖가지 의존과 반목
의해 단장되어 간다.

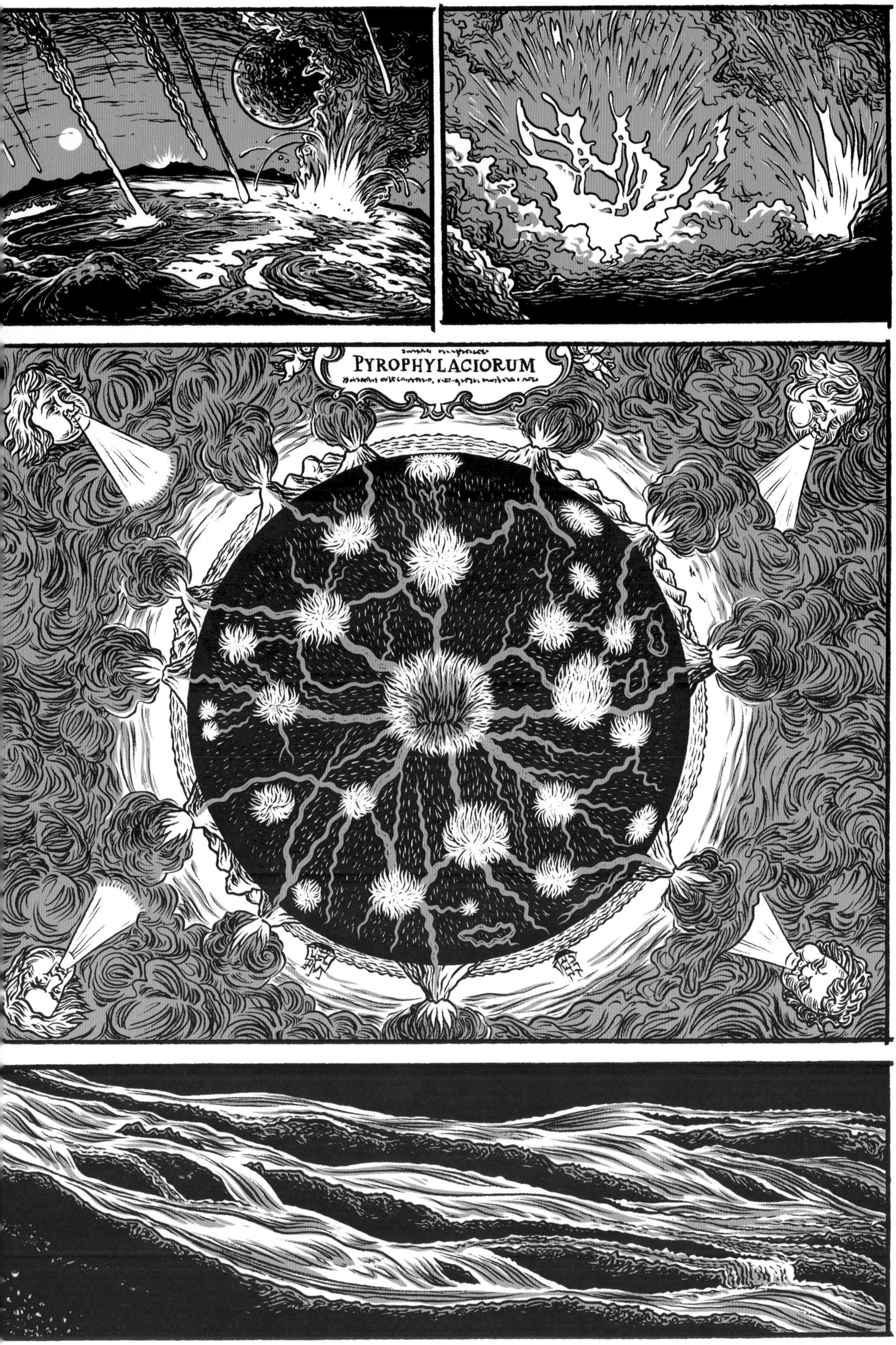

PYROPHYLACIORUM

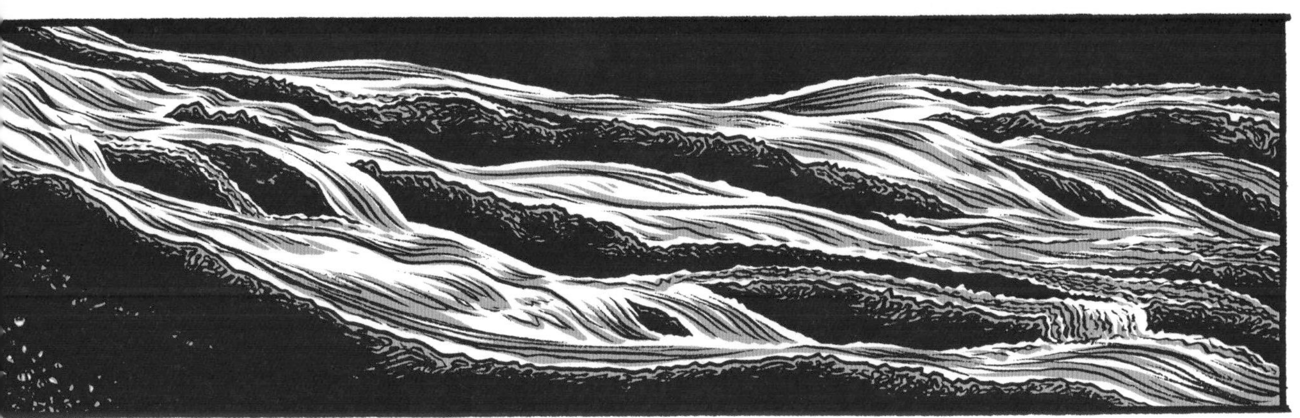

가벼운 규산염이 최초의 지각을 형성하지만, 그것은 아직 너무나 물러서 안쪽과 바깥쪽에서 견디지 못하고 찢겨 나온다.

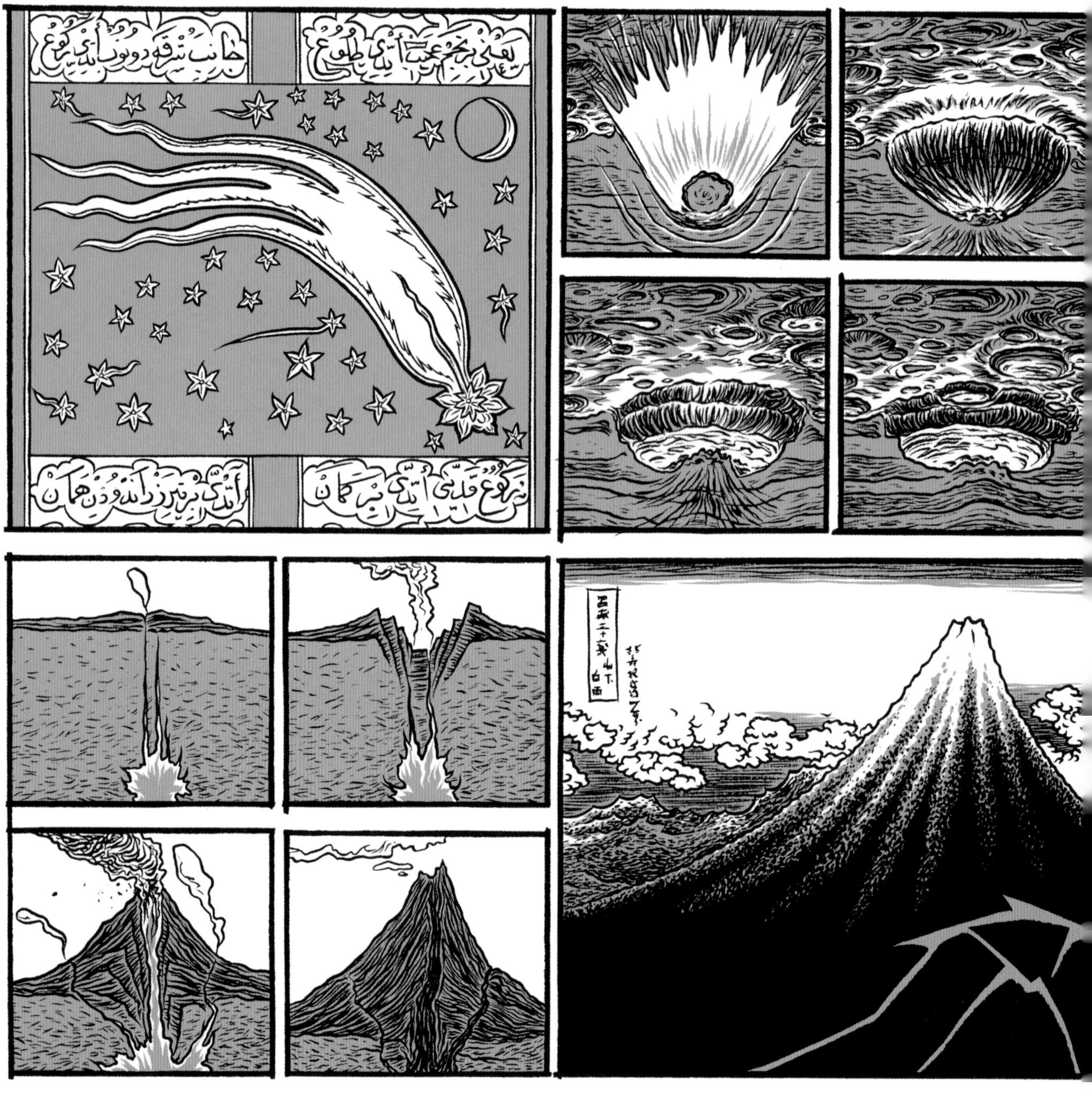

화산의 **교반조**攪拌槽가 중심부의 마그마를 끊임없이 상승시킨다.

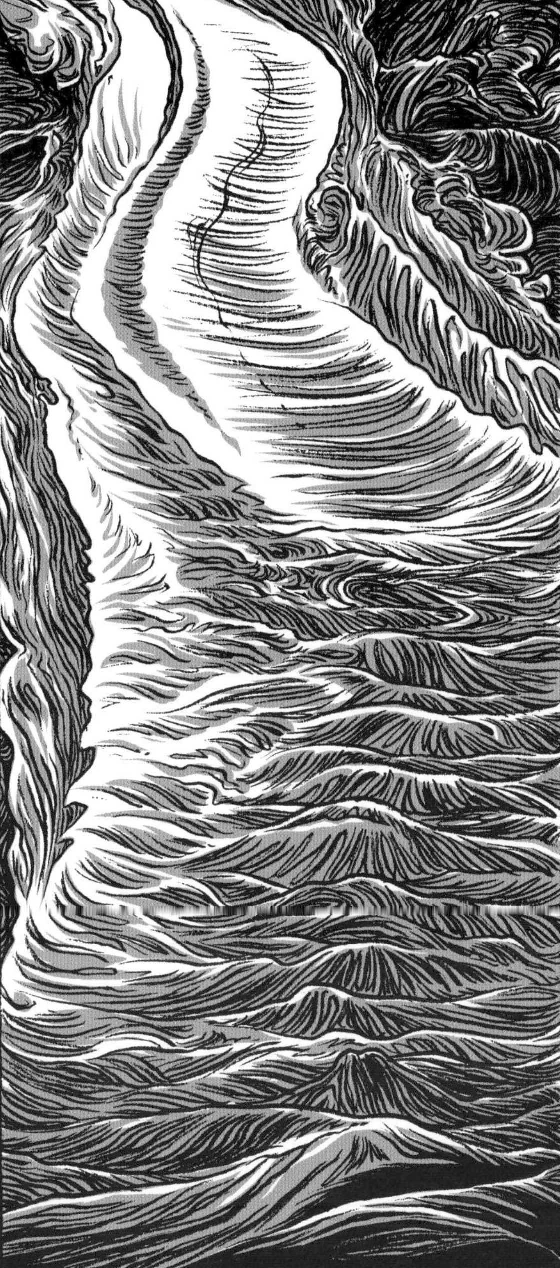

그러나 마그마는 일시적인 표피밖에 형성하지 못하고, 이윽고 원래 장소로 되돌아간다.

지표는 늘 어려운 시련에 부딪친다. 아주 천천히 냉각되고 고체화된다.

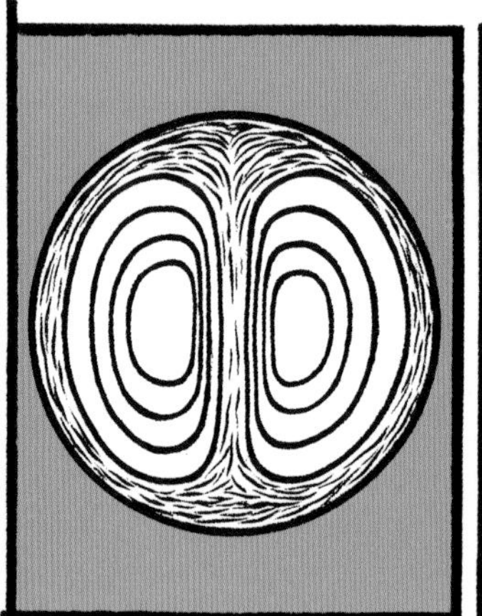

방사성붕괴의 과정이 내부의 비등을 유지시킨다.

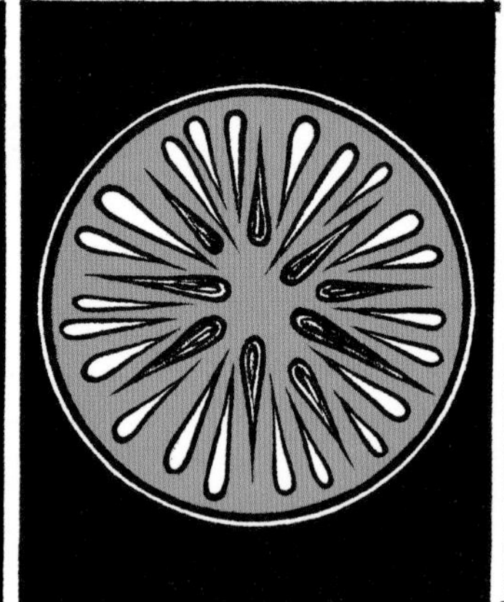

내부를 구성하는 물질이 분화하기 시작한다.

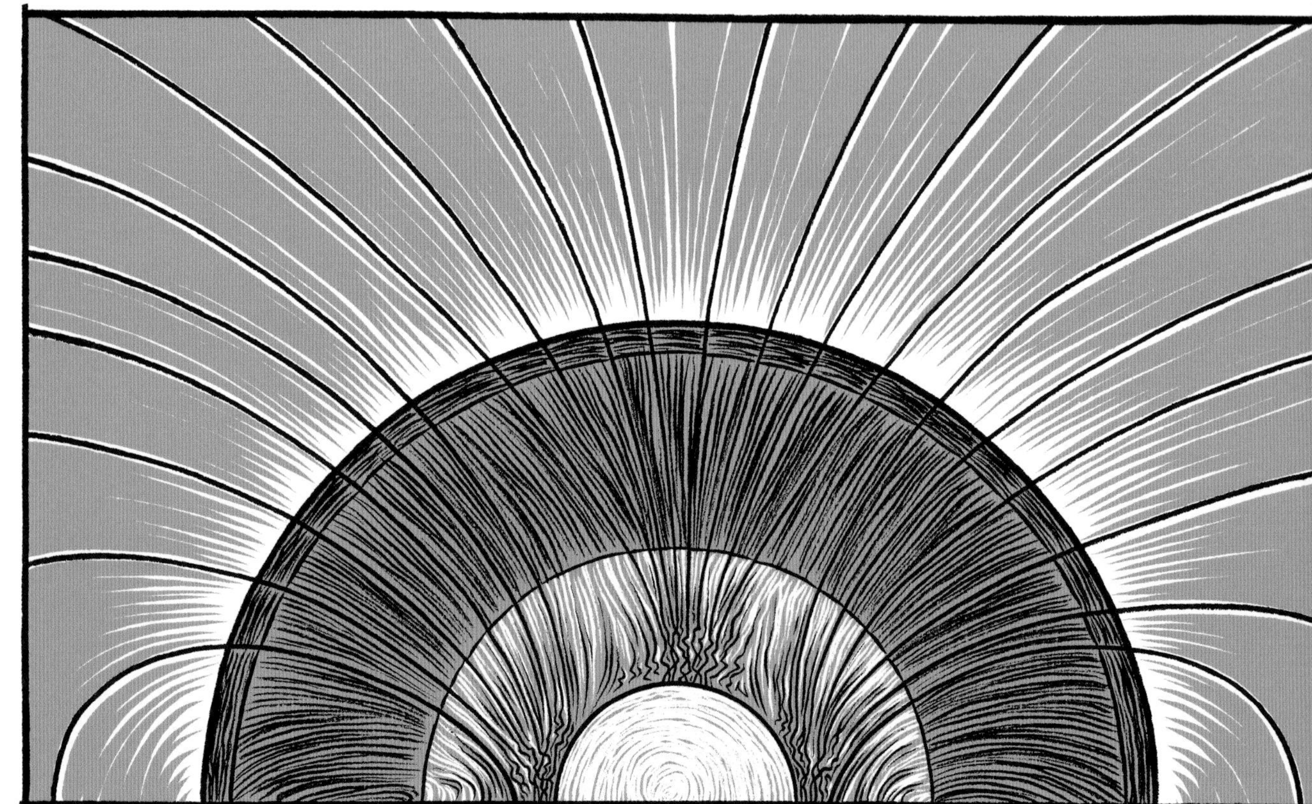

이윽고 자전력이 액체 상태의 철의 외핵을 상당히 단단한 고체의 철로 만들어진 내핵 주변을 회전시킨다.

이 거대한 발전기가 자기장을 만들어 낸다…

…**우주선**宇宙線과 태양면 폭발에 대한 방패.

그래도 운석에는 무력하다.

달만이 때때로 지구에 대해 방패역할을 해 준다.

지구의 연령은 이미 약 4억 살이 되었지만, 특히 생명에 대해서는 변함없이 적대적이다.

자전은 상당히 빨라서, 1일은 5시간밖에 되지 않는다.

훨씬 이전에 원시대기인 수소는 소멸했다.

지구는 강렬한 우주선과 다양한 충격의 표적이 된다.

터무니없는 온도의 변동이 거대한 폭풍을 일으킨다.

이산화탄소와 다른 기체가 혼합된 새로운 대기는 유독성을 띈다.

지각에서 빠져나온 증기가 이 온실을 더욱 뜨겁게 달군다.

태양은 아직 모든 불을 이용하여 빛나고 있지는 않기 때문에, 진한 가스덩어리 아래에서는 뜨겁고 어둡다.

그러나 천천히 식어가며 지구의 온도는 100도 아래까지 낮아지기에 이른다.

대량의 구름은 드디어 무거운 짐을 버리고 떠날 수 있다. 그리고 처음으로 비가 내린다…

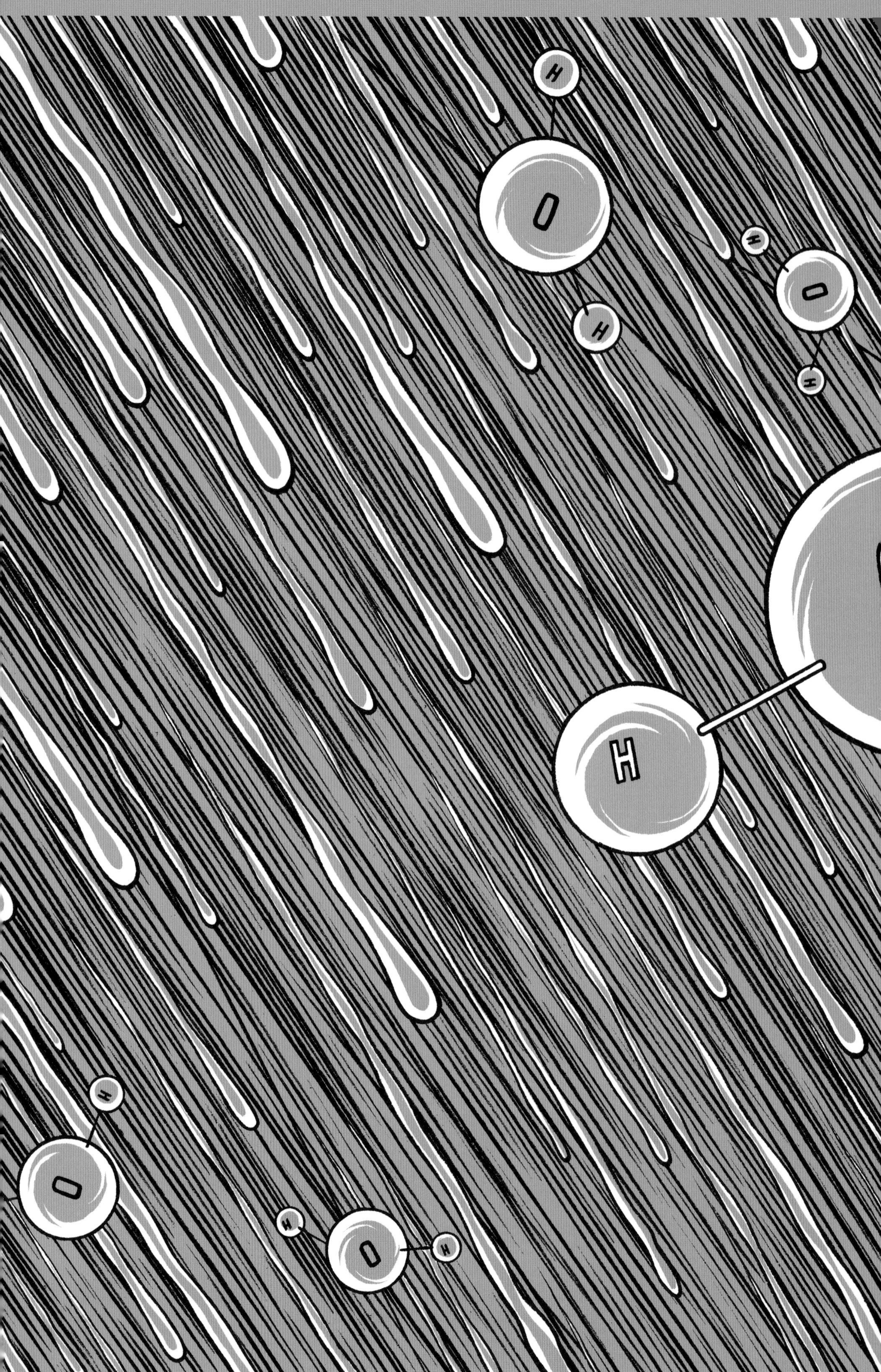
H
O
H
H
O
H
H
H
O
H
O
H

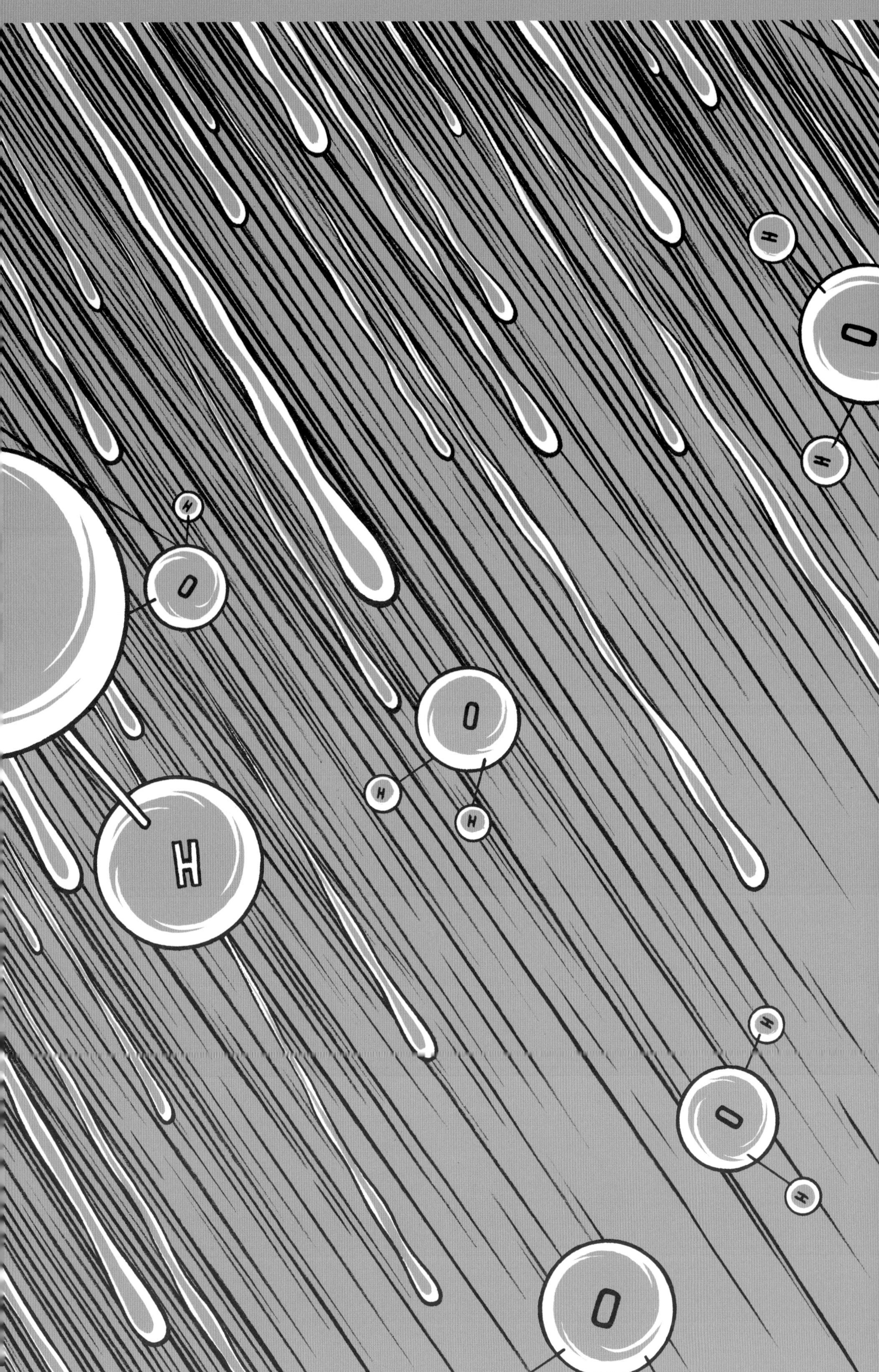
H
O
H
H
O
O
H
H
H
H
O
H
O

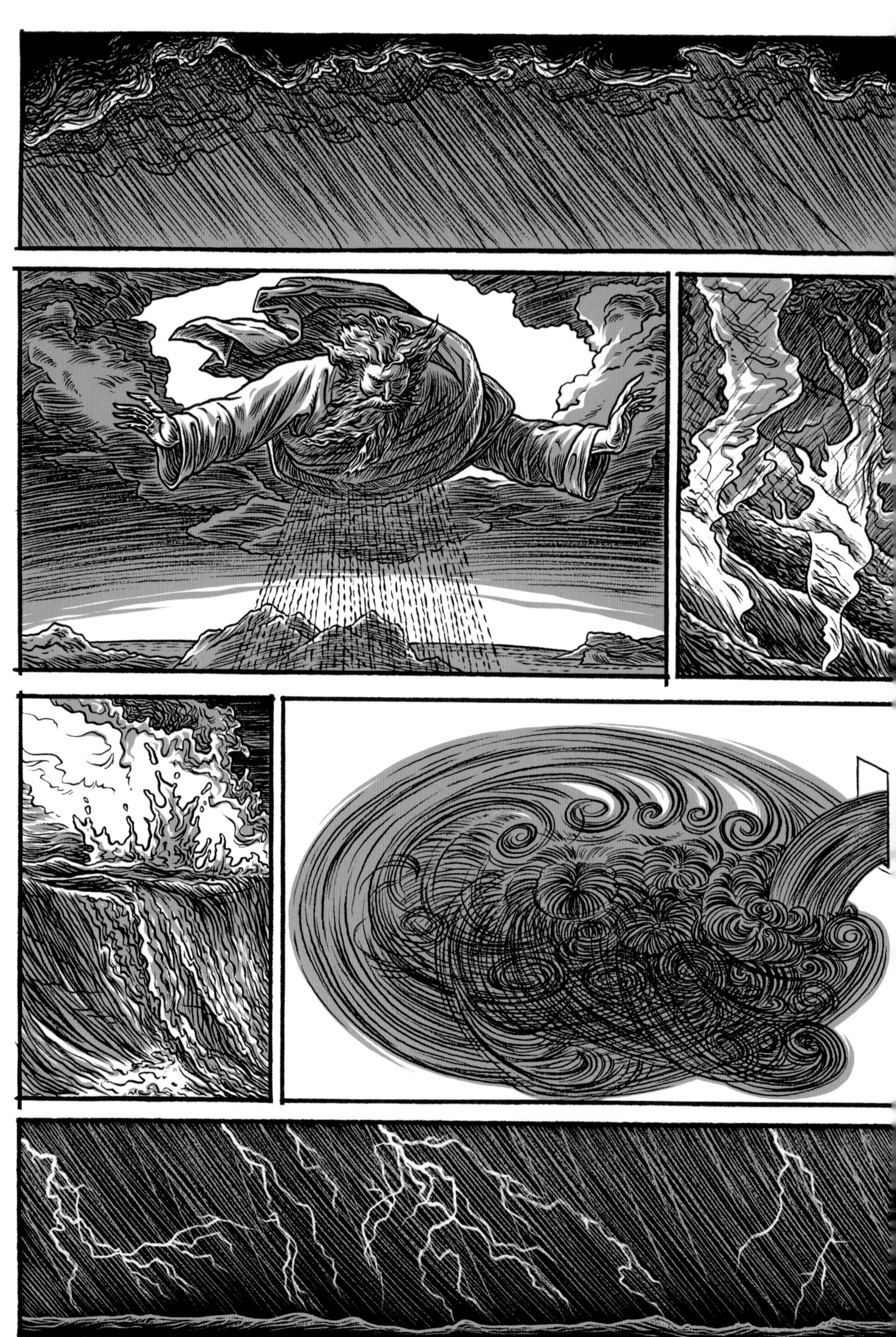

토사가 섞인 비가 최초의 와지●를 채우고, 급속하게 넘쳐난다. 훨씬 이전에 응고한 용암울타리는 거대한 물의 압력으로 부서지거나 없어진다. 그리고 커다란 수역이 형성된다.

● 와지窪地 : 움푹 패어 웅덩이가 된 땅

그러나 물은 아직 백열●하고 있는 지각에 닿아 증발한다. 원시해양은 아주 천천히 형성된다.

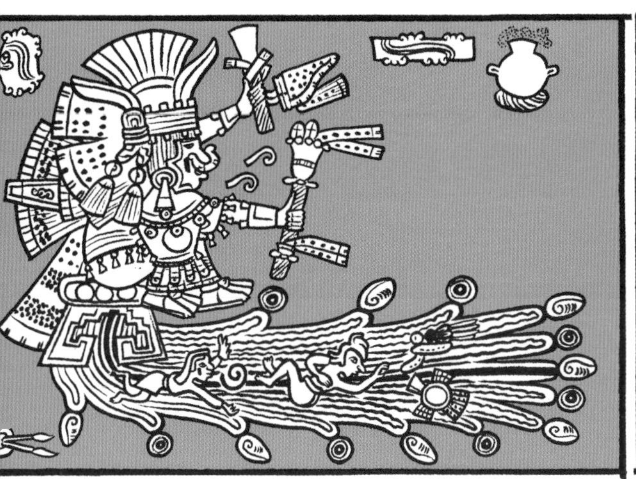

● 백열白熱 : 1300°c 이상의 고열

수백 만 년이 지나는 동안, 바다는 그리 높지 않은 구역을 엄습하고,
예전에는 거대했던 화산의 정상은 어느새 원시해양 위에 떠 있는 군도群島에 지나지 않게 된다.

수증기의 대부분이 비로 변하자, 지표 전체가 거의 물에 잠겨버린 듯이 보인다.

감히 파랑에 도전하는, 높은 지대는 차치하더라도.

아직 이름도 없는 최초의 대륙

이후, 자연의 힘의 오케스트라는 모든 것이 모이고, 권력투쟁은 이미 시작되고 있다.

증발, 침전, 침식에 의해 모든 것을 연결하는 물 순환의 큰 회전목마가 움직이기 시작한다.

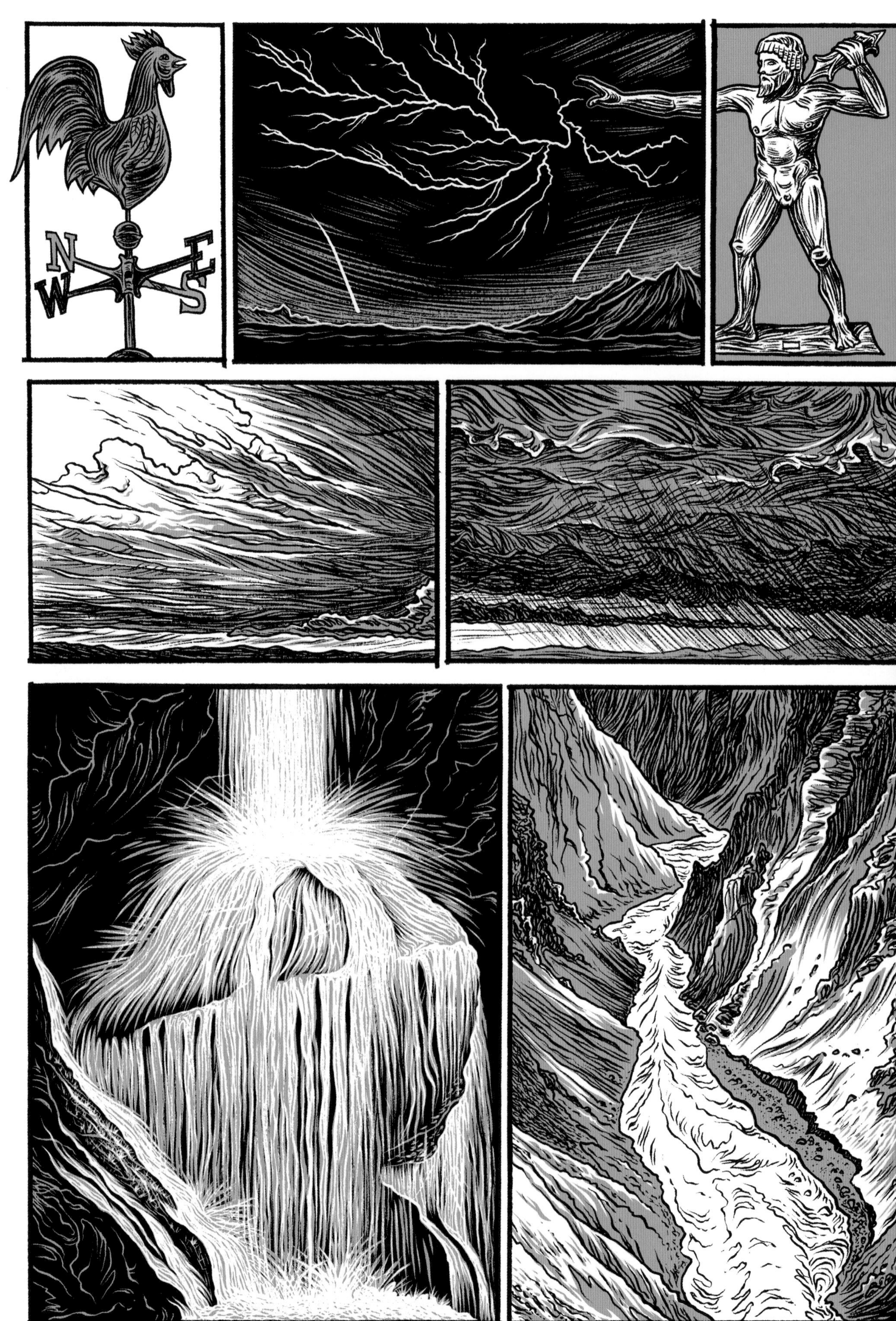
N
E
W
S

海上の不二

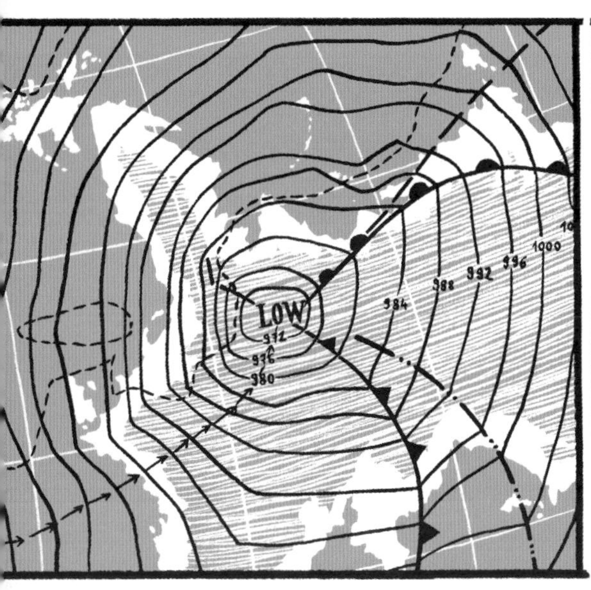
LOW
972
976
980
984
988
992
996
1000

지각은 끊임없이 재생된다. --- 물과 바람은 불길이 지표에 옮겨 놓은 것을 부숴버린다.

그리고 다른 장소에 축적한다.

이렇게 해서 암석이 형성된다.

여러 종류의 토양도.

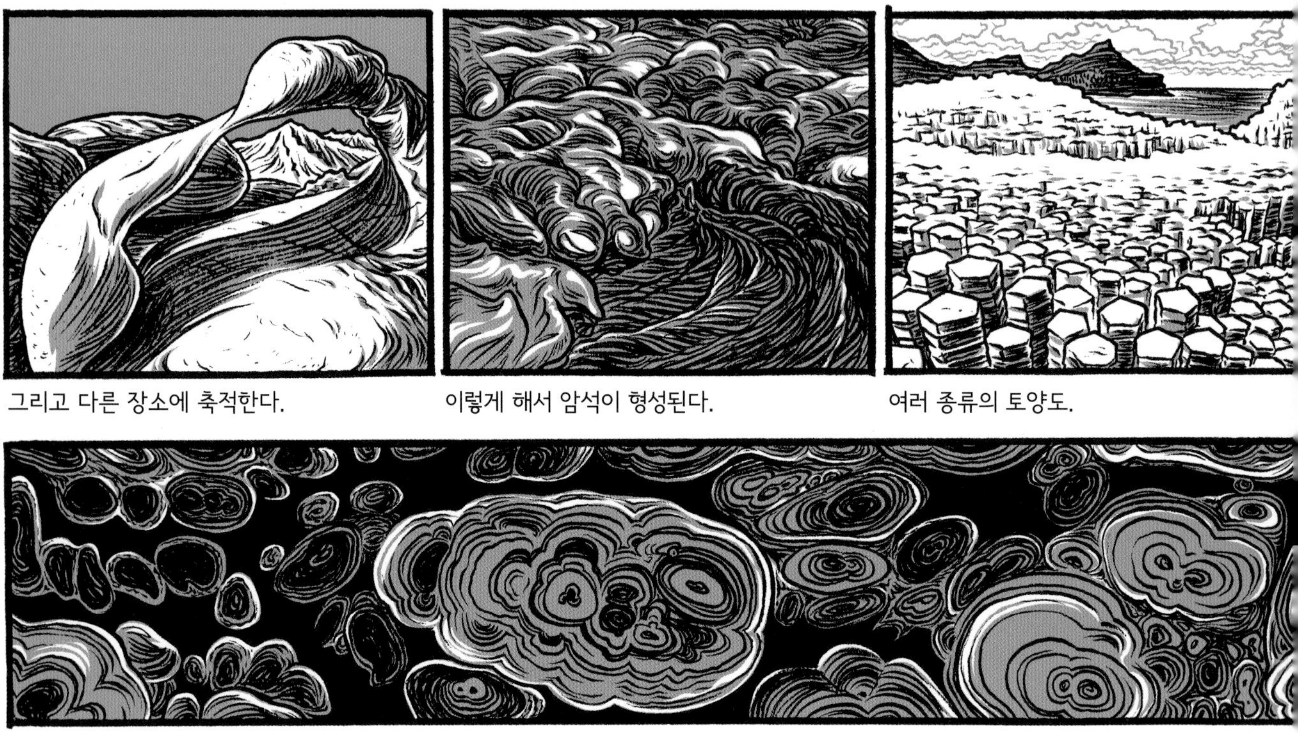

그동안 대류가 맨틀 안에서 형성되고, 지각에 작용하기 시작한다.

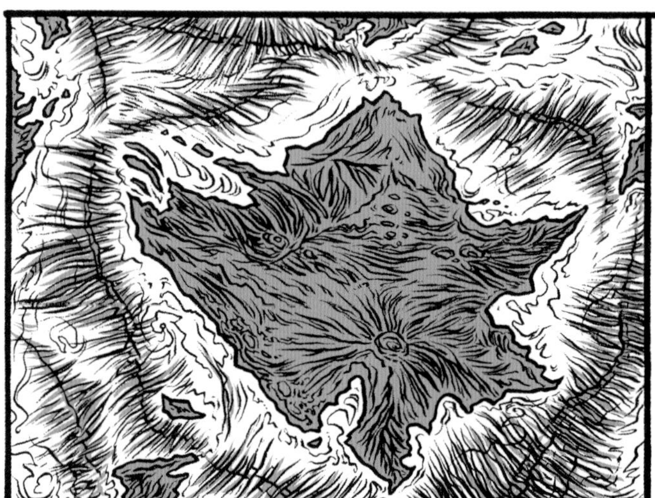

마그마가 **자축**●을 중심으로 한, 회전운동에 의해 지각을 끌어당긴다.

그리고 **플레이트 텍토닉스**의 구조를 처음으로 움직이기 시작한다.

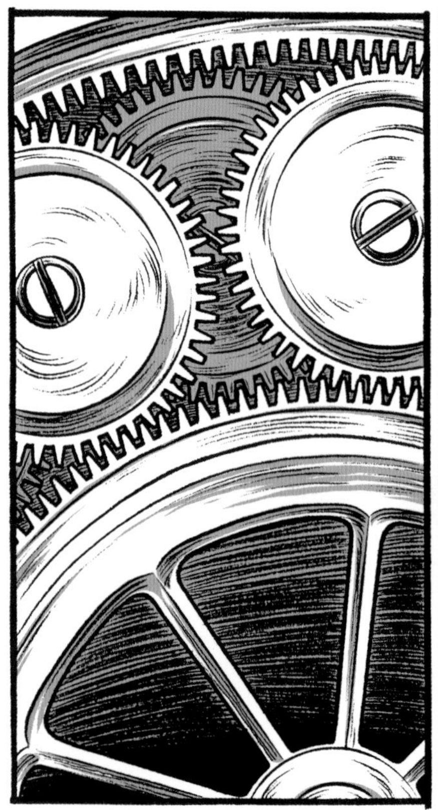

이후는 모든 것이 가동적이다.

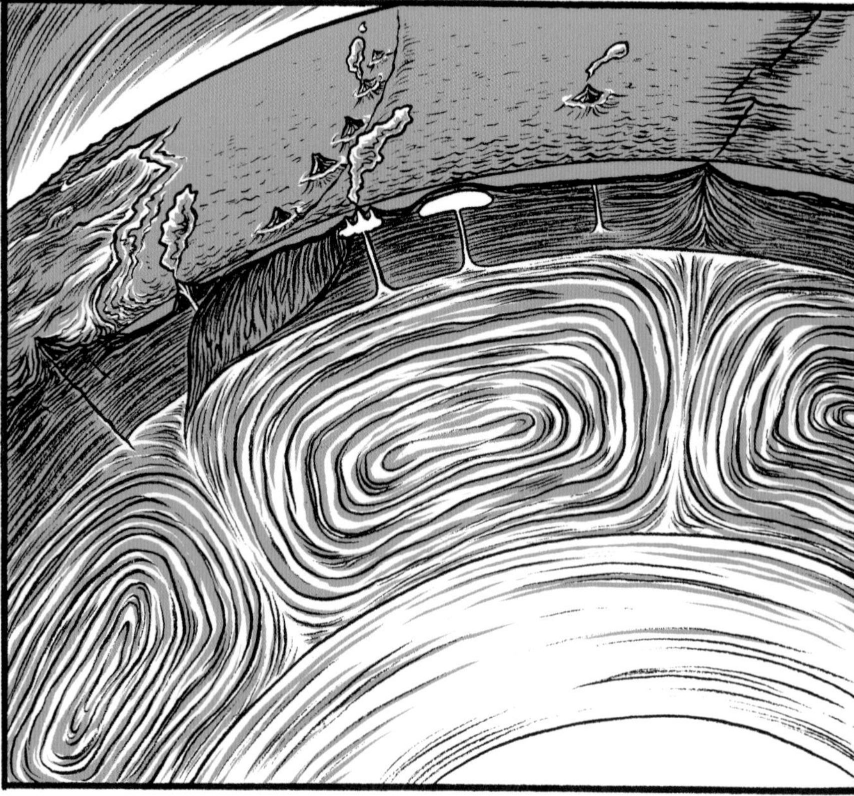

대륙은 서로 스치고 닿고, 다른 장소에서 소멸하고 재생한다.

● 자축磁軸 : 자석의 두 극을 연결하는 축

2. 명왕대

46억 년 전 지구의 형성. 처음 그 크기는 화성 정도이다. 수소와 헬륨의 혼합인 원시대기는 결국 밖으로 방출된다. 이어지는 6억년 동안에 **미행성**의 폭격에 의해 지구의 직경은 1만 2천 km에 달한다. 다른 원시행성과의 충돌을 간신히 면했을 때, 큰 물질의 덩어리가 이탈하여, 그것이 지구 주변에서 고리를 형성하고, 차례로 고체화한다. 이렇게 해서 지구와 달이 탄생한다.

46억 년 전에서 42억 년 전 미행성의 충돌에 의해 해방된 에너지, 지구 내부에 있는 방사성원소의 붕괴, 태양방사선의 증대 등이 어린 지구를 뜨겁게 한다. 액상의 금속핵 - 주로 철, 규소, 니켈로 생성- 이 다소나마 점성이 있는 맨틀에서 분화한다. 지구의 자전과 함께 이 맨틀을 구성하는 물질이 핵 주변을 회전하기 시작하고, 이 때문에 보호하려는 자기장이 생겨나는데, 내부에서 과류가 출현하자, 결국 대륙의 이동이 시작된다. 규산염으로 만들어진 가벼운 지각은 동결凍結된 운석과의 충돌에 끊임없이 노출되어 있다. 운석의 가스 상 성분은 계속되는 화산활동이 맨틀 밖으로 내뿜는 증기와 결합하고, 새로운 대기를 형성하지만, 그것은 유독하고 수증기가 70%를 점유하고 있는 것 외에도 주로 황화수소, 메탄, 암모니아, 이산화탄소로 구성되어 있다. **유리산소**(화합물에서 떨어져 나온 발생기의 산소)는 아직 전혀 존재하지 않는다. 지구는 강렬한 방사선과 거대한 폭풍과 강한 온실효과에 노출되어 있다.

42억 년 전에서 40억 년 전 최초의 암석지각의 형성. 이 시대의 지각은 아직 약해서 갖가지 충격에 의해 종종 갈라진다. 격한 화산활동이 지표에 용암과 가스와 수증기를 운반해 온다. 지표의 온도는 100℃ 이하로 떨어지고, 호우가 지상을 엄습하고, 전 지구에 원시해양이 형성됨과 함께 **수권**水圈이 출현한다. 어린 지각은 물의 순환으로 인한 침식에 노출되고, 최초의 퇴적물이 형성된다.

41억 년 전 오늘날 캐나다에서 볼 수 있는 편마암의 퇴적이 형성된다. 이는 알려져 있는 가장 오래된 암석이다.

40억 년 전 수위가 상승한 해양의 압력 밑에서 다시금 **맨틀**의 운동이 커졌고, 그로 인해 지각은 몇 개의 **플레이트**(판)로 분열하기 시작한다. 최초의 대륙이 형성되고, 지구내부에서 회전하는 마그마의 흐름이 **플레이트 텍토닉스**의 구조를 처음으로 움직이기 시작한다.

39억 년 전 알려져 있는 가장 오래된 암석의 자기화● 는 자기장이 확립된 결과이다.

● 자기화 : 물체가 자성을 지니는 현상

태고대

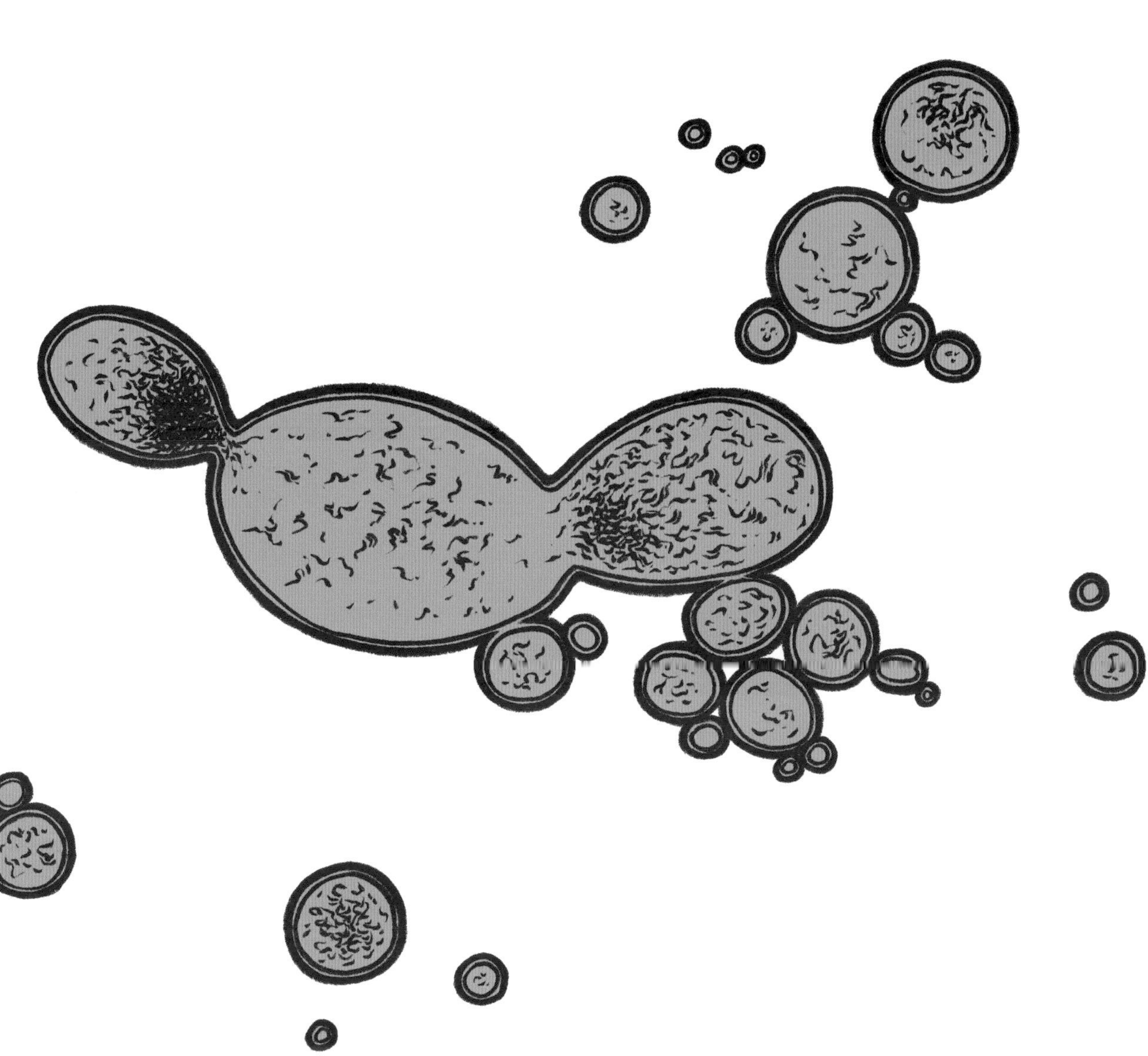

이어지는 수백 만 년 사이, 지구라고 불리는 이 제3 행성 위에 별다른 일은 일어나지 않는다.

대륙 플레이트의 이동이 나타난다.

화산은 산을 만들어낸다.

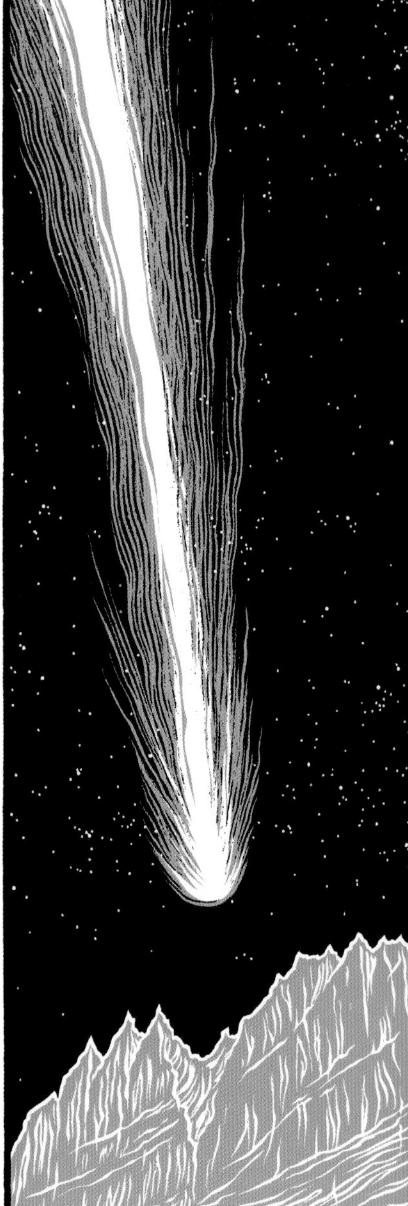

소행성은 클레이터를 만든다.

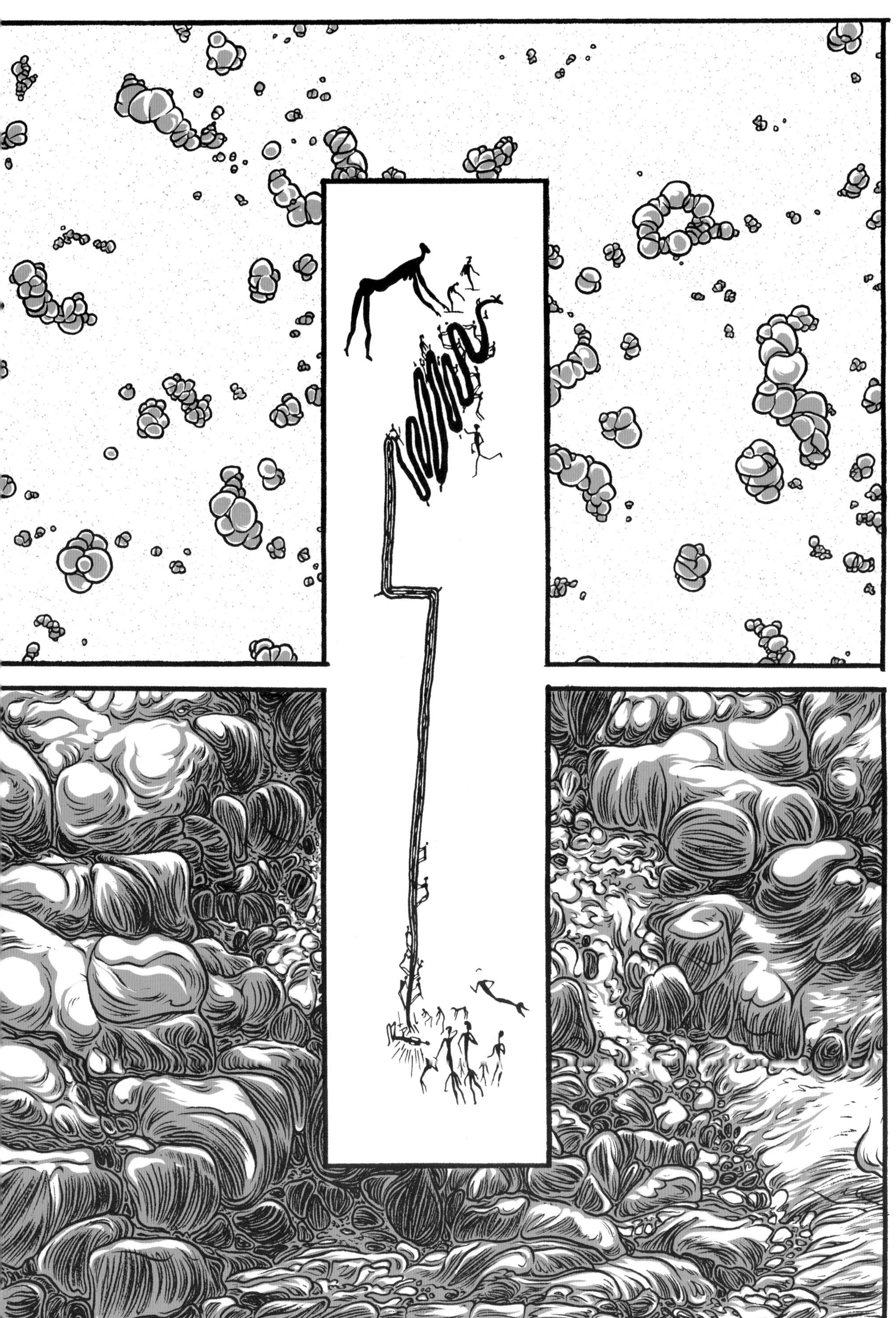

미세한 수준에서는 그래도 혁명이 준비되고 있지만, 너무나 미미해서 좀처럼 보이지 않는다.

그것이 늪 속에서 일어나는지…

… 아니면 축축한 점토 퇴적물 속에서 일어나는 것인지 정확히는 모른다.

활동적인 해저화산의 불길 가까이인지…

… 아니면 이미 감염되어 있던 다른 천체로부터 온 것인지.

촉매의 도움을 받아 불안정한 원자가 결합하고, 무수히 복잡한 분자를 형성한다.

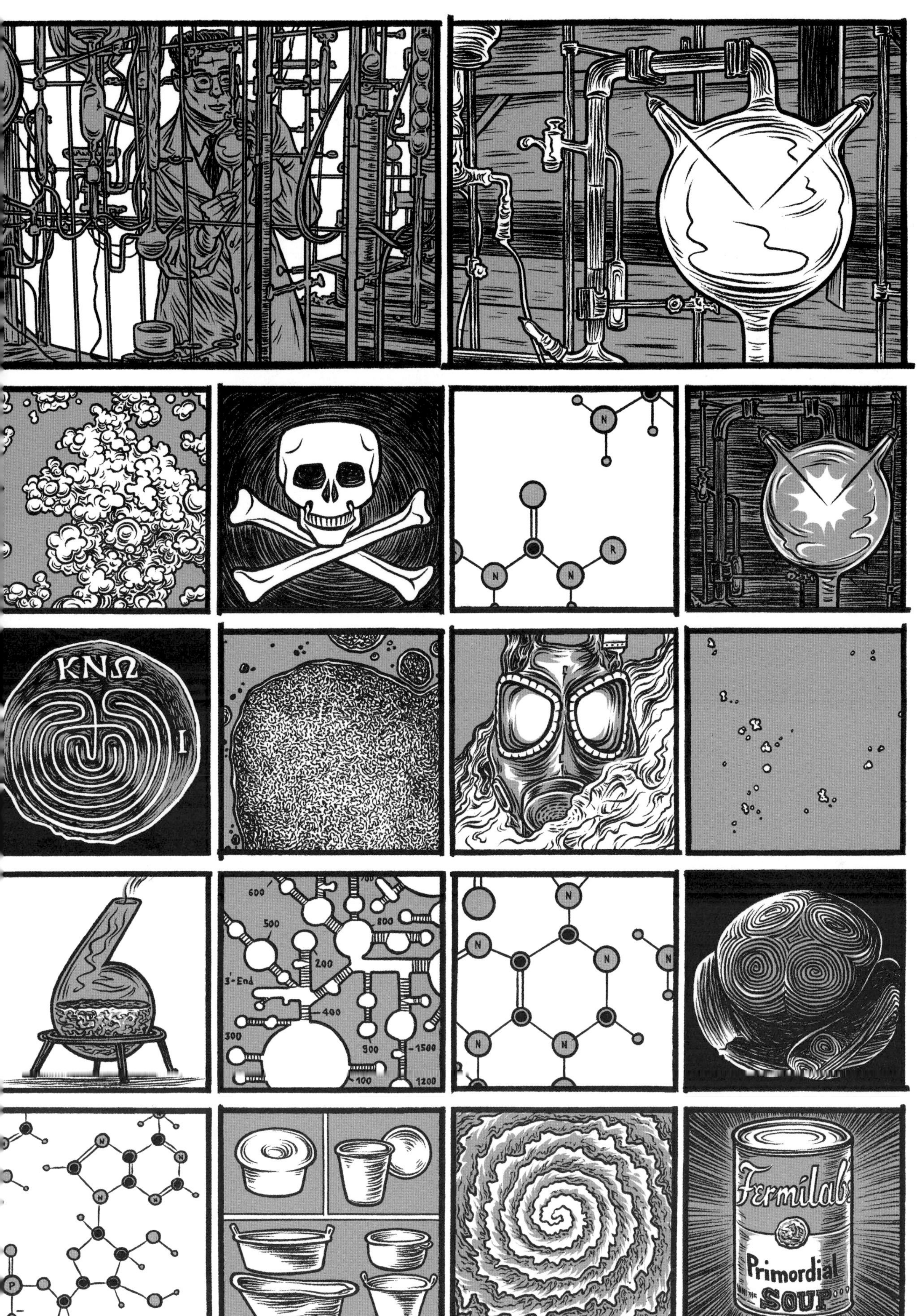

암모니아, 메탄, 유화수소 등 구역질을 일으킬 것만 같은 기체의 혼합이 작은 공간에 집중된다.

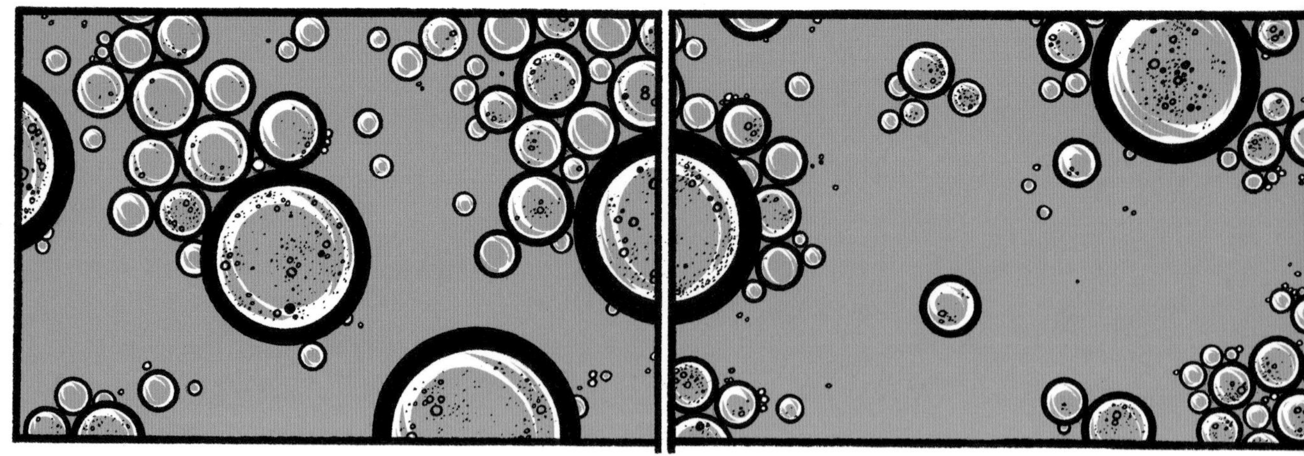

바람직한 조건 하에서 그 기체들이 후에 「유기」라고 불리는 분자를 형성한다.

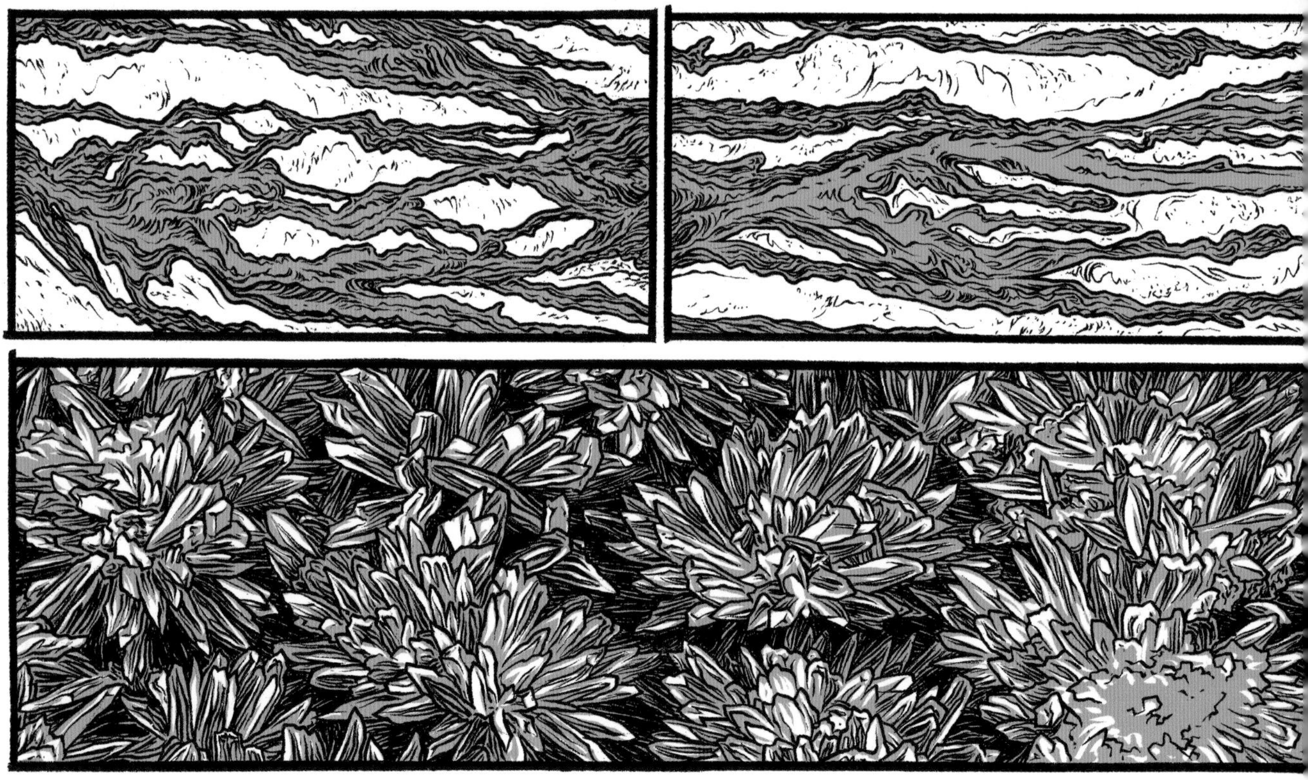

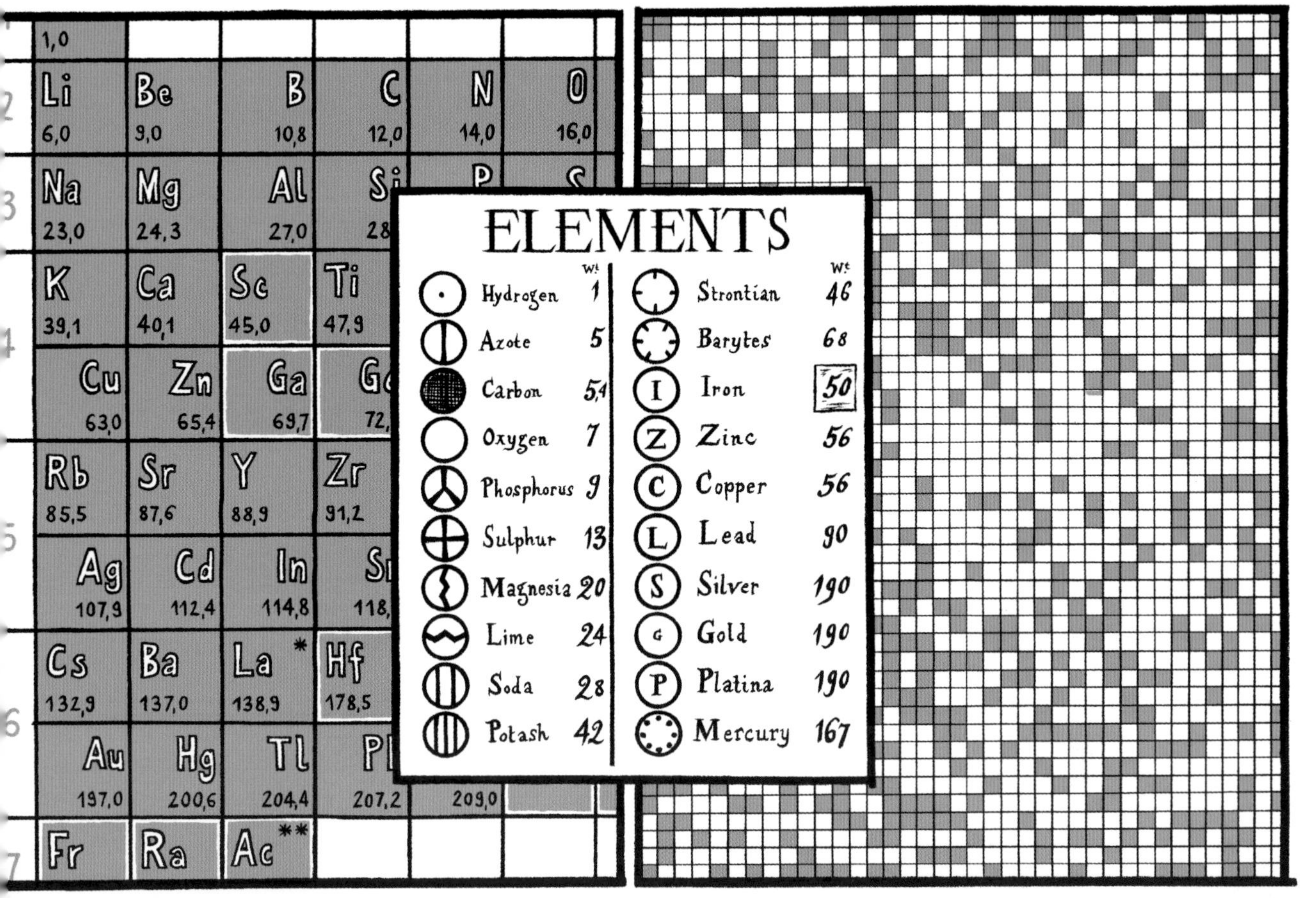

	1,0					
2	Li 6,0	Be 9,0	B 10,8	C 12,0	N 14,0	O 16,0
3	Na 23,0	Mg 24,3	Al 27,0	Si 28	P	S
4	K 39,1	Ca 40,1	Sc 45,0	Ti 47,9		
	Cu 63,0	Zn 65,4	Ga 69,7	Ge 72,		
5	Rb 85,5	Sr 87,6	Y 88,9	Zr 91,2		
	Ag 107,9	Cd 112,4	In 114,8	Sn 118,		
6	Cs 132,9	Ba 137,0	La * 138,9	Hf 178,5		
	Au 197,0	Hg 200,6	Tl 204,4	Pb 207,2	209,0	
7	Fr	Ra	Ac **			

ELEMENTS

	Wt		Wt
Hydrogen	1	Strontian	46
Azote	5	Barytes	68
Carbon	5,4	Iron	50
Oxygen	7	Zinc	56
Phosphorus	9	Copper	56
Sulphur	13	Lead	90
Magnesia	20	Silver	190
Lime	24	Gold	190
Soda	28	Platina	190
Potash	42	Mercury	167

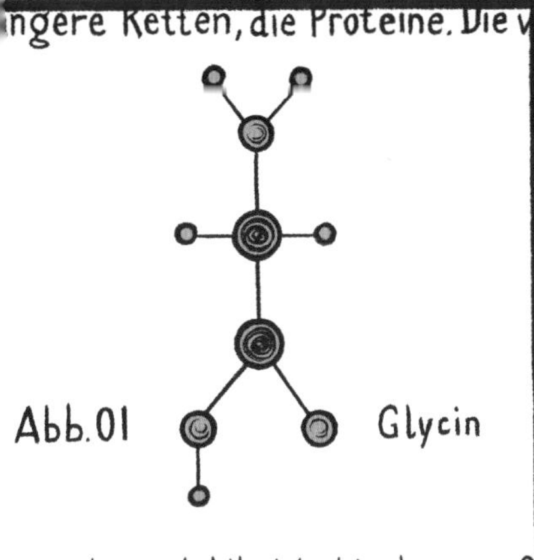

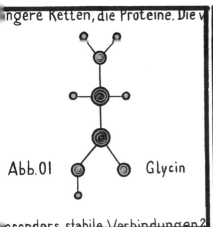

이것이 **아미노산**의 출현이다.

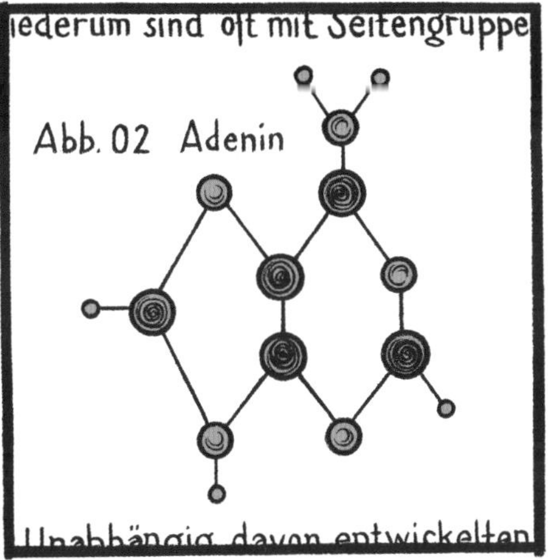

누클레오염기와 **누클레오티드**.

그리고 설탕과 같은 최초의 당질.

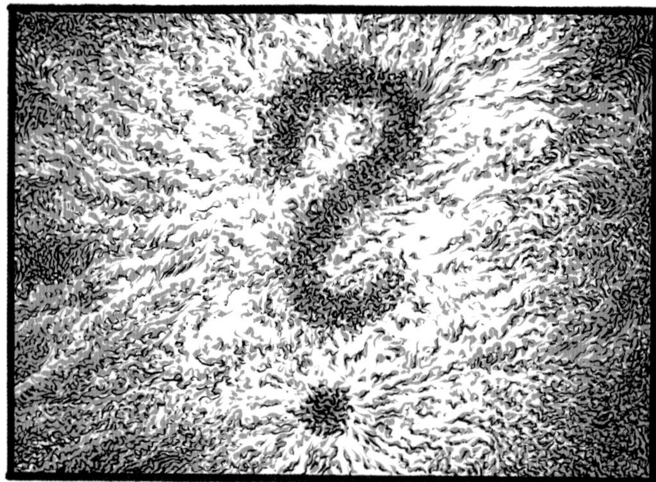

이 성분들이 계속해서 새로운 결합을 만들어 낸다.

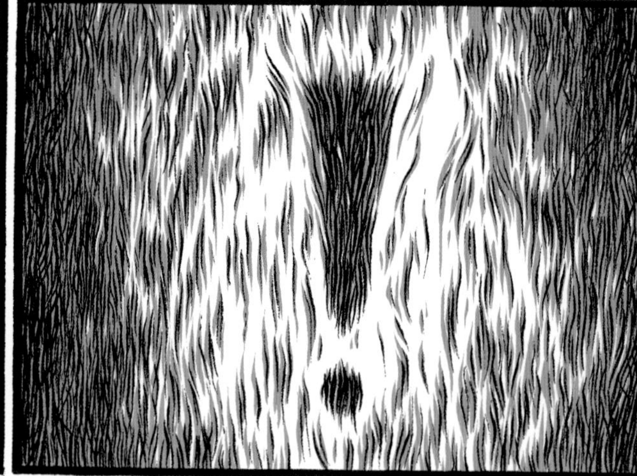

그 결합은 그다지 좋지 않은 환경에서는 곧바로 파괴된다.

환경의 위협은 다양하다. 열과 한기, 유독가스, 고압, 전기, 그리고 모든 종류의 생명을 위협하는 방사선이 있다.

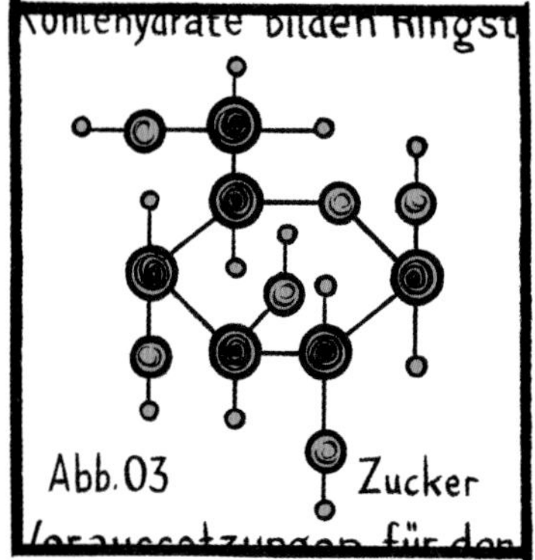

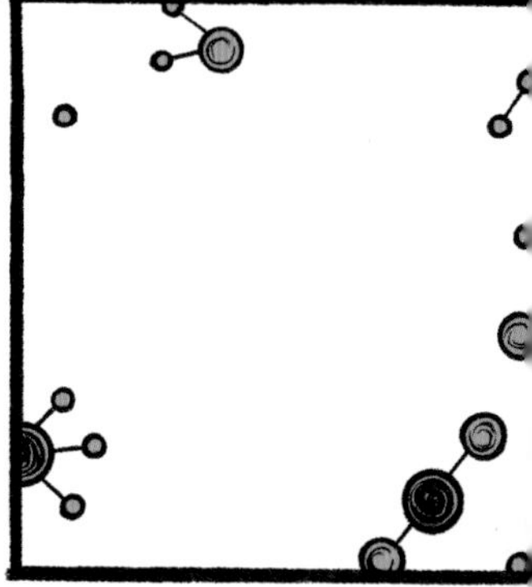

그러나 거대한 실험실은 결코 폐쇄되지 않는다.

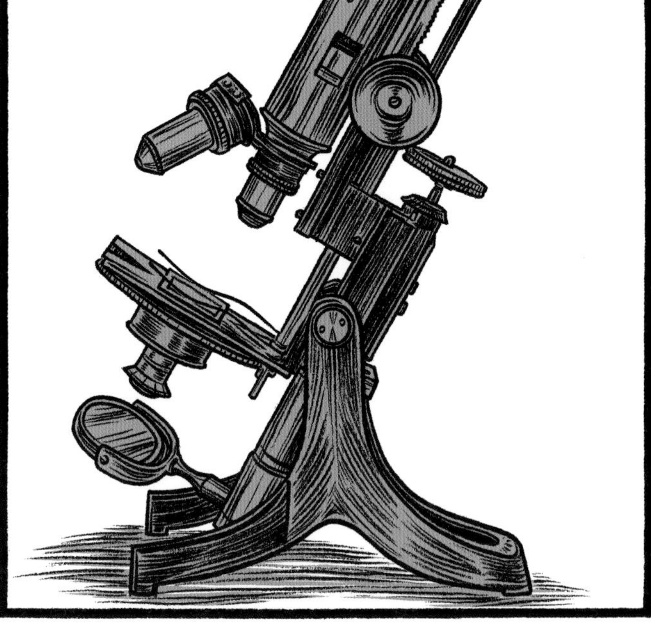

차례로 일어나는 근이적 형태가 새로운 원형을 만들어 낸다.

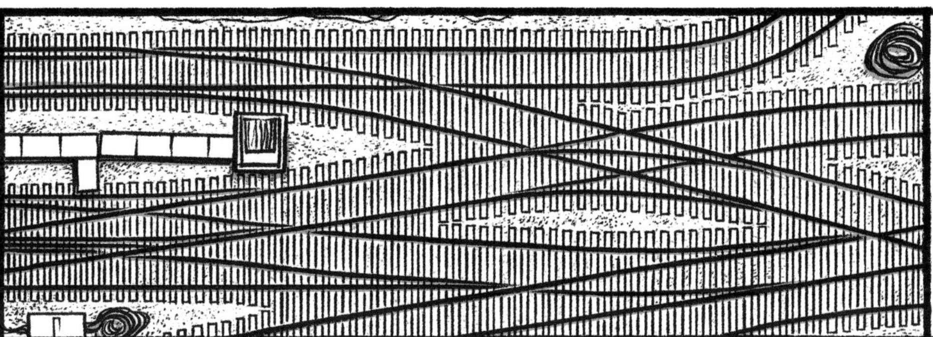

점점 긴 연쇄●가 형성된다. 안정된 연쇄. 복제가 가능한 연쇄.

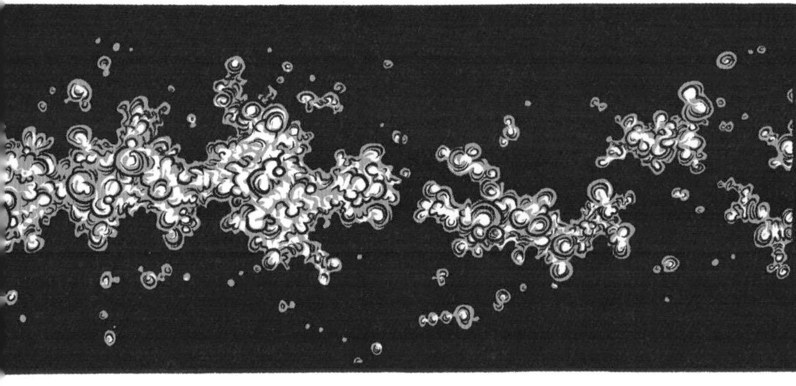

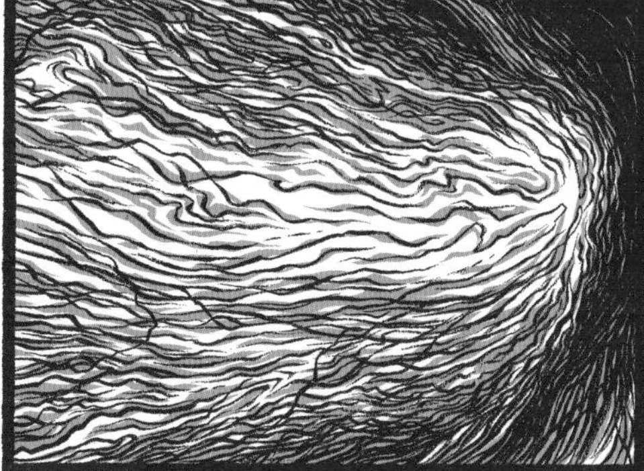

● 연쇄連鎖 : 사물이나 현상이 사슬처럼 서로 이어져 통일체를 이룸

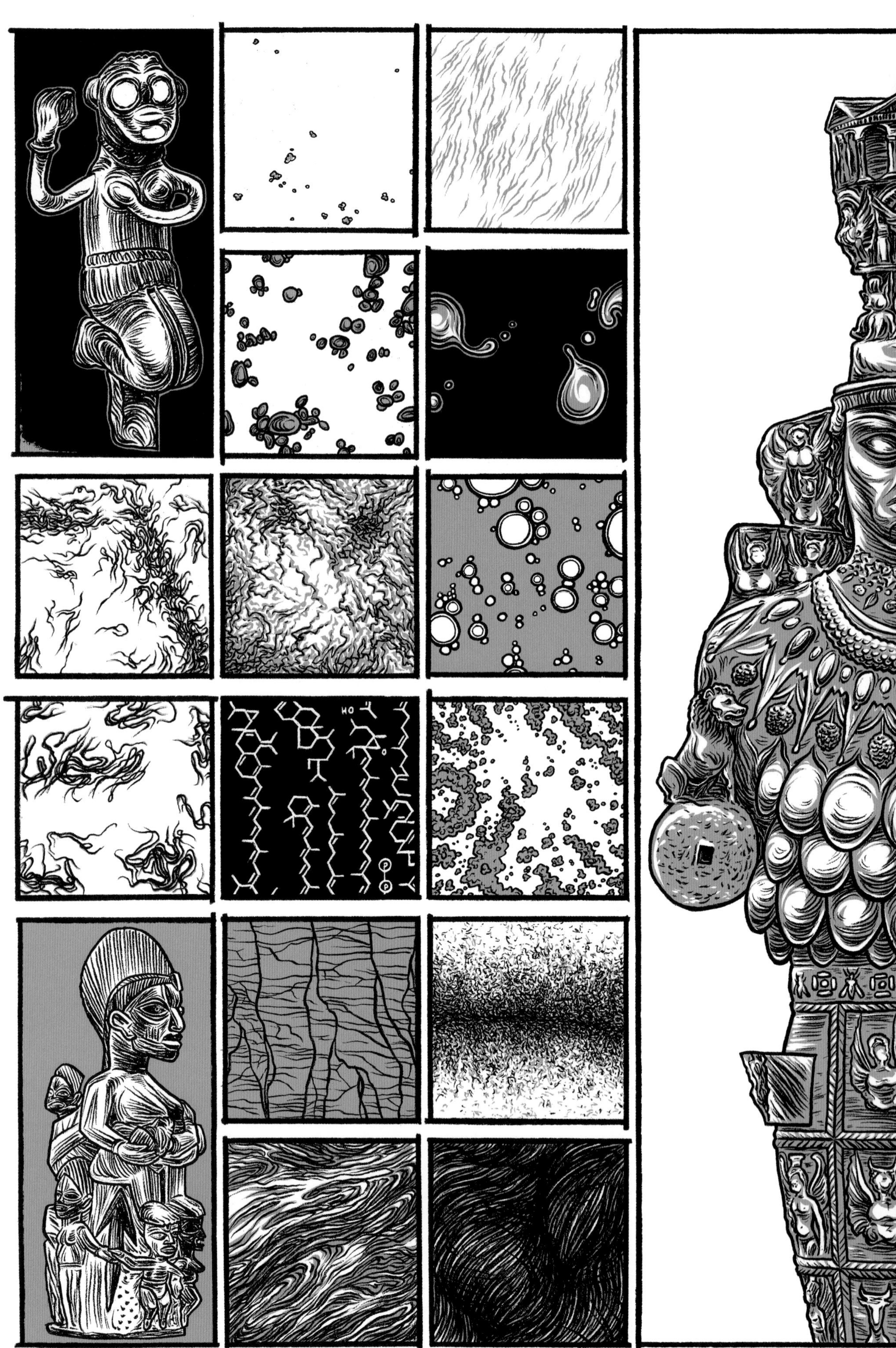

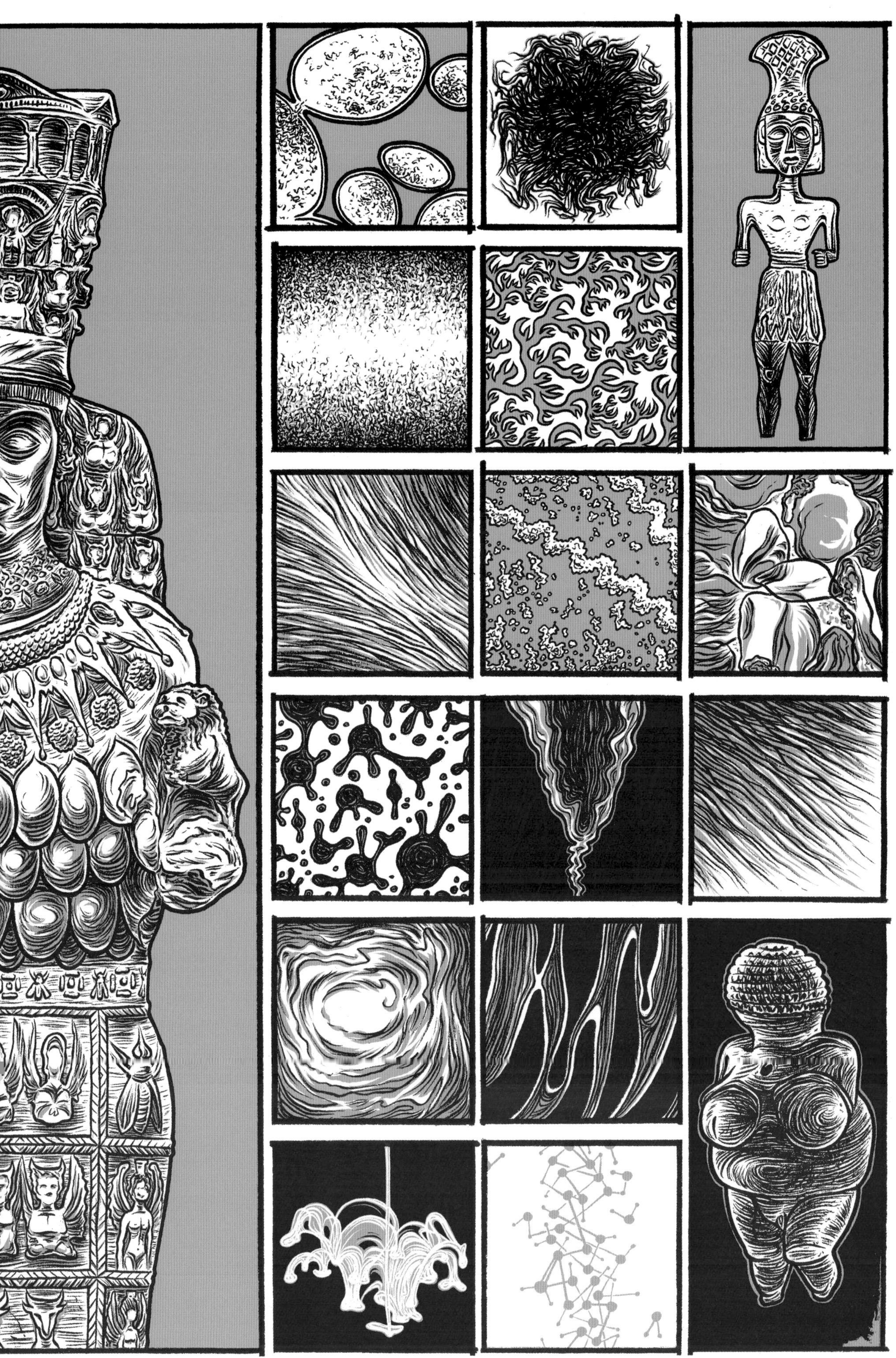

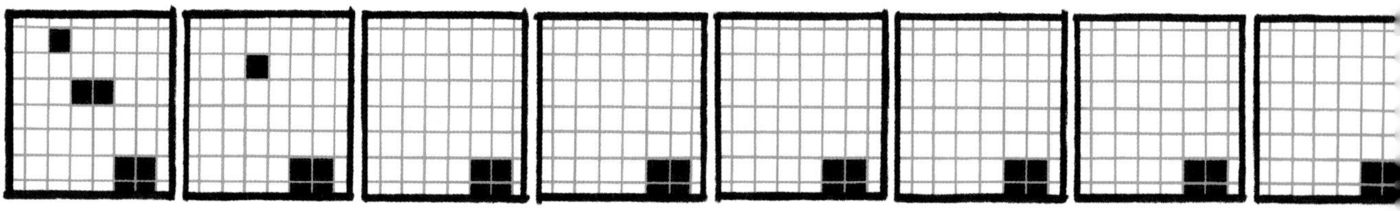

가상의 방문자는 아직 그것들을 전혀 볼 수가 없다. 원시생명의 이 질적 비약을 보기 위해서는…

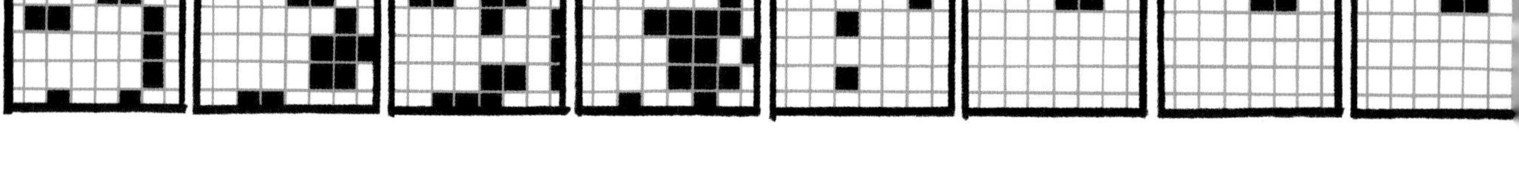

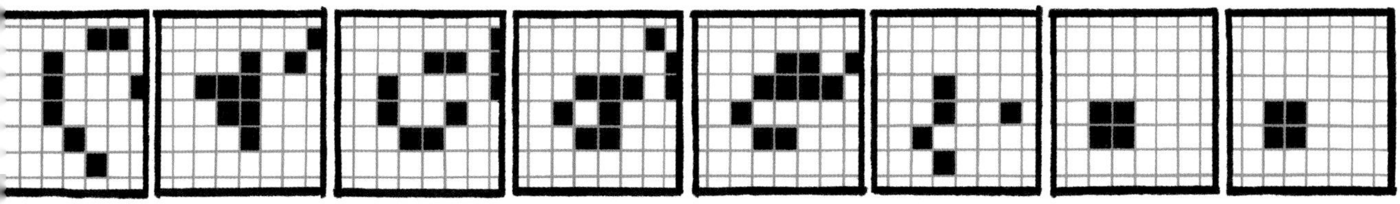

… 수억 년이 또 흘러야 할 것이다. 그래도 침묵을 계속하는 표층 아래에서는 무언가가 일어나고 있다.

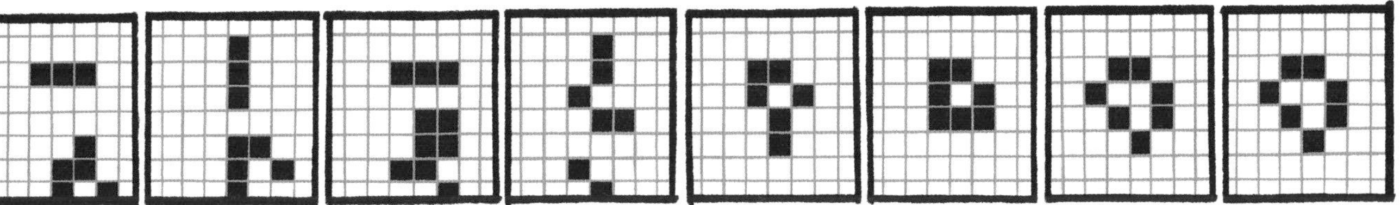

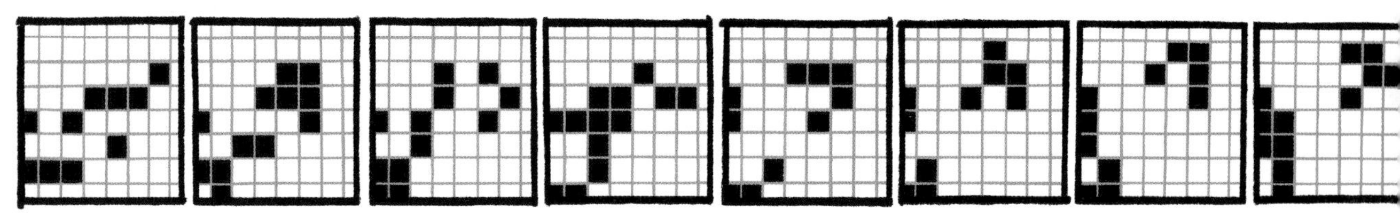

안정된 RNA의 연쇄가 형성되고, 원시적인 지질막을 이용해 환경에 도전한다.

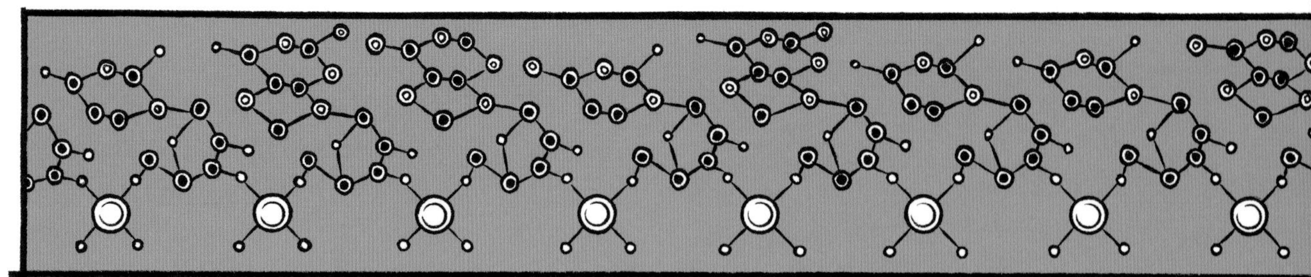

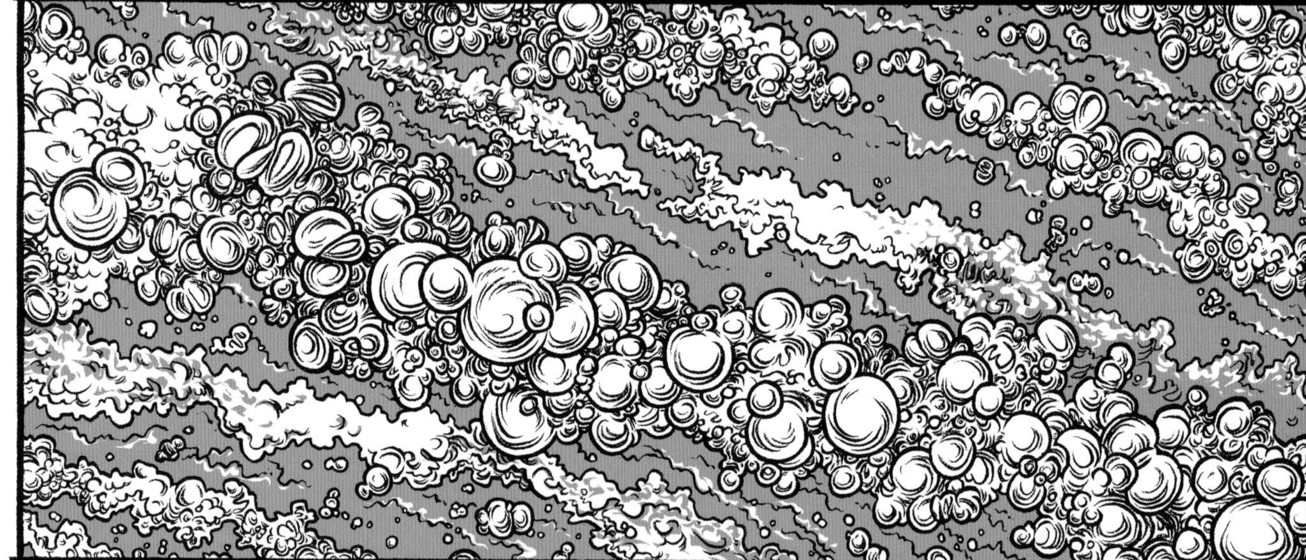

그 연쇄는 성장하고 분열한다.

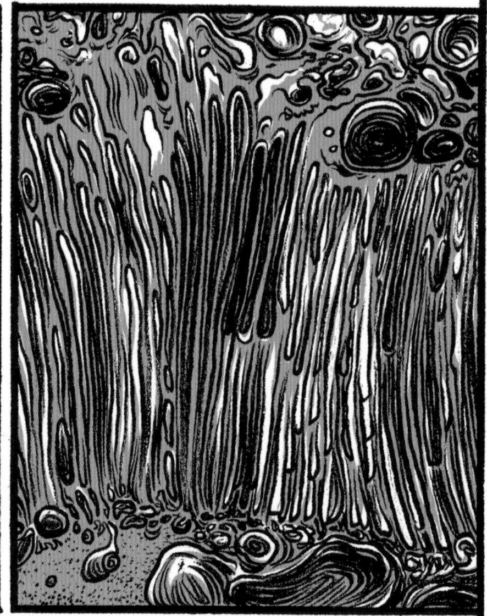

물질과 에너지를 흡수한다.

자신의 구조를 개량한다.

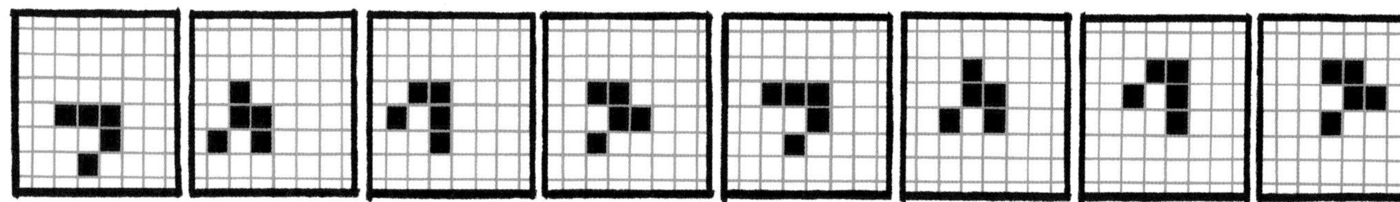

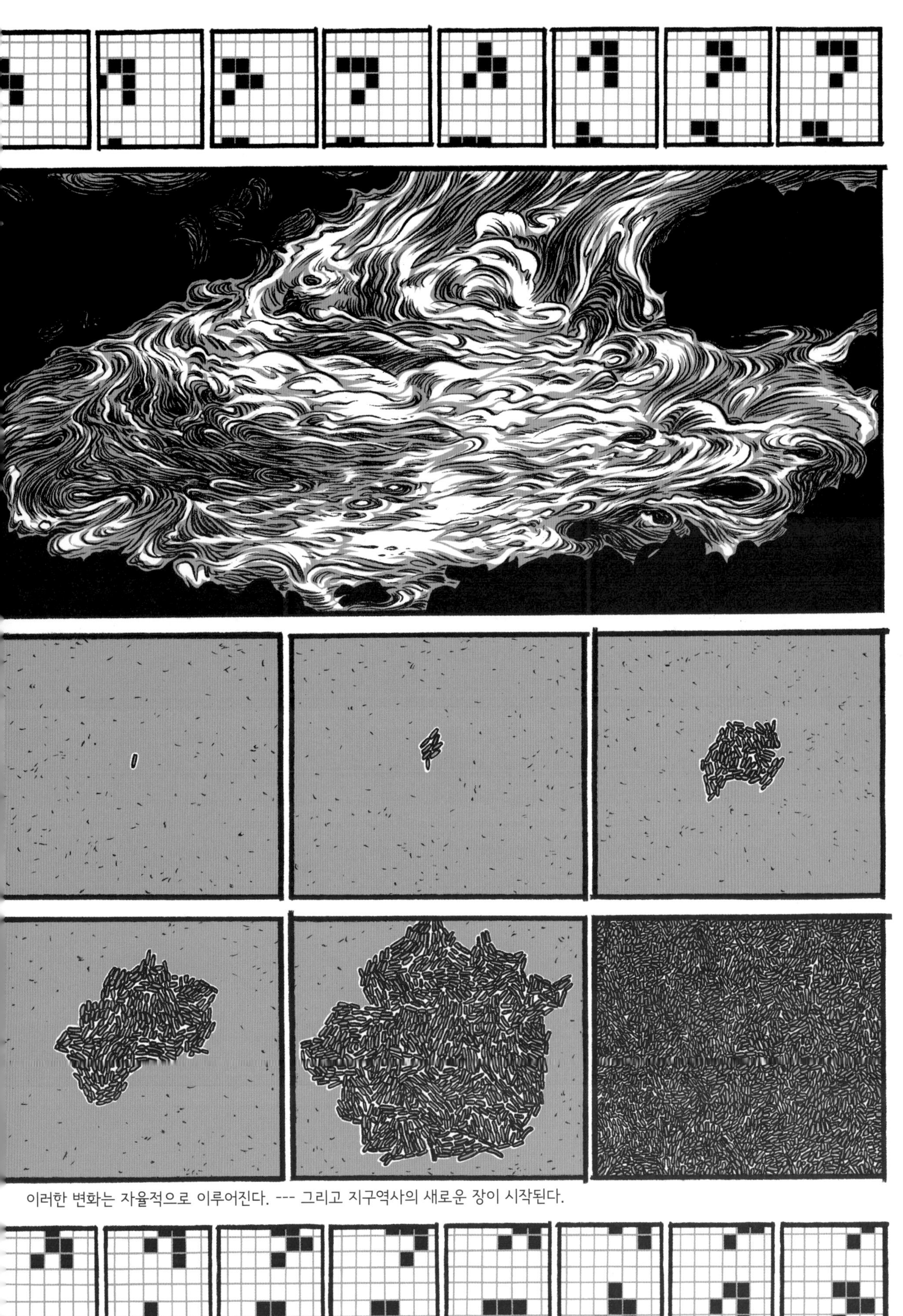
이러한 변화는 자율적으로 이루어진다. --- 그리고 지구역사의 새로운 장이 시작된다.

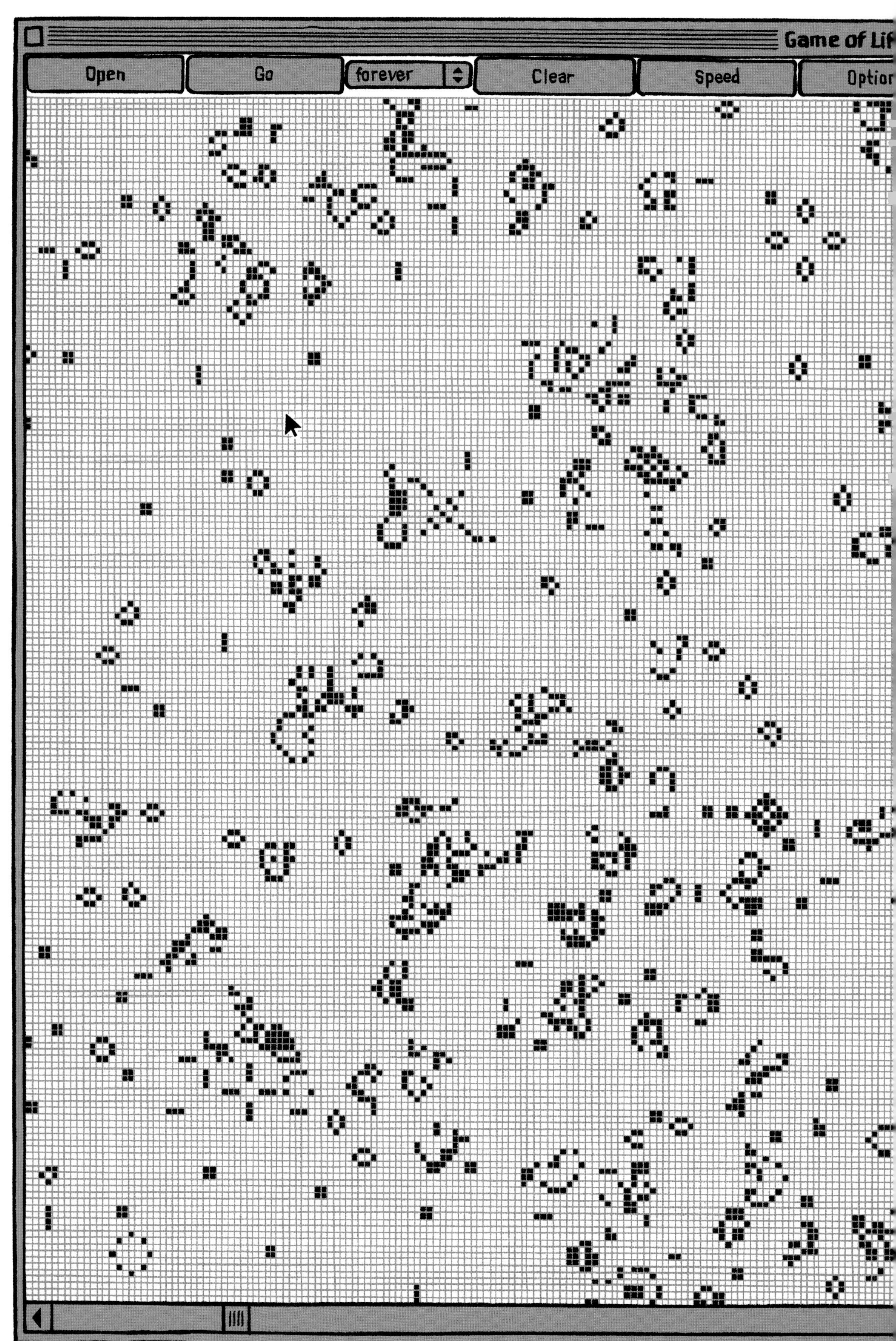
Game of Lif
Open
Go
forever
Clear
Speed
Optior

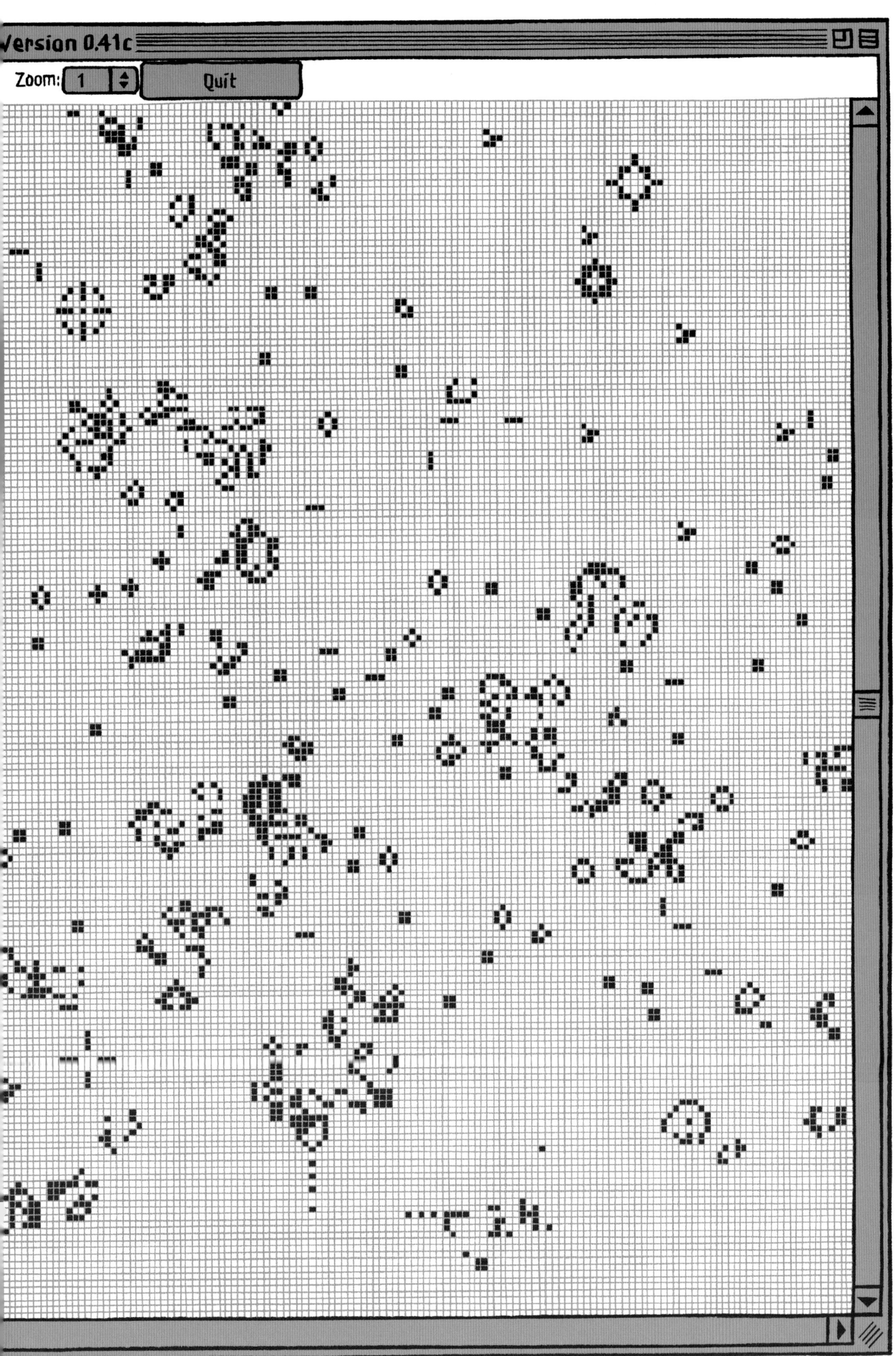
Version 0.41c
Zoom: 1
Quit

그래도 무성한 규조의 **군체**群體가 출현하는 것은 훨씬 후의 일이다. 원시해양에는 아직 주인이 없다.

그러나 내맡겨진 대지를 가차 없이 파들어 가기 때문에 전체적인 바다는 넓어진다.

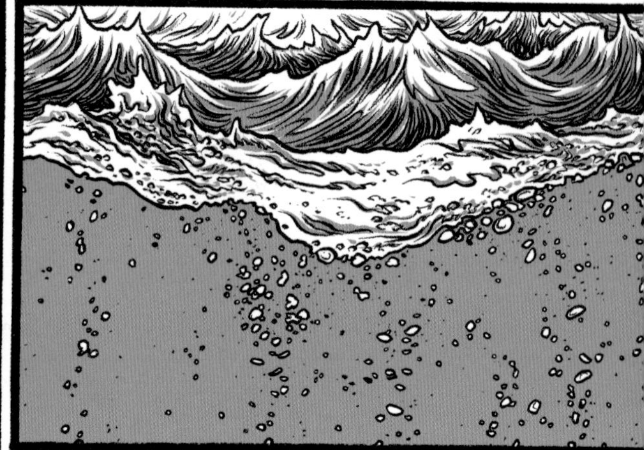

퇴적물과 점차 많은 염분이 물에 용해되고, 해수의 중요한 구성요소가 된다.

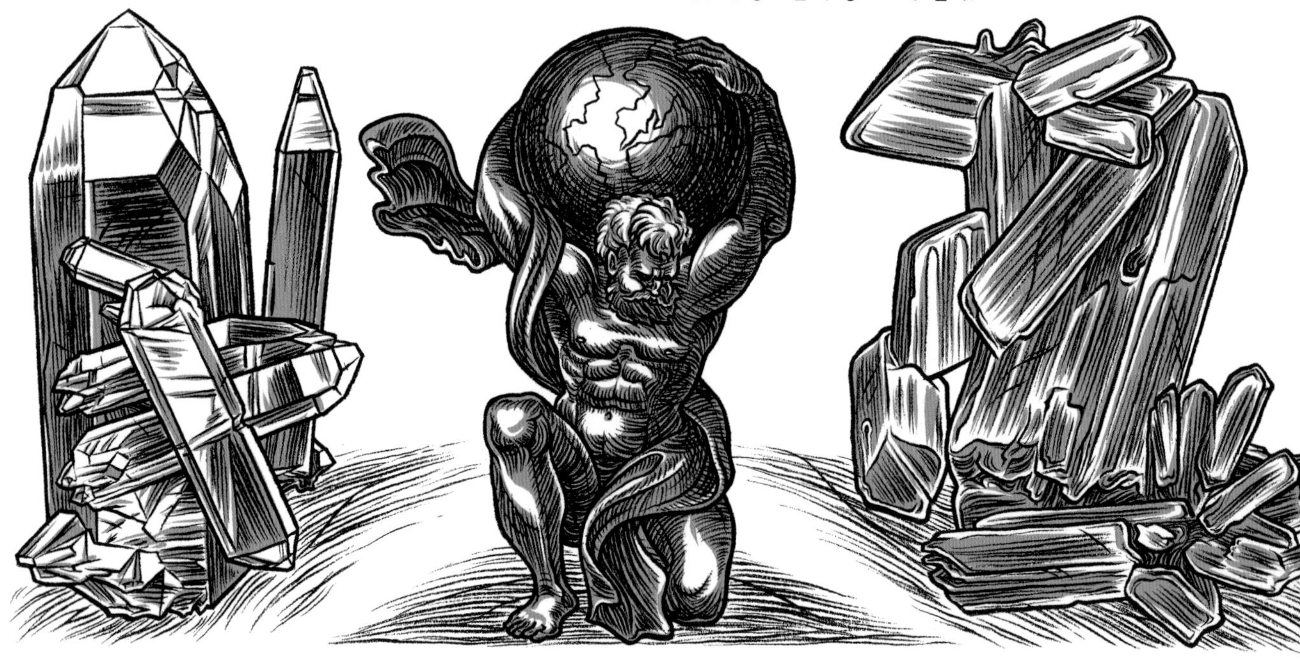

원시해양의 중량이 지각의 여러 단편을 가르고 갈라, 그것들의 이동을 가속시킨다.

플레이트끼리는 충돌하거나 겹쳐지거나 해서 거대한 산 덩어리를 형성하고 지진을 일으키기도 한다.

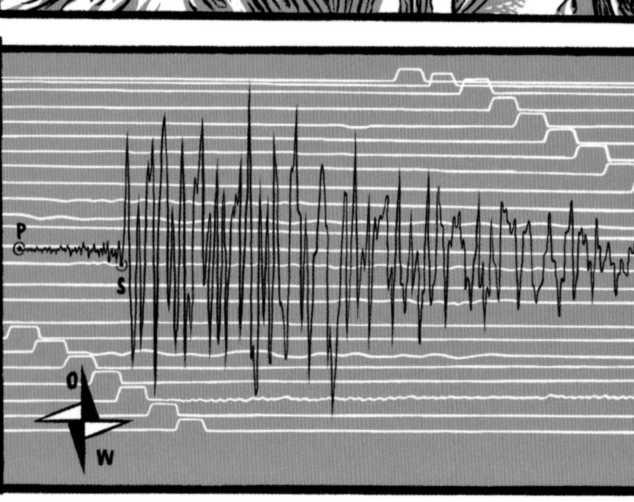

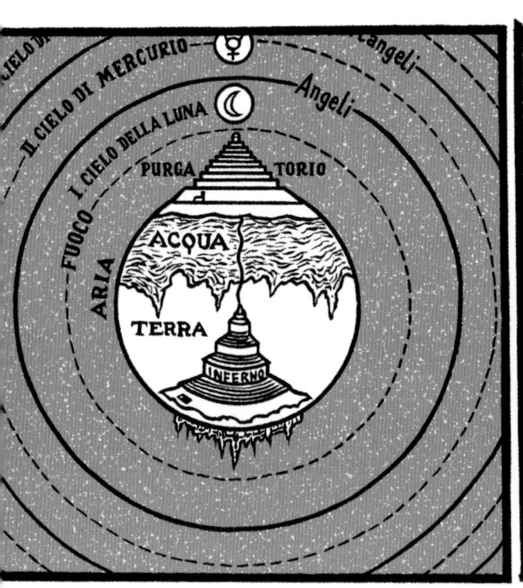

그래도 지구 최초의 주인은 발전을 계속하여 장기간 생존할 수 있게 된다.

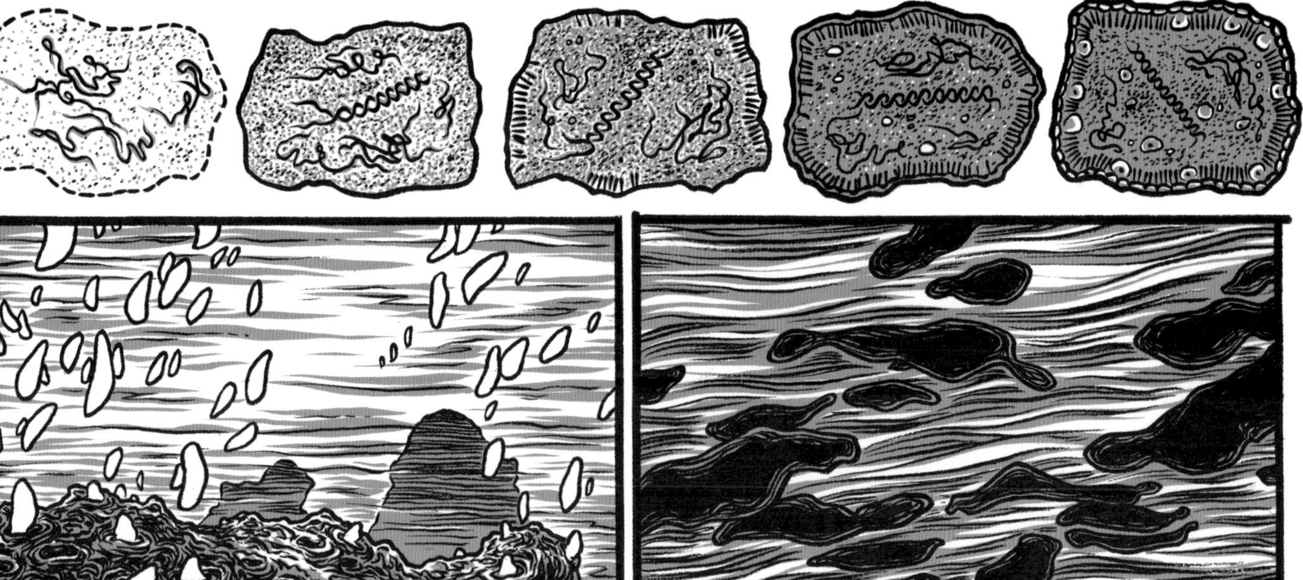

본체는 분화하고, 새로운 요소는 동화되어 점점 안전하게 된다.

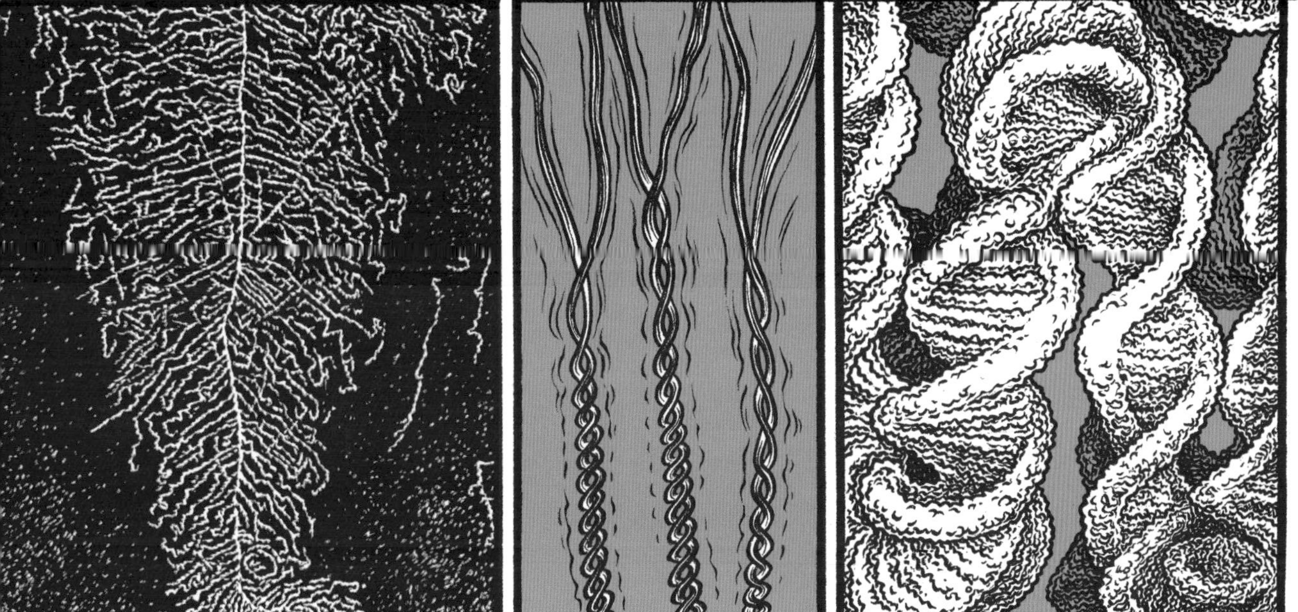

두개의 의도는 하나의 의도로 합해진다. --- 원DNA의 단순한 계열은 접합하고, 이중나선분자를 형성한다.

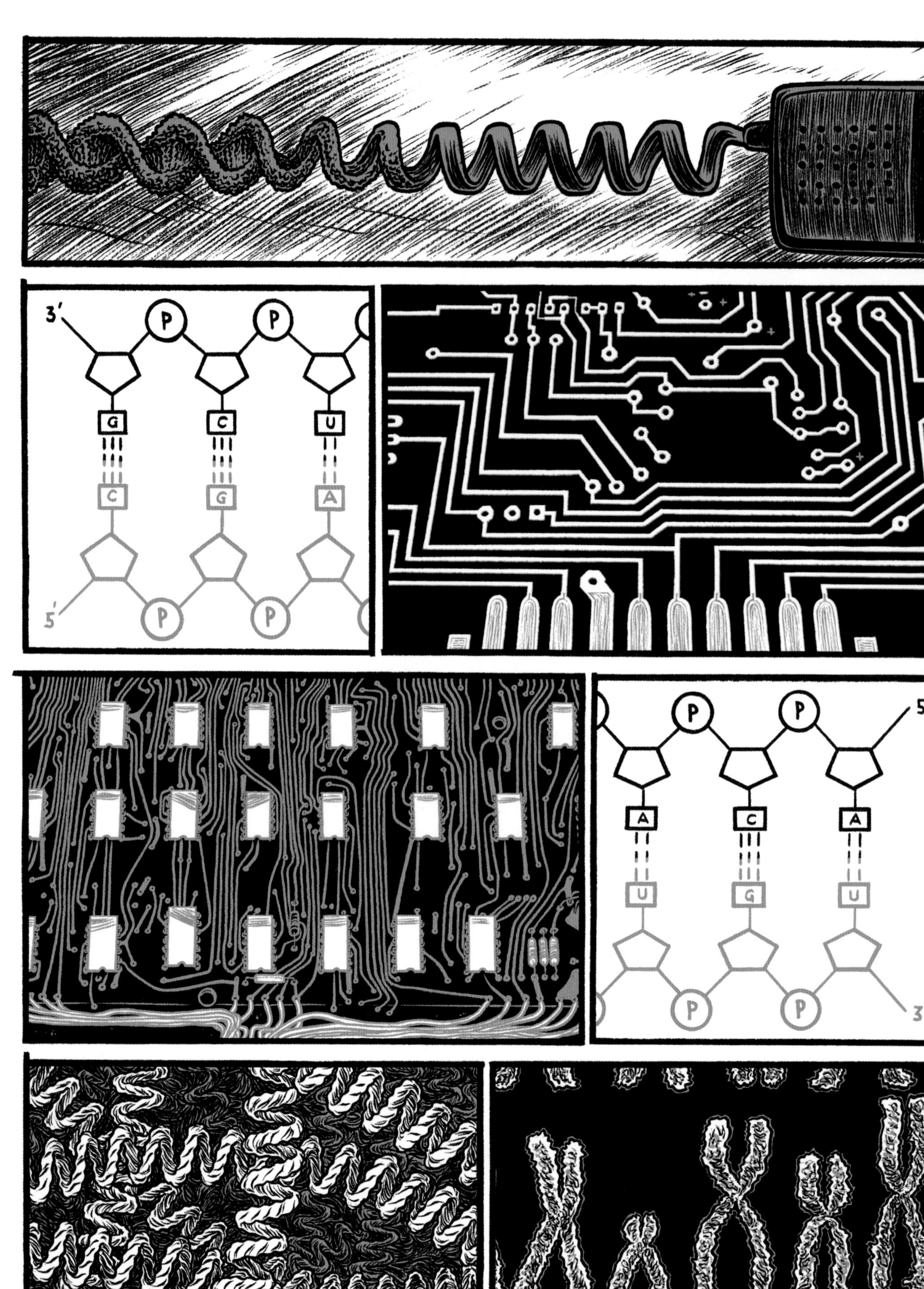

차츰 복잡해지는 이중나선은 이윽고 단백질합성을
코드화 하는 것만으로는 더 이상 만족하지 않는다.

그것은 모든 유전자형성의 기반과,
그 소유자에 있어서는 더할 나위 없는 구축의 플랜이 된다.

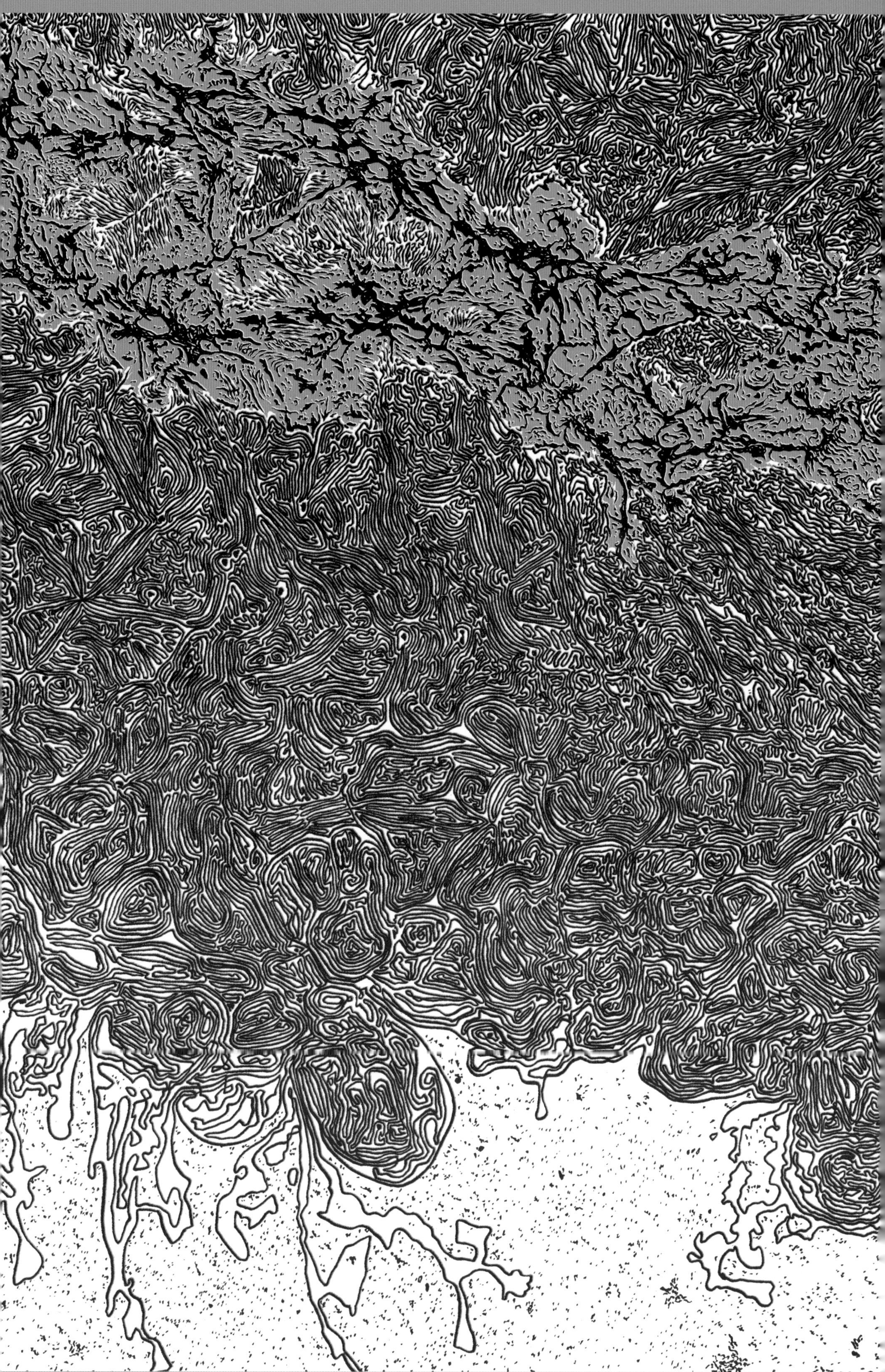

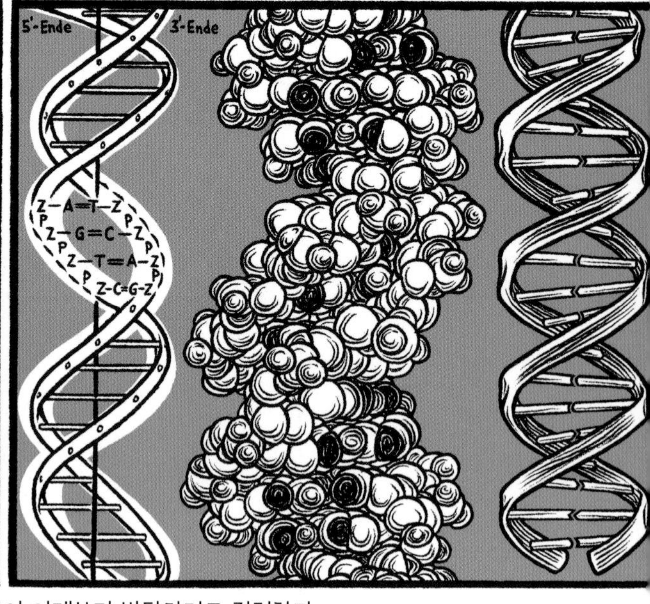

우주 속에서 가장 복잡한 분자가 등장한다. 누클레오염기의 무수한 짝이 이제부터 발달하려고 결정한다.

... E F ...

ACTT GAAG TCAG TGCG GTAC
CATA TGCG ACAA CGTC TCTA
GTAG CATC CTGG ACAC CGAG

... G H

CCTA AGAC TCGT GTAT CT
ACCT GTCT AGCG CAAC TA
CGTC GATG CCTC GTAA GA

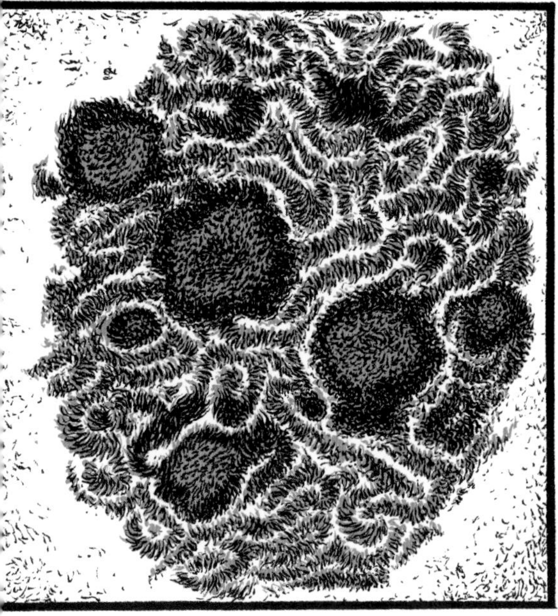

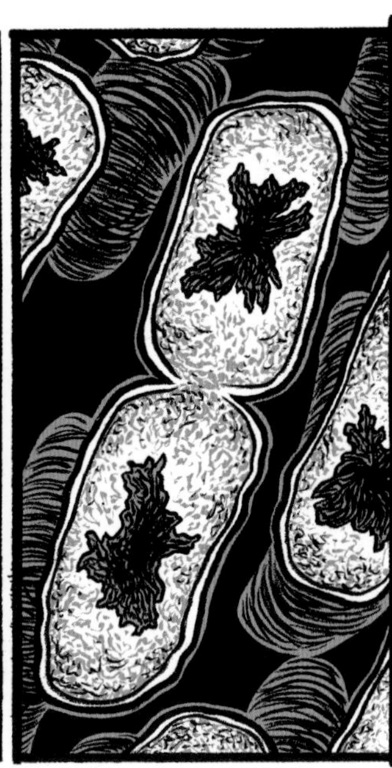
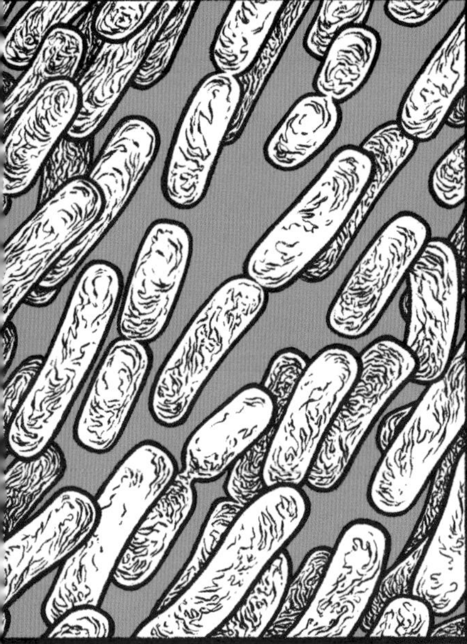
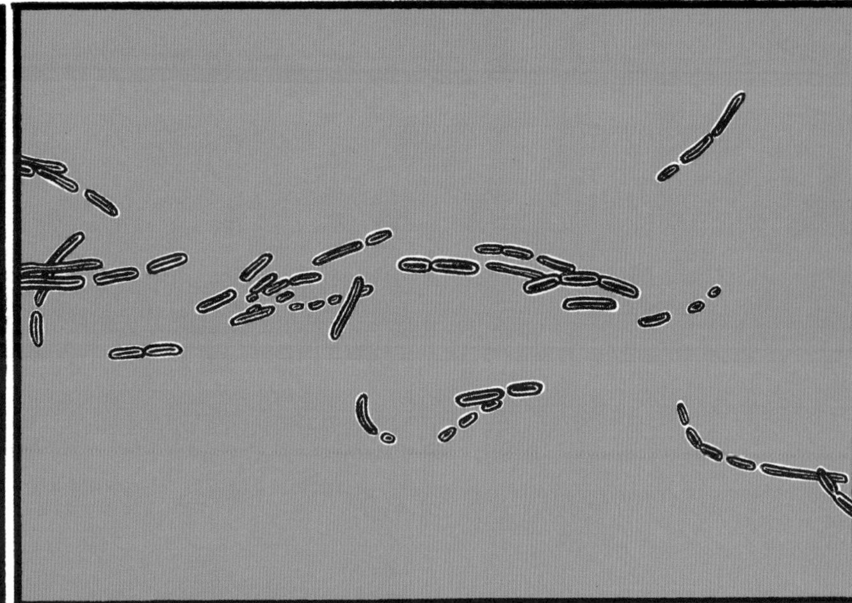

당초의 구속에서 해방되고, 끊임없는 돌연변이에 힘입어, 원시생명은 전속력으로 확장된다.

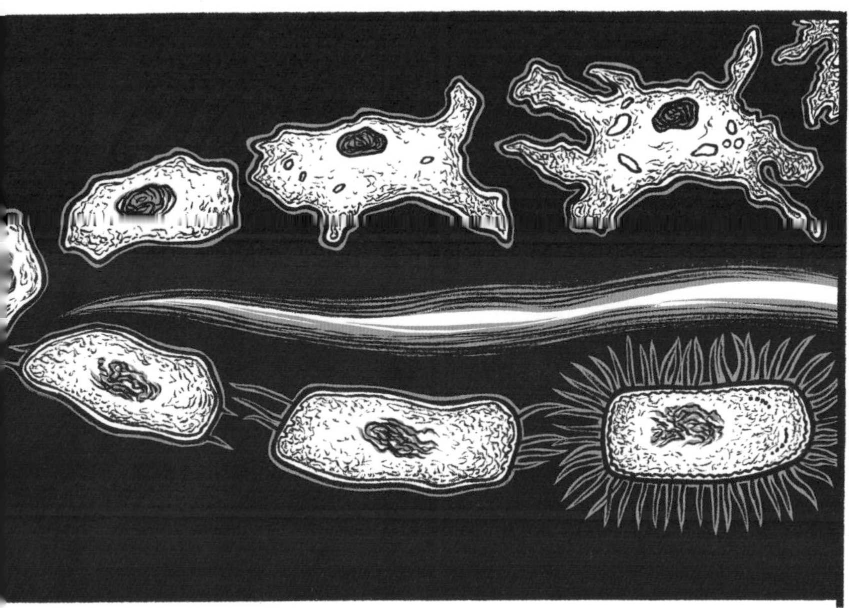
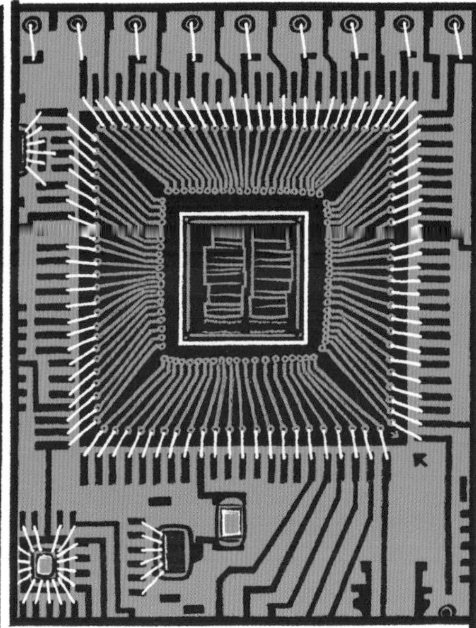

생물은 여러 가지 방향으로 발전한다.
--- 그 중의 하나가 지구 최초의 생물계의 기원이 된다.

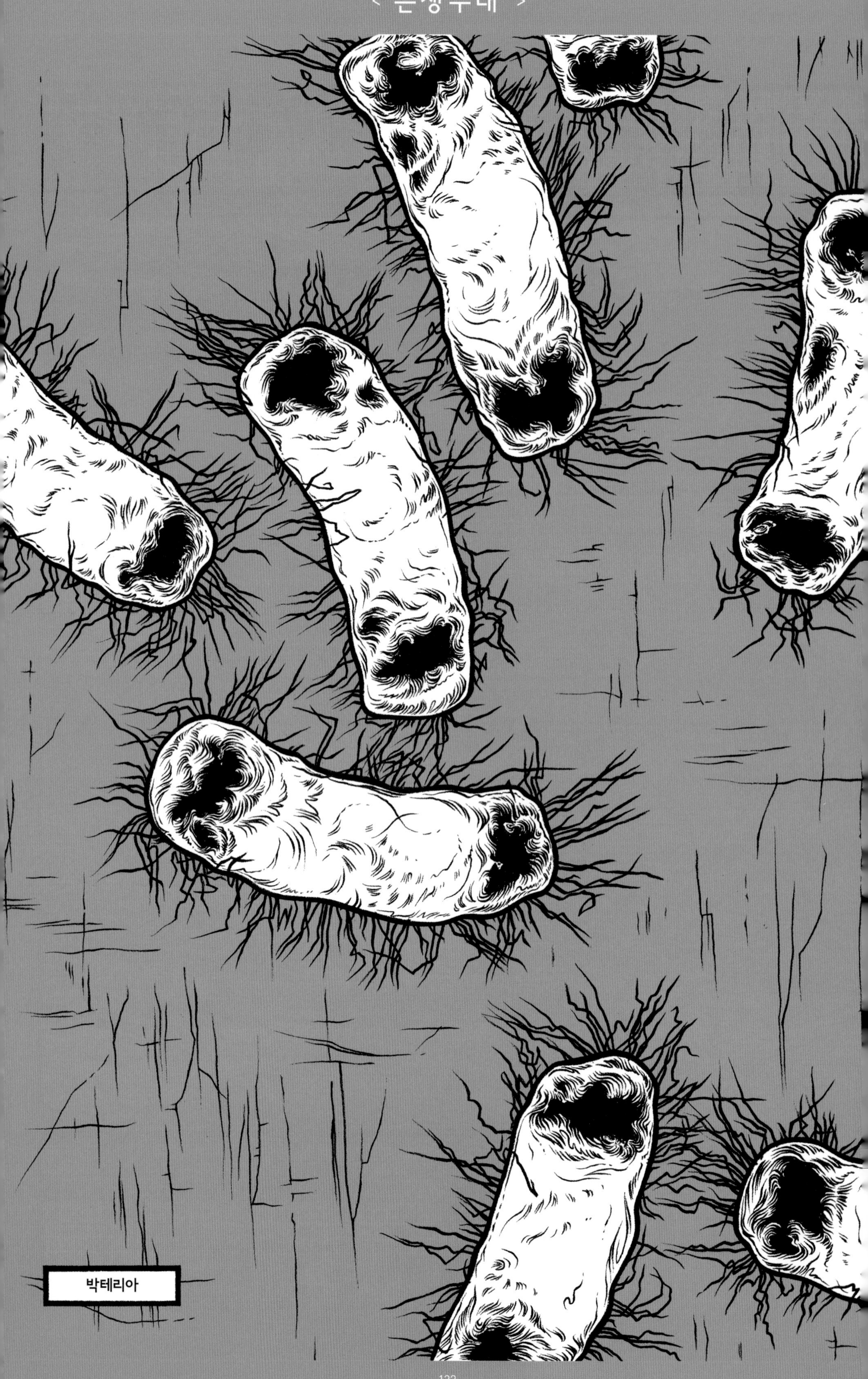
박테리아

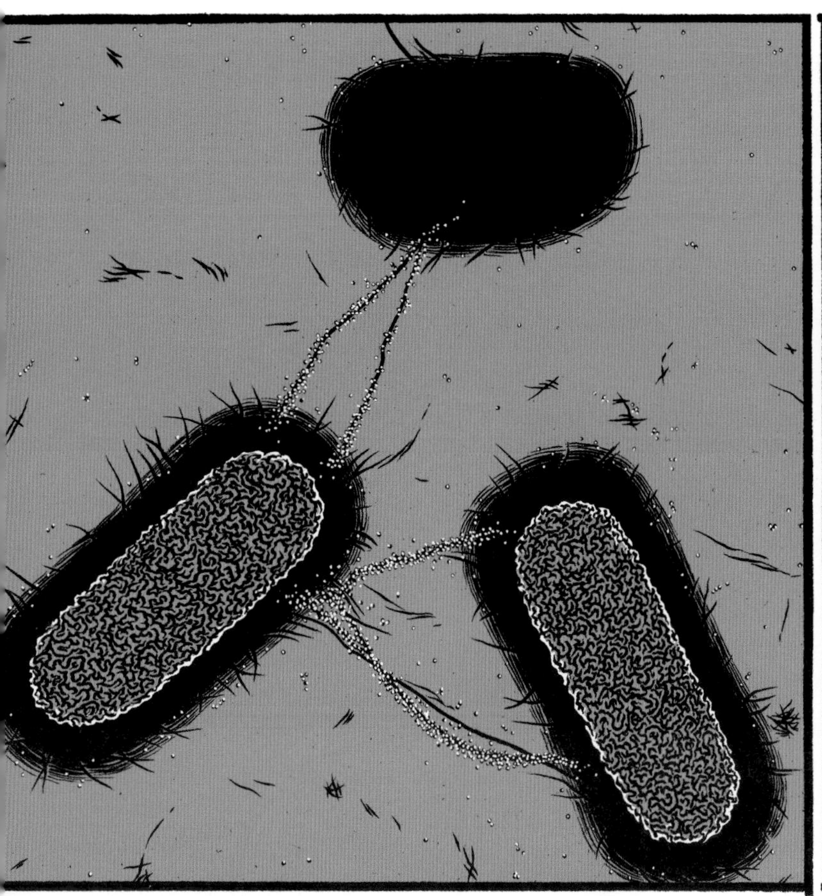

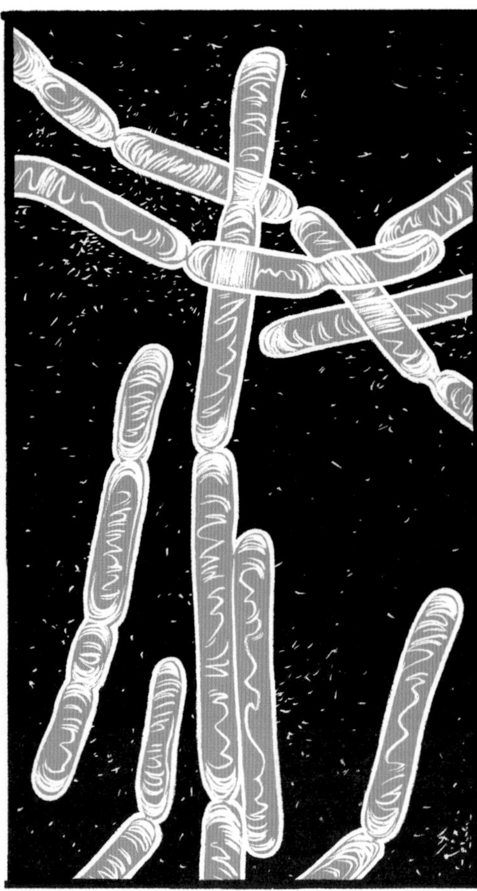

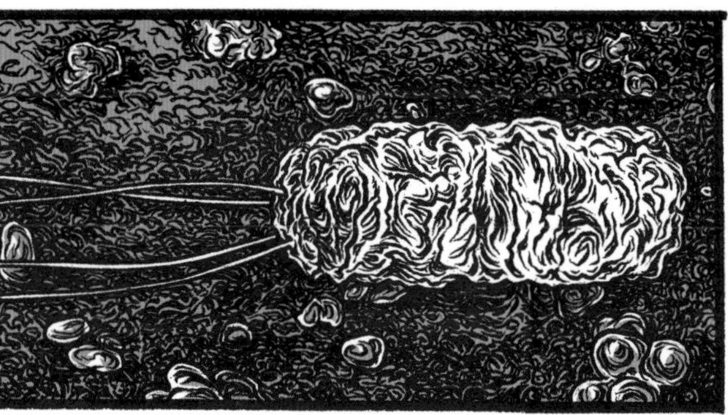

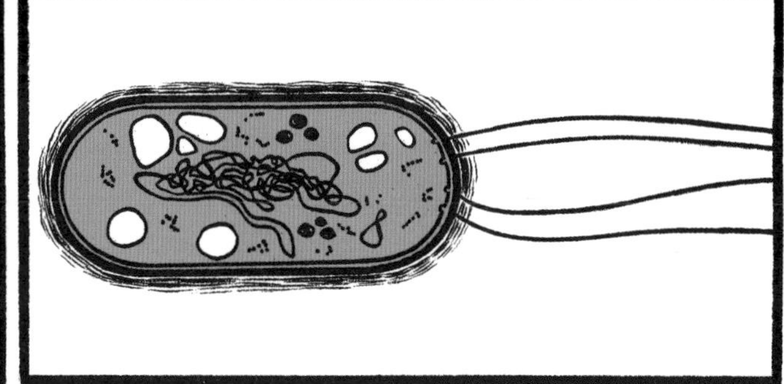

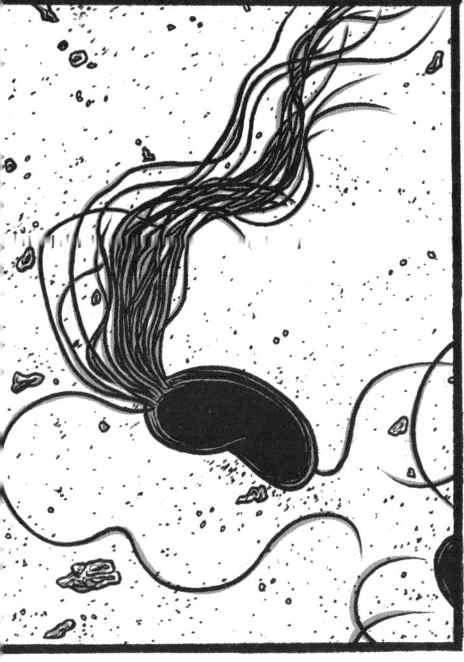

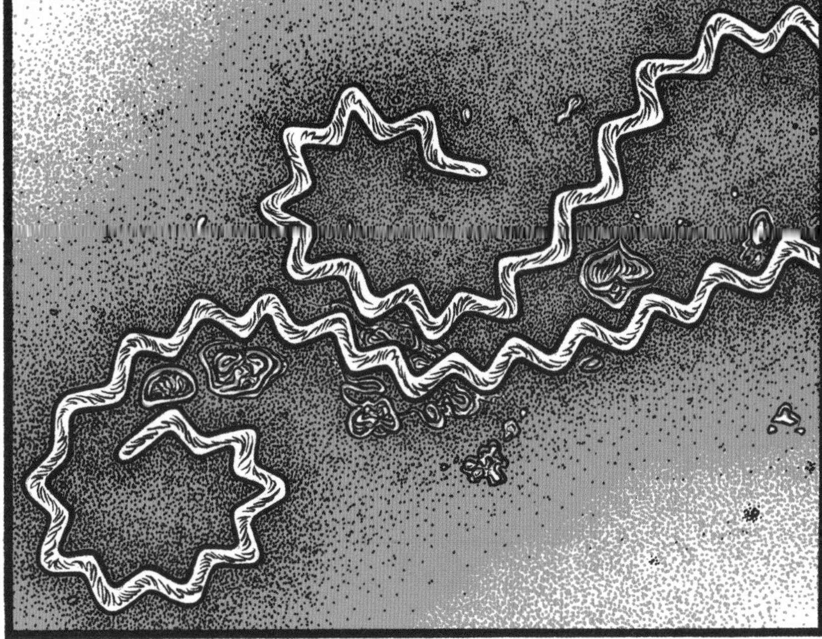

결국 박테리아는 전 지구에 넘쳐난다. 해저에서는 어디에나 걸쭉한 군체와 끈적한 카펫이 증식한다.

이 지구의 지배자들이 환경을 크게 변화시킨다. 화석을 간직하고 있는 최초의 지층과 함께 새로운 종류의 암석을 만들어내고, 그곳에 놀랄만한 양의 광물을 저장한다. --- 미래의 광상이다.

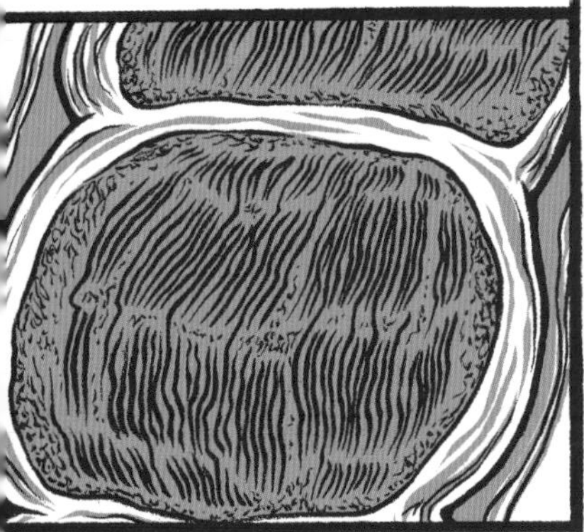

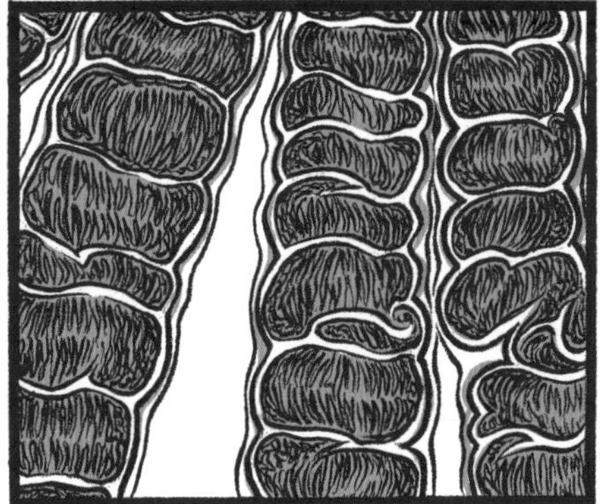

그러나 상부의 대기 중에서 곧이어 돌발하는 대변동에 비하면, 이것은 아무것도 아니다.

세포내부에서 태어난 새로운 혁신이 식량원을 다양화시키고, 엽록소가 빛을 「먹을 수 있게」된다.

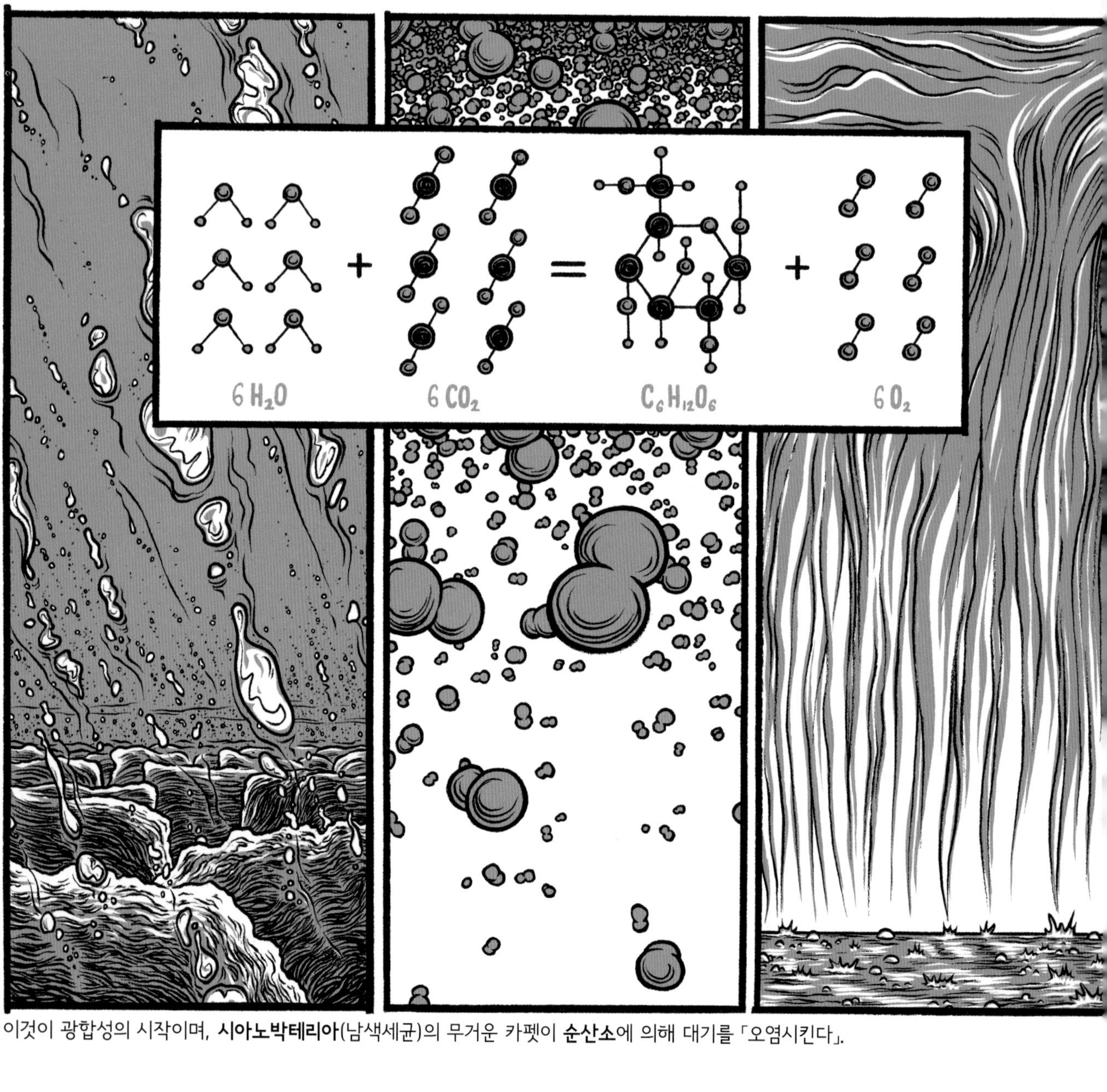

$6H_2O + 6CO_2 = C_6H_{12}O_6 + 6O_2$

이것이 광합성의 시작이며, **시아노박테리아**(남색세균)의 무거운 카펫이 **순산소**에 의해 대기를 「오염시킨다」.

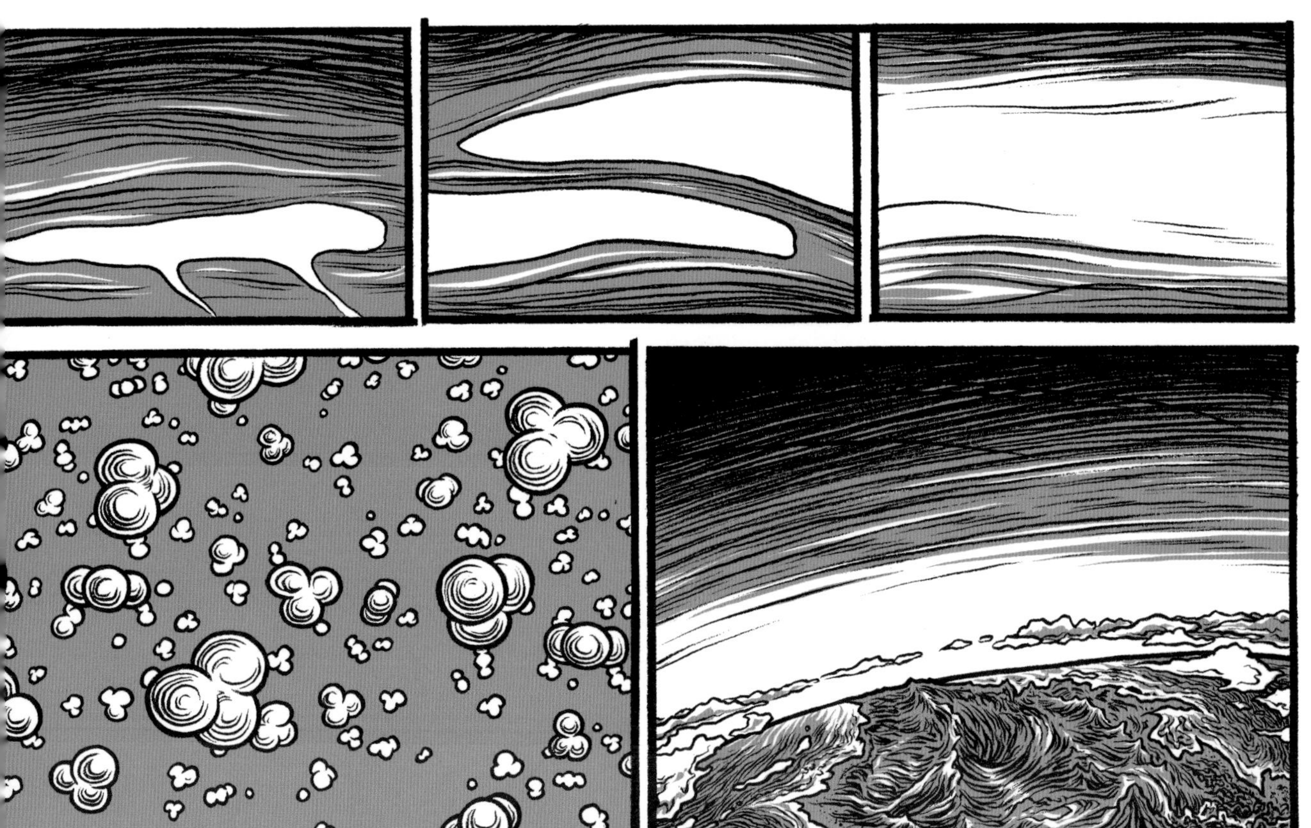

산소분자의 일부가 오존을 만들고, 우주선●으로부터 지구를 보호하는 덮개가 형성된다.

● 우주선宇宙線 cosmic rays : 쉽게 방사선이라고 생각하면 된다. 태양과 같은 별이 핵융합 시 발생하는 방사능물질이 우주를 날아다니는 것.

3. 태고대

39억 년 전 대륙의 이동이 천천히 시작되고, 플레이트가 접촉하는 지점에서 산이 형성된다. 물의 순환이 지각에 포함되어 있는 염분을 점점 바다 속으로 운반하고, 바다의 염분농도는 증가한다.

38억 년 전 생명의 기반이 되는 원소에서 최초의 복잡한 유기분자가 형성되자, 화학의 진화가 시작되고, 자기복제가 가능한 거대분자가 탄생한다.

33억 년 전에서 30억 년 전 세포에 핵이 포함되어 있지 않은 최초의 생물(원핵생물) - 고세균과 박테리아와 같은 - 이 화석화되지는 않았지만 이미 광합성을 이용하는 원시적인 생명의 형태가 출현한다. 지각의 암석 속에 **스트로마톨라이트**와 광석이 처음으로 퇴적된다. 대기 중의 유리산소가 풍부해지고, 대기상층에서 오존층이 형성되기 시작한다.

27억 년 전에서 25억 년 전 지표를 움직이는 플레이트의 모자이크와 같은 지속적이고 완전한 지각의 형성이 끝난다. 이 플레이트의 이동과 충돌이 새로운 산을 형성한다. 최초의 대륙핵이 바다 속에서 밖으로 나온다.

원생대

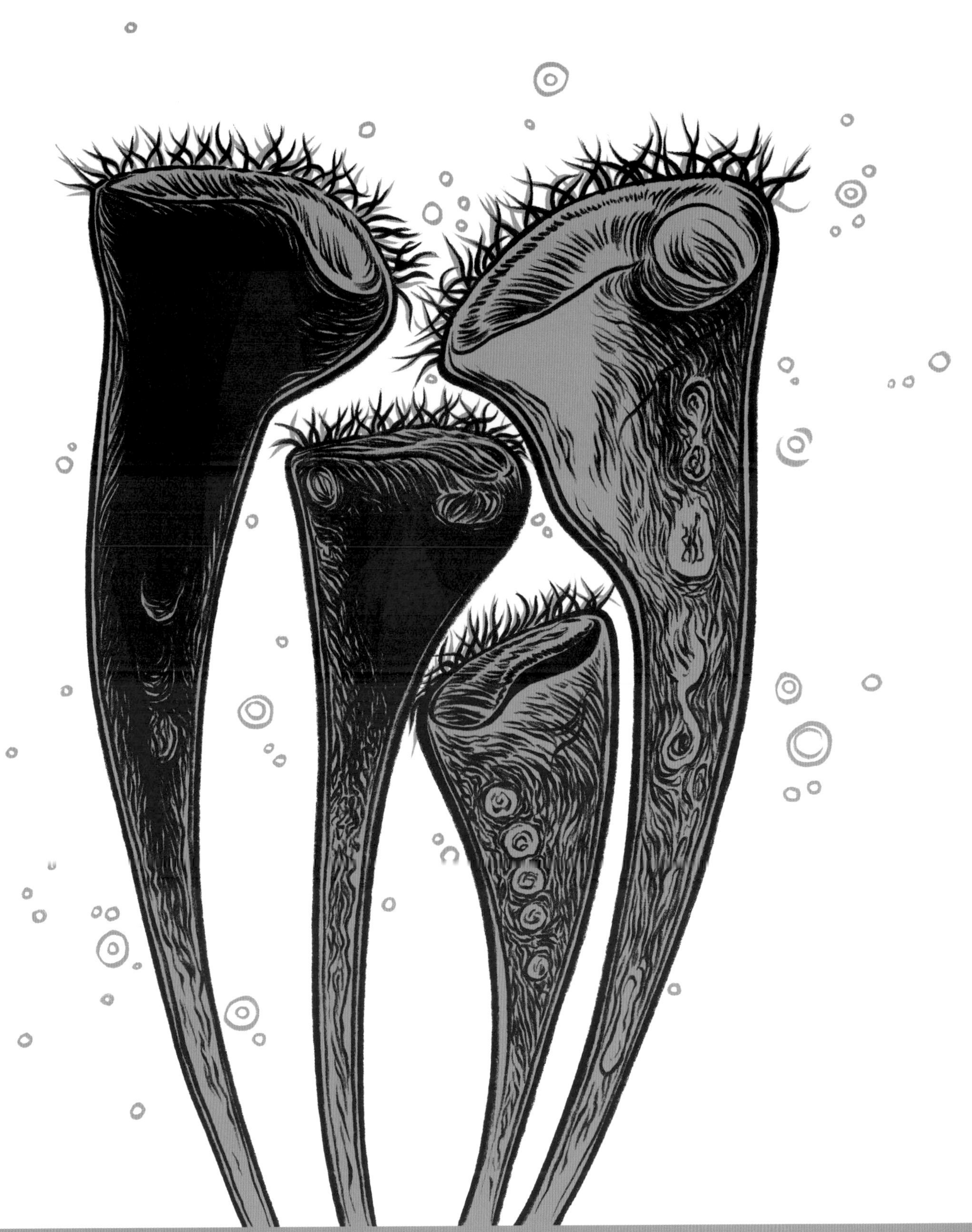

생명
--- 움직이는 질서, 지구전체를 정복하는 구조.

재이용되고 발전을 계속하는 감응성,
복잡성.

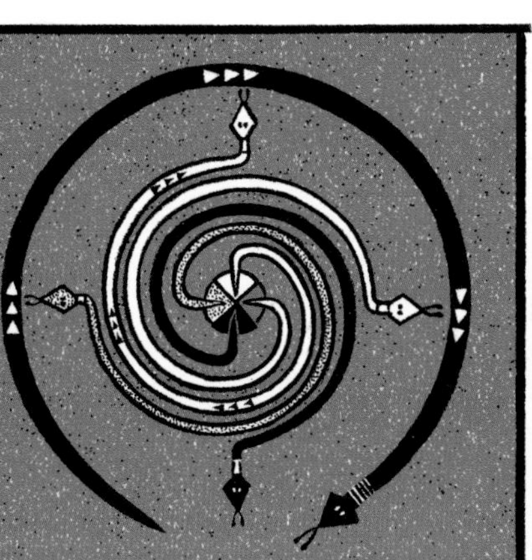

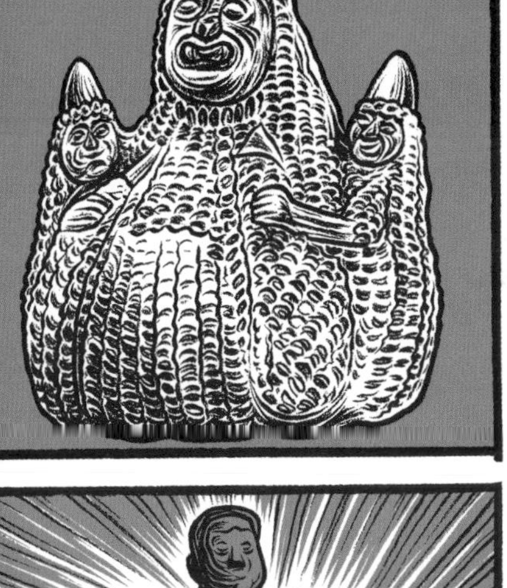

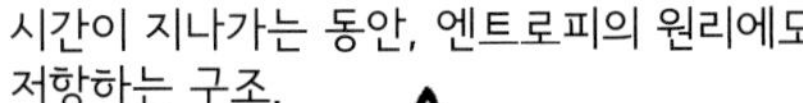

시간이 지나가는 동안, 엔트로피의 원리에도 저항하는 구조.

태양에 기인하는 특이한 현상,
생물권의 놀랄만한 네트워크의 구축.

눈에 보이는 생물은 아직 나타나지 않는다. 대변동은 아직 더 할 수 없이 미세한 단계로밖에 생겨나지 않는다.

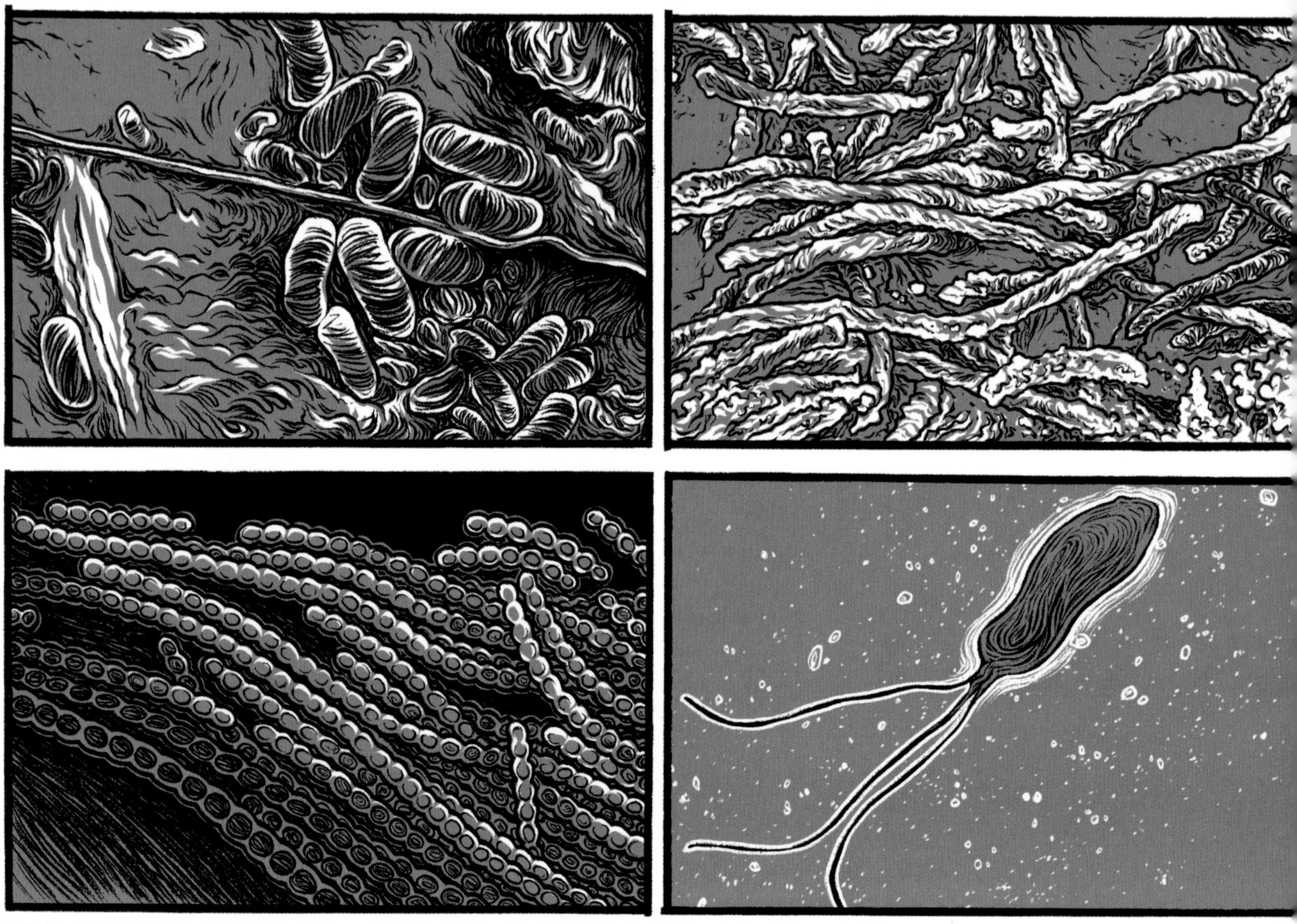

세계는 박테리아에 지배당하고 있다. - 선택의 자유는 없지만 성공의 기회를 잡기 위해 - 원시적 구조…

환경 내의 산소농도가 급격히 늘어나기 때문에, 지구 최초 생명의 대부분은 사라진다.

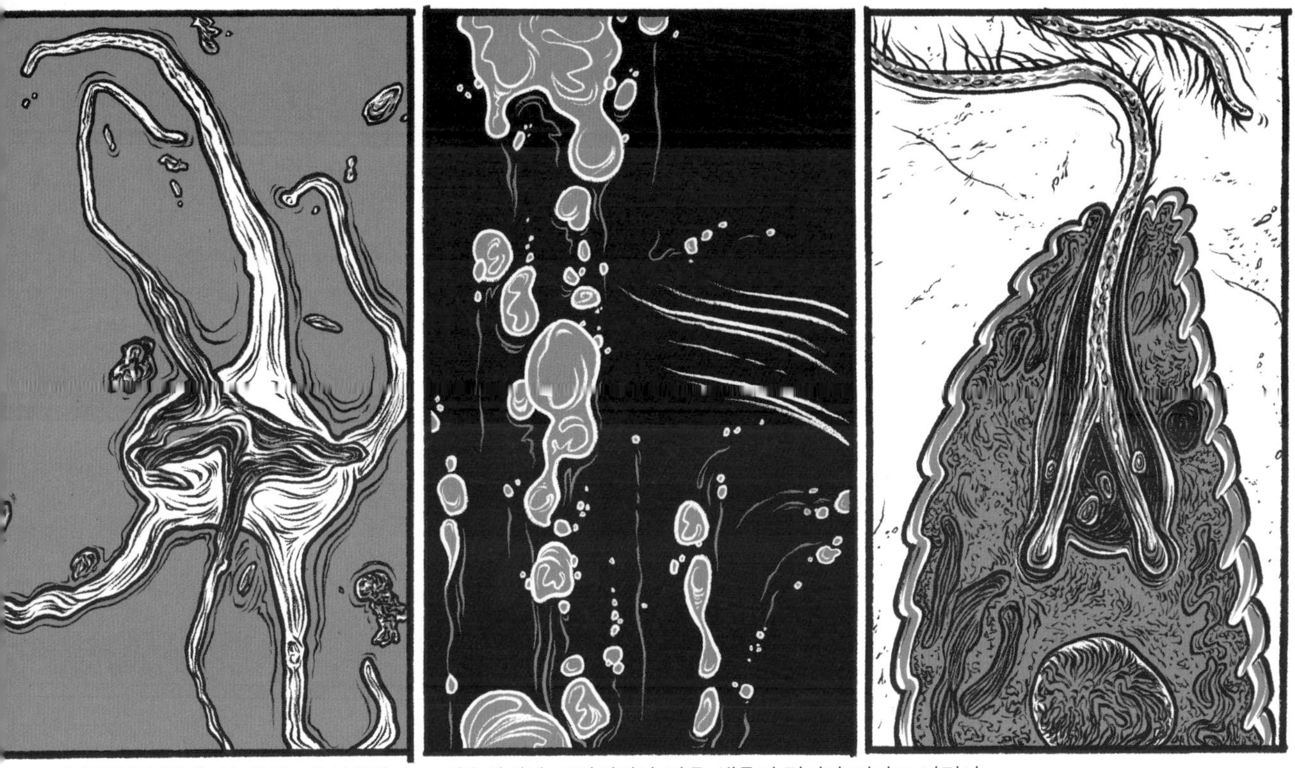

그러나 몇몇 생물은 살아남는데 성공한다. - 적응하거나 도망치거나 다른 생물의 먹이가 되기도 하면서 -

생명을 만들기 위해, 또 열역학적 평형이라는 불가피한 순간을 되돌리기 위해 결합한 후, 화학적 성분은 가능한 한 유리한 공생의 네트워크를 형성하려 애쓴다.

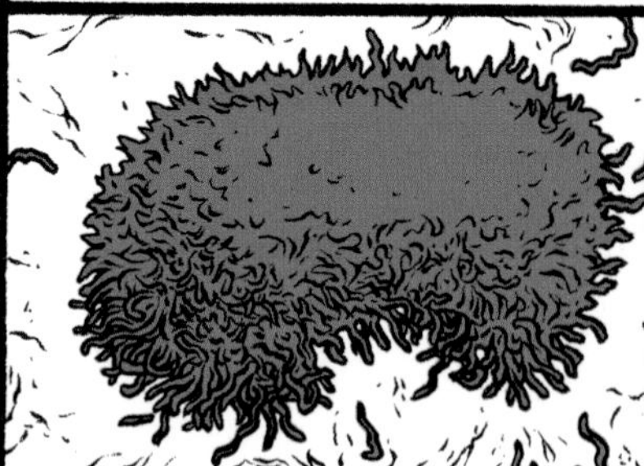

어떤 것은 다른 것으로부터 자기에게 부족한 자질을 받는다. 에너지나 먹거리, 가동성이나 방어력, 위장능력, 질량, 힘 등….

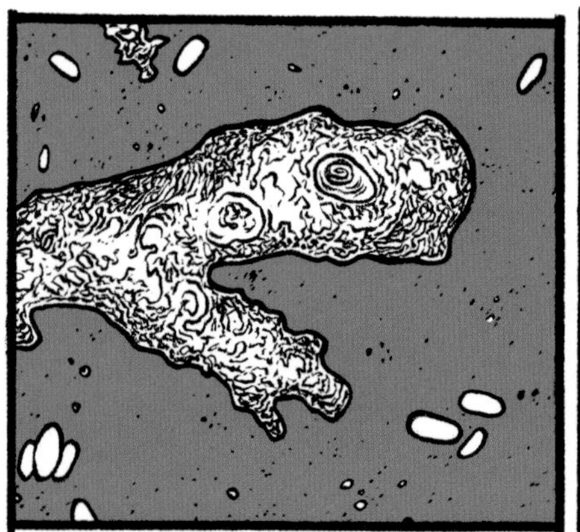
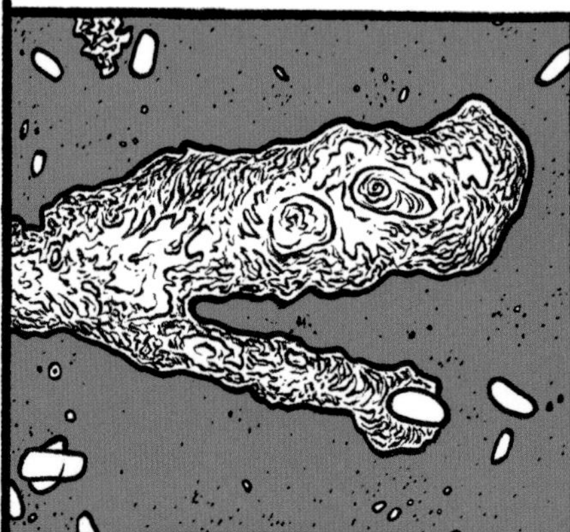
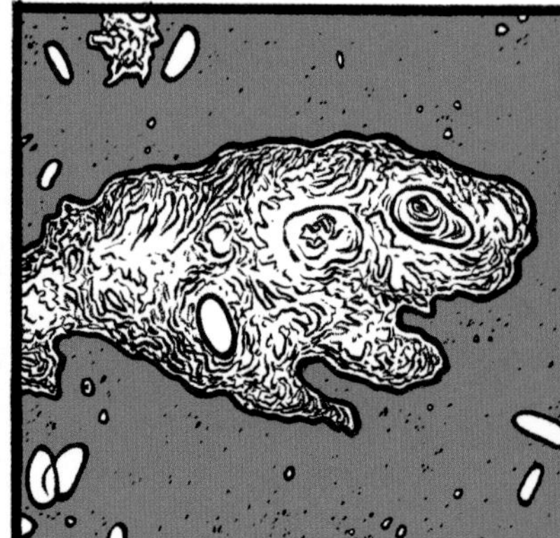

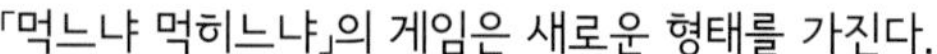

「먹느냐 먹히느냐」의 게임은 새로운 형태를 가진다.

어떤 종의 희생자는 밀항자로 모습을 바꾸기도.

이렇게 해서 그것들은 소화시킬 수 없는 덮개에 의해 보호되고, 공생이라는 전술을 발명하면서 저항력을 지닌 종족으로 편성된다.

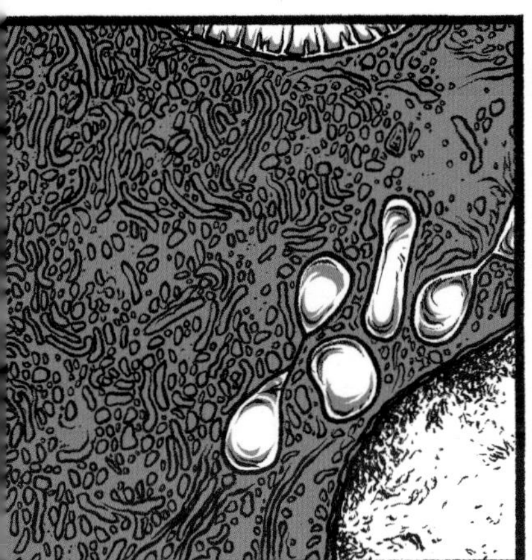

그것들은 서서히 통합된다.

그것이 장래의 식물 엽록소...

동식물의 **미토콘드리아**이다.

그 때 새로운 전개가 진행된다. - 새로운 형식이 출현하고, 진화는 질적인 비약을 이루어낸다. -

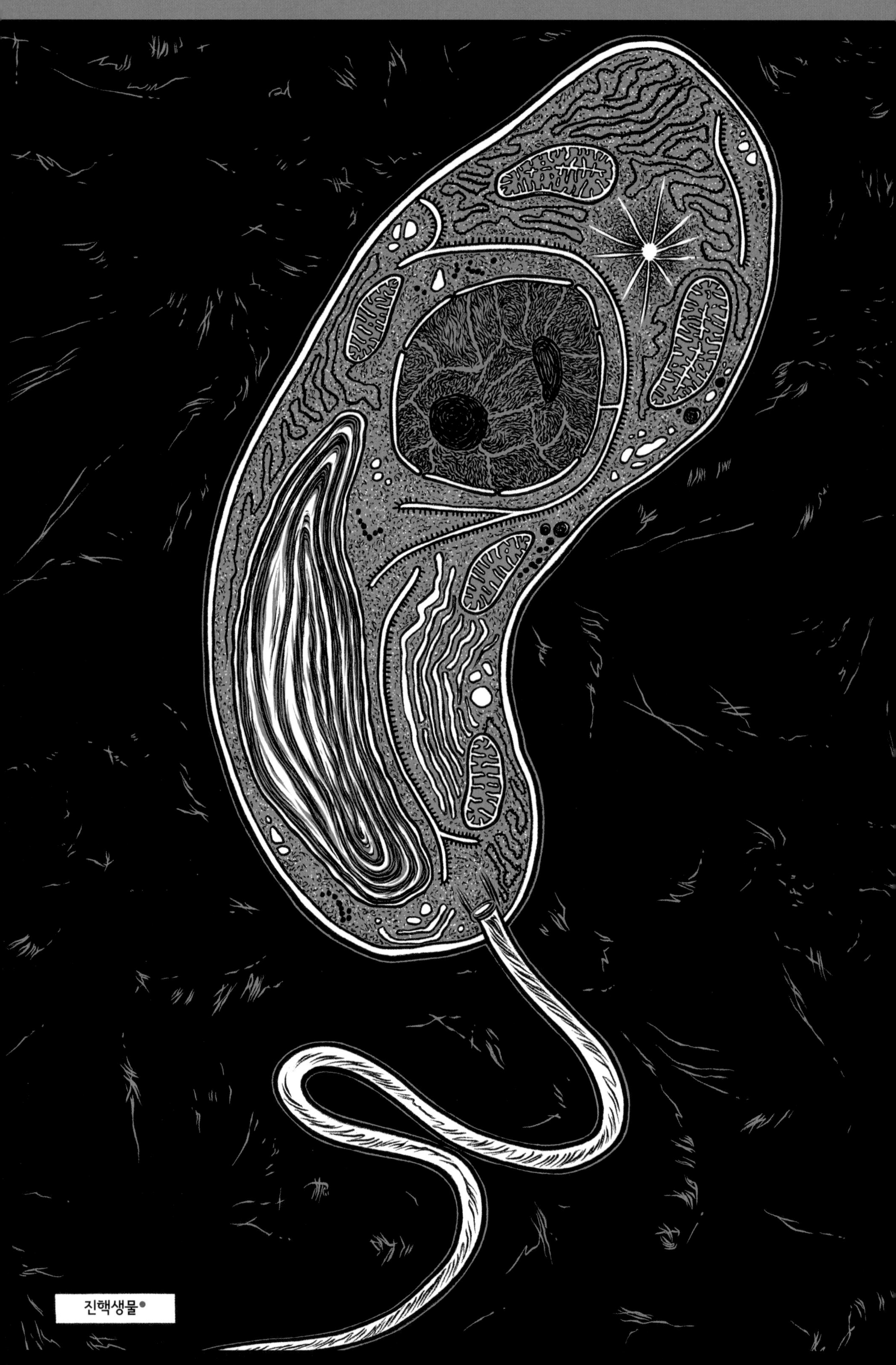

● 진핵생물 : 세포에 막으로 싸인 핵을 가진 생물로서 원핵생물에 대응되는 말이다.

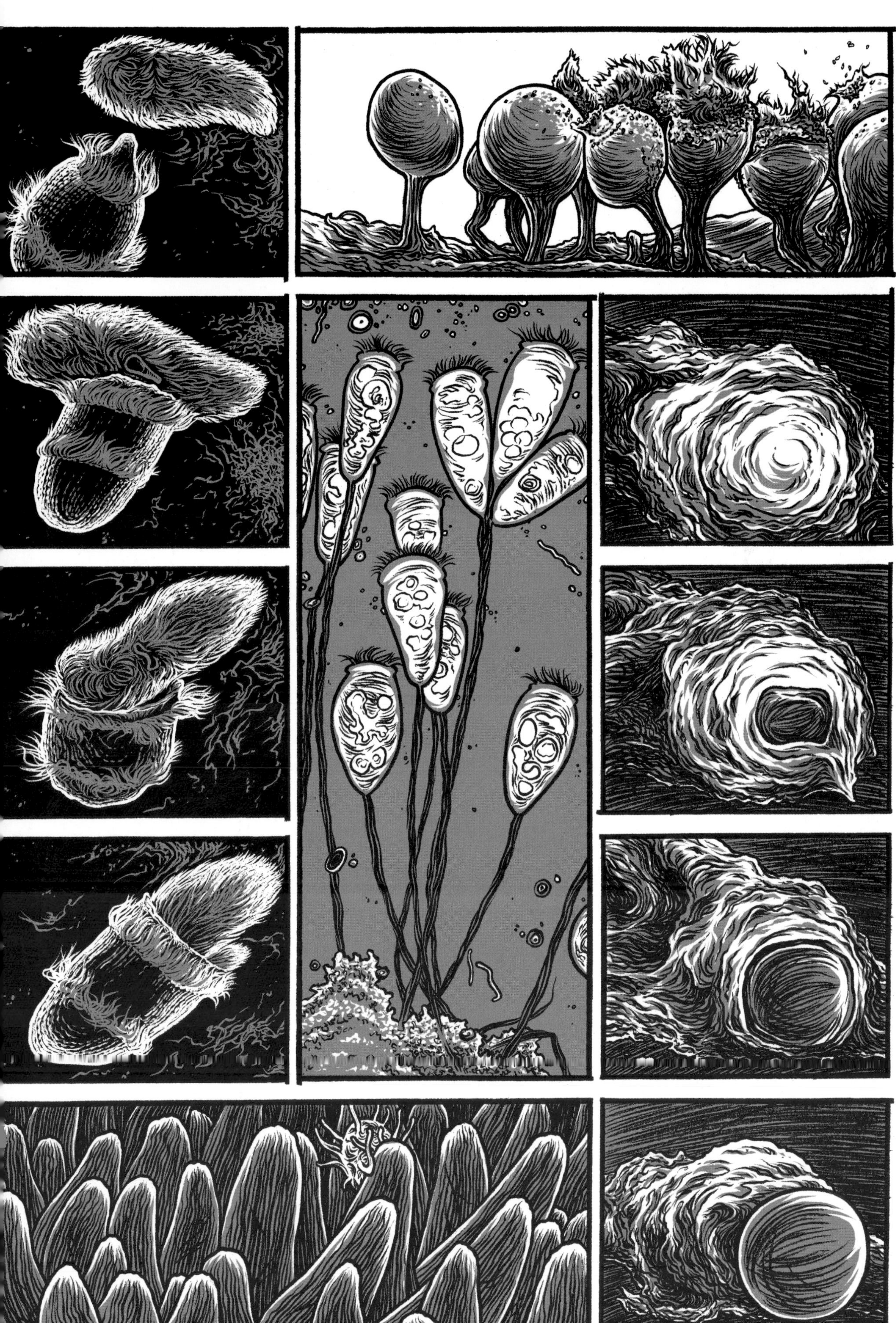

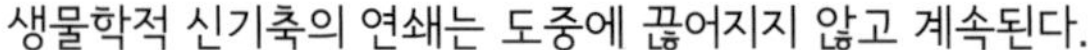

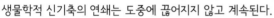

생물학적 신기축의 연쇄는 도중에 끊어지지 않고 계속된다.

유효한 촉매인 성과 죽음이 등장한다.

유성생식●은 분명 생물로부터 영원한 생명을 빼앗지만, 보다 많은 자립을 생물에게 부여한다.

● 유성생식 : 암수 개체가 생식세포를 만들고 그 생식세포가 다시 결합하여 새로운 개체가 되는 방식의 생식 방법.

이후 모세포의 분열은 생식을 할 때, 남성과 여성의 배우자 융합에 의해 서로 자리를 바꾼다.

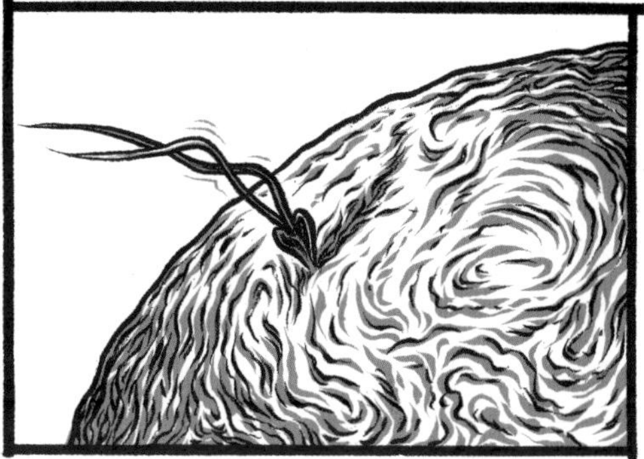

이렇게 해서 생물의 유전형질은 이제 단순히 복사되는 것이 아니라, 재결합하여 끊임없이 개량된다.

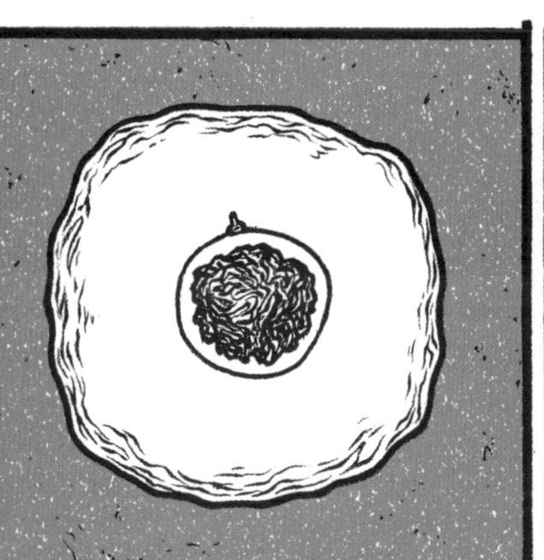
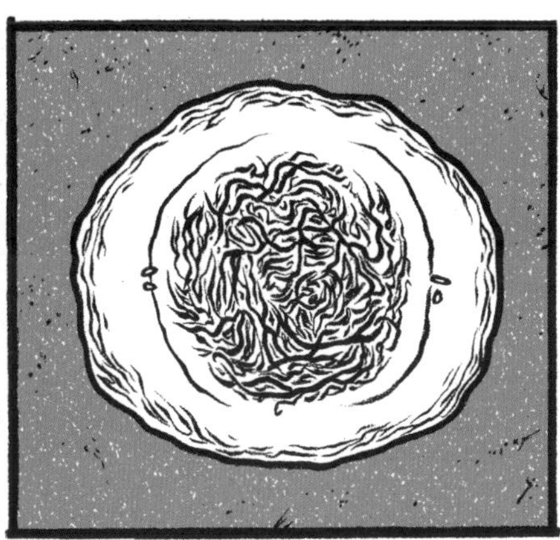
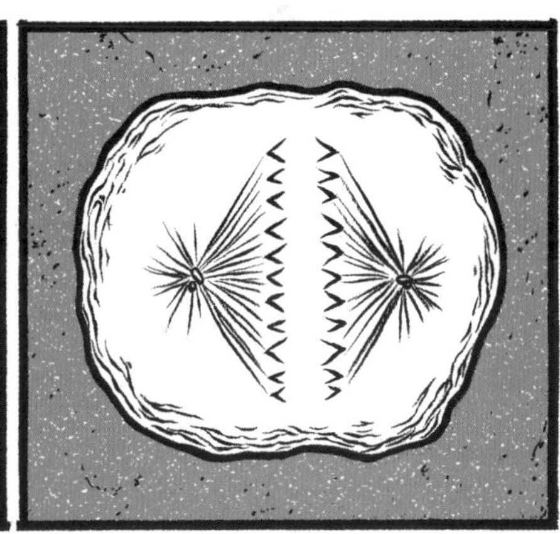
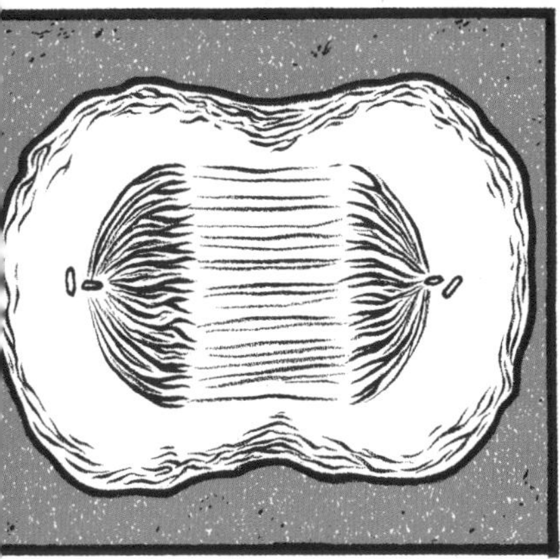
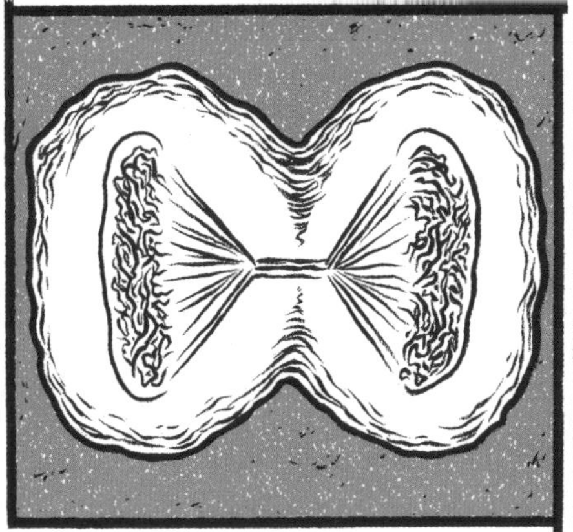
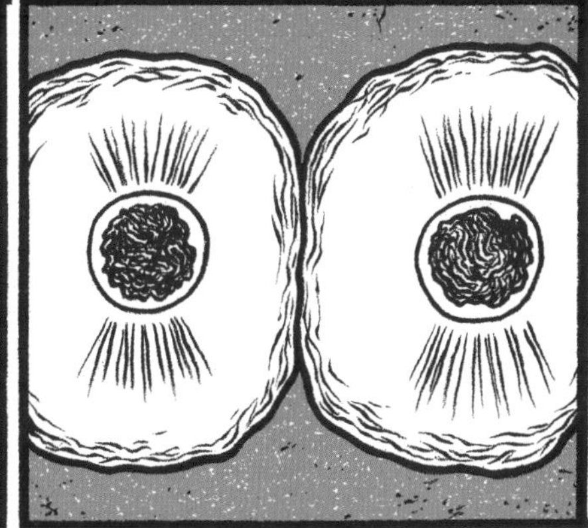

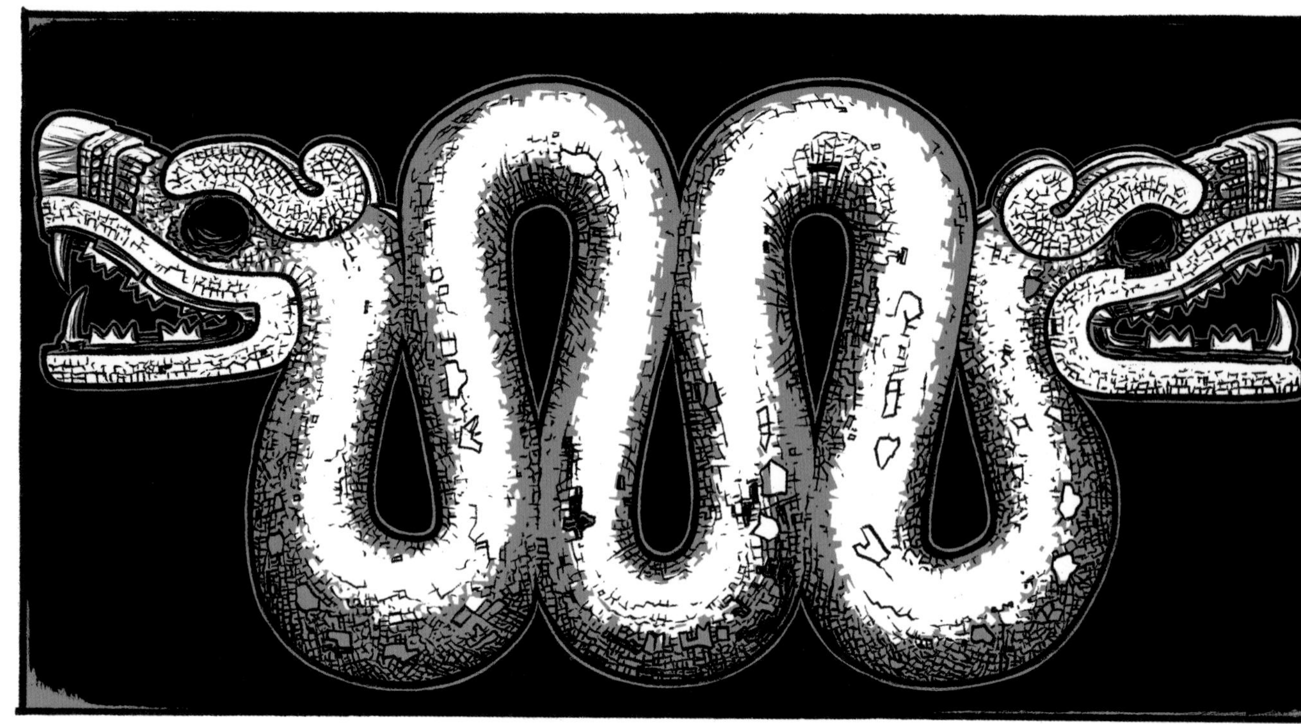

가능성은 늘어나고,
성공해야만 하는 책임은 절박해 진다.

구축 플랜의 끈임없는 재프로그래밍화가
변이나 돌연변이를 만들어낸다.

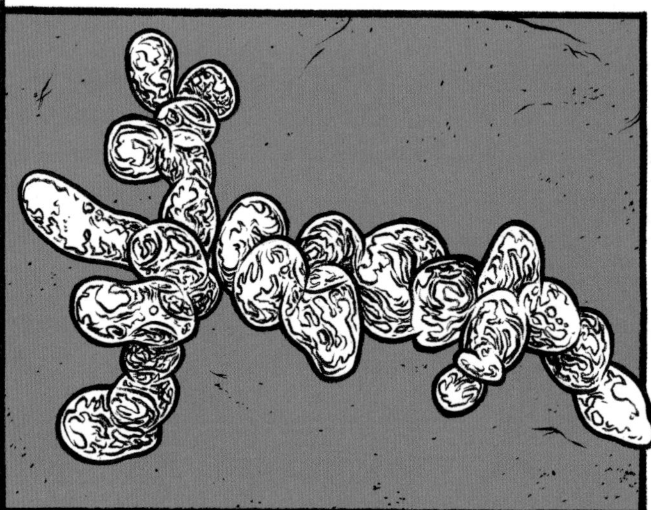

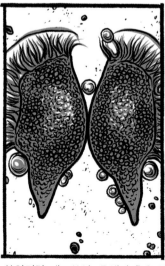

불완전한 세포분열, 공생적 혹은 일시적인 결합이 최초의 다세포생물을 탄생시킨다.

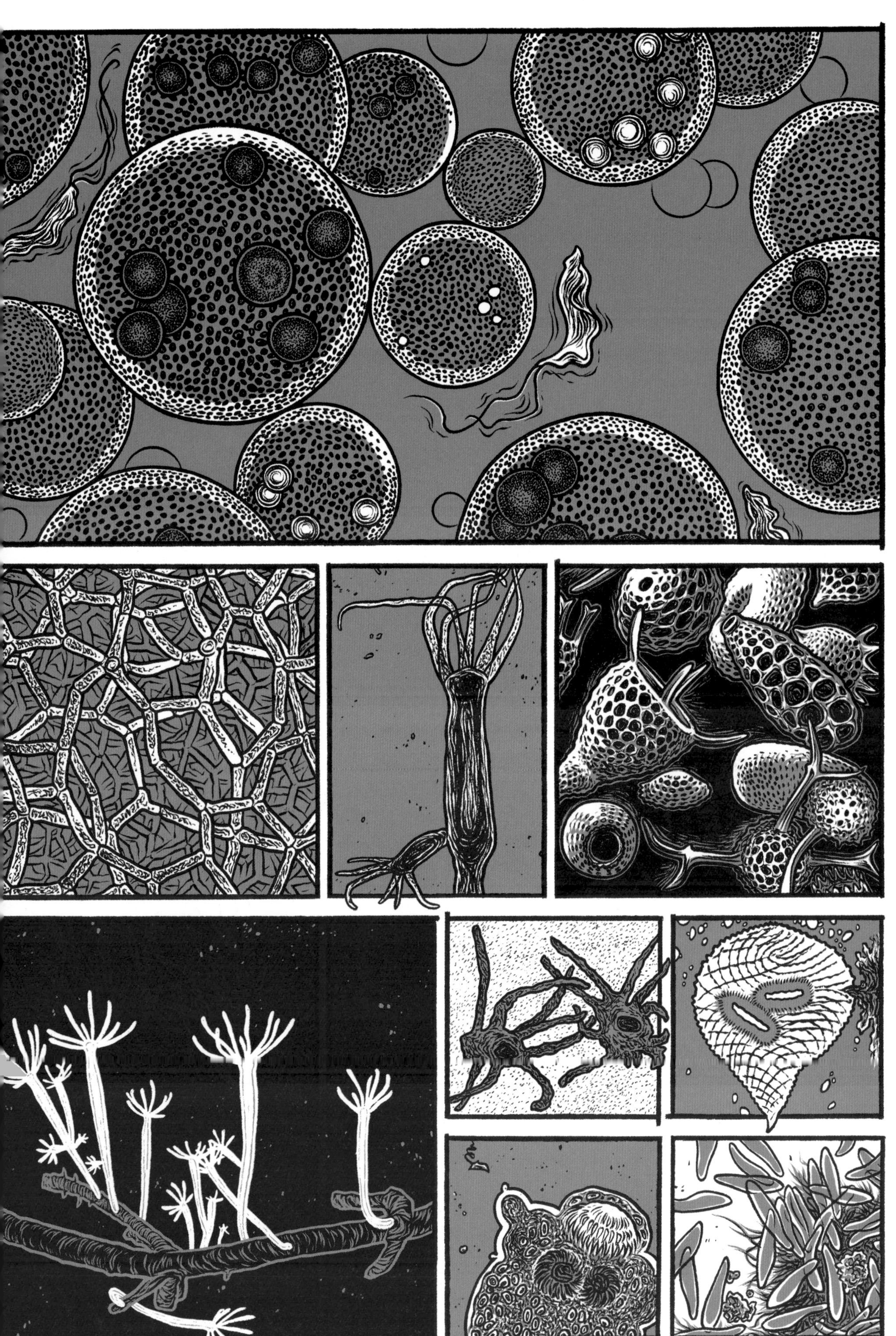

다세포의 생명은 여러 방향으로 진화하고, 세 개의 주요한 「계界」로 나누어진다.

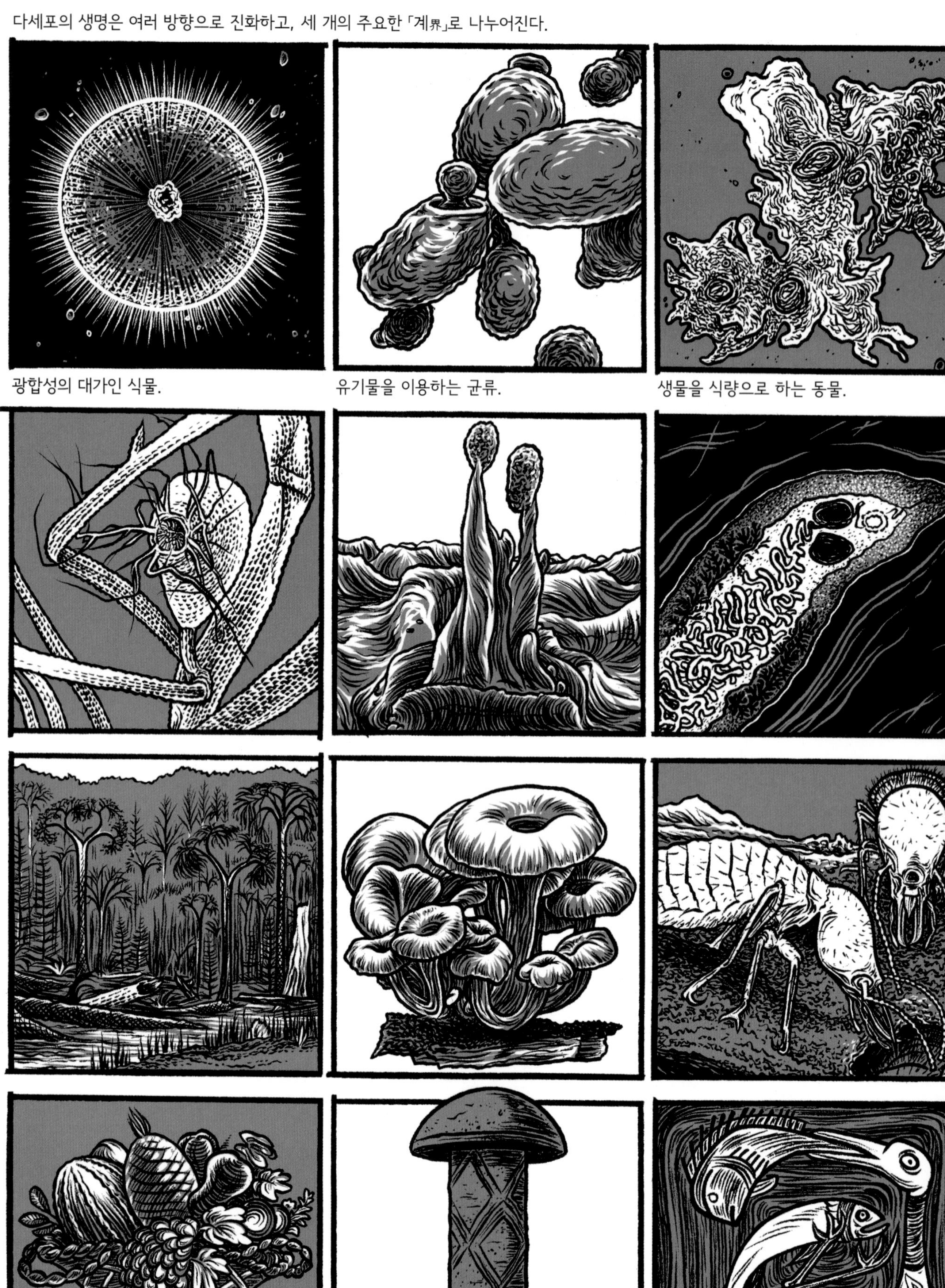
광합성의 대가인 식물.
유기물을 이용하는 균류.
생물을 식량으로 하는 동물.

원생대 말에는 많은 온실효과가스가 **바이오매스**● 속에 흡수되어 기온이 급격하게 낮아진다.
0℃라는 마법의 경계를 넘어 처음으로 물은 얼음으로 변한다.

기후는 대변동을 맞고, 양극에서 시작된 전체적인 **빙하기**가 지구 전역을 얼려 버린다.

● 생물량 : 화학적 에너지로 사용 가능한 식물, 동물, 미생물 등의 생물체.

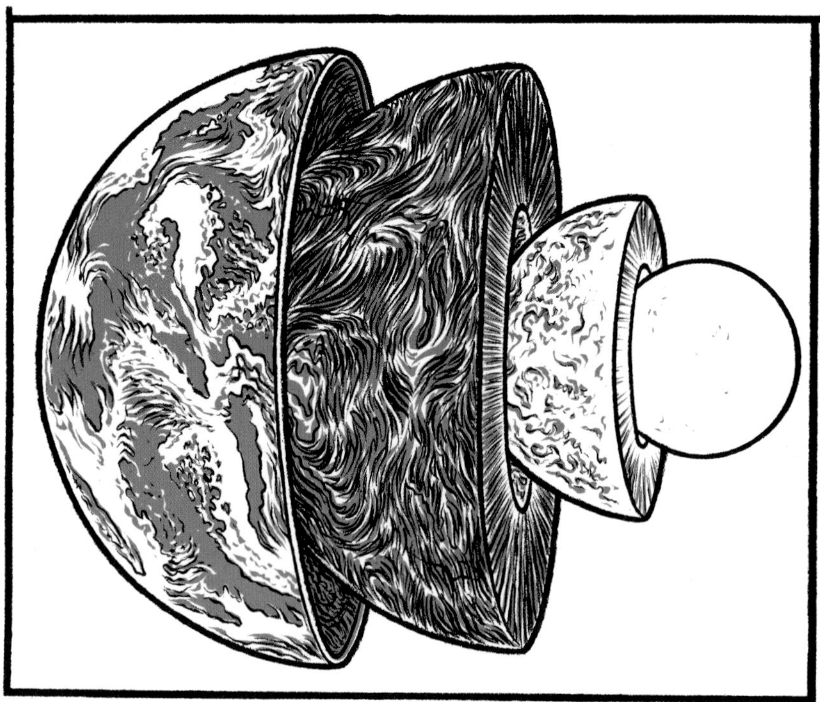

그것과는 별개로 지구의 액상핵도 부분적으로 「동결」하고, 자기장이 강해진다.

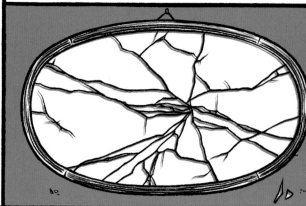

훨씬 이전에 원시대륙은 분열한다.

새로운 **초대륙**●인 **로디니아**가 만들어진다.

더욱 큰 규모의 변화도 존재한다. 예를 들면 태양은 서서히 모든 능력을 발휘하기 시작한다.

● 초대륙 : 고생대 석탄기 후기까지 지구는 육지가 접속해 단일한 대륙을 형성한 초대륙이었다.

5000만 년 후, 대부분의 생물에 영향을 미친 최초의 **대량절멸**●이 끝난다.

치명적인 억압이 이윽고 느슨해진다. 꽁꽁 언 지구는 운석과 화산활동의 영향으로 따뜻해진다.

● 대량절멸 : 광범위한 범위에 걸쳐 단기간에 고차의 분류군에 속하는 생물이 대량으로 멸종하는 것을 말한다.

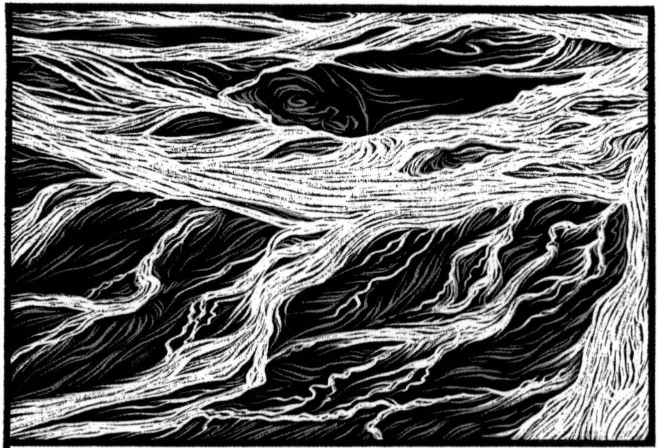

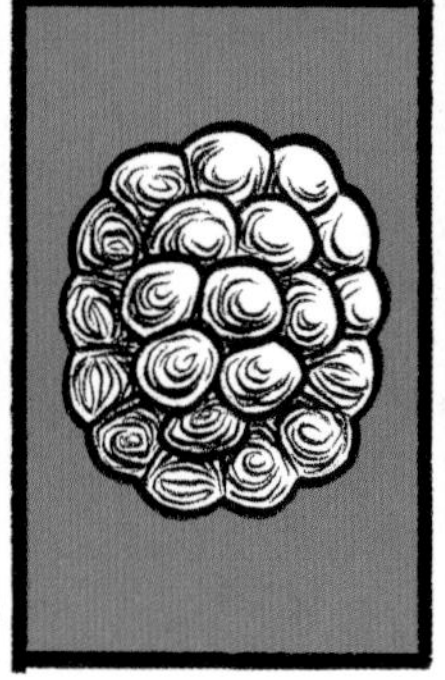

생명은 급속히 재등장하고, 재조직된다.

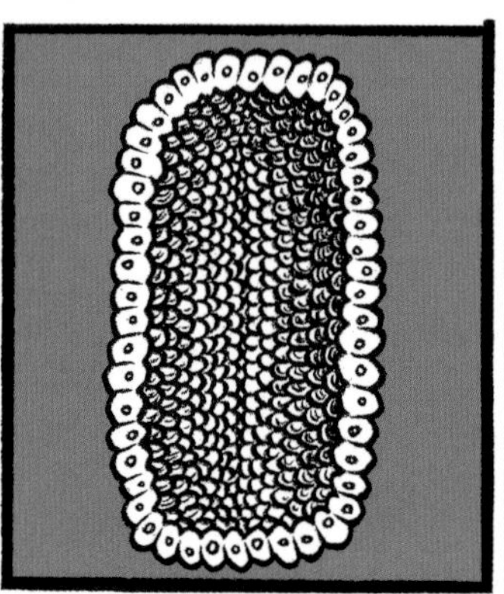

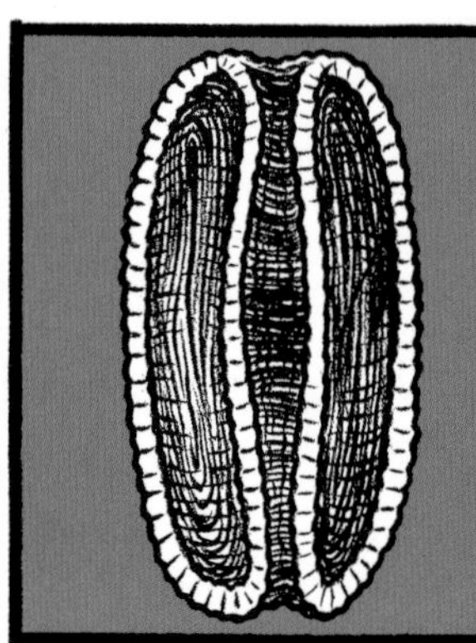

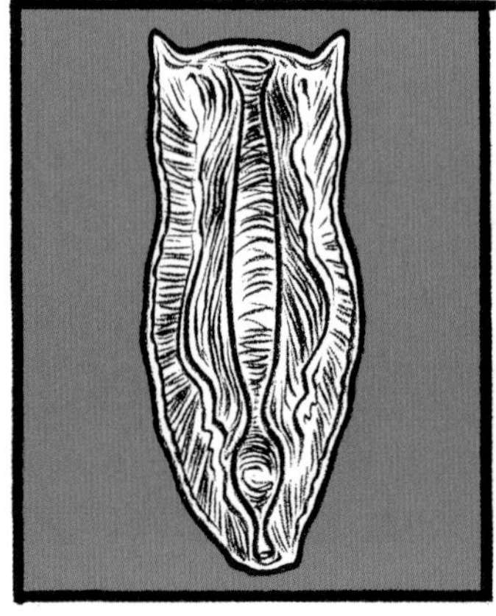

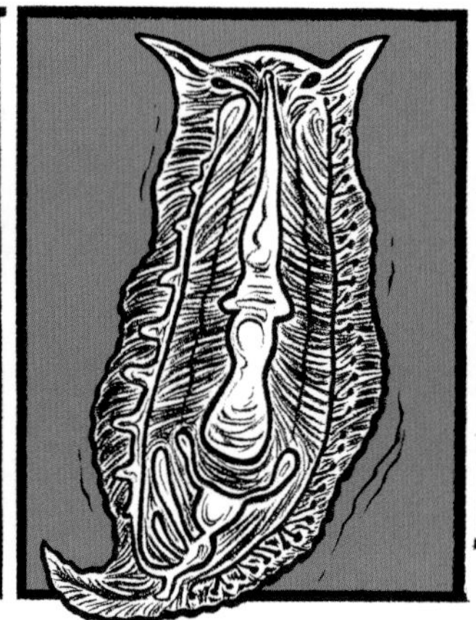

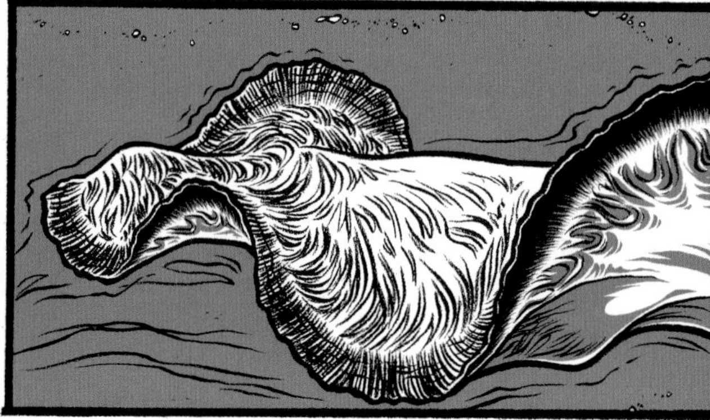

세포군체●와 분업이 죽음을 이겨낸다.

● 세포군체 : 같은 종류의 단세포 생물의 개체가 다수체의 일부에서 결합하여 생활하고 있는 것.

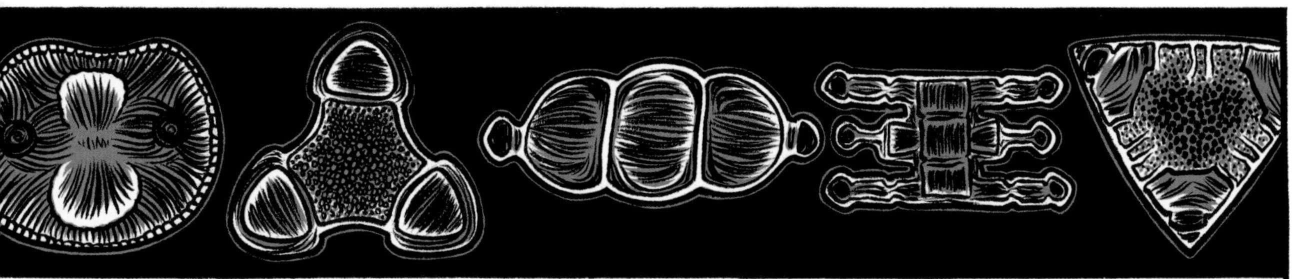

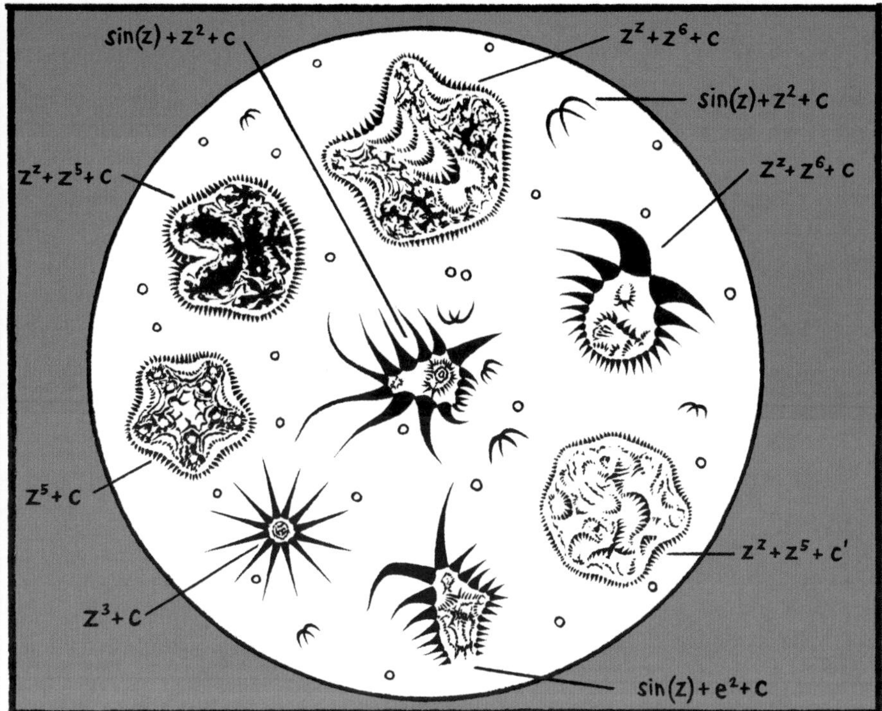

방산충과 같이 몇몇 종족은 석회질의 퇴적물을 수학적 계획에 따라 동화同化한다.

이렇게 해서 최초의 완족동물이 껍질을 형성하는 훈련을 한다. 이것들은 잘 보존된 화석으로 남는다.

< 은생누대 >

연충모양의 생물이나 섬유질 혹은 해면질의 생물이 등장하고, 지구의 생물권에서 곧 세력을 구축한다.

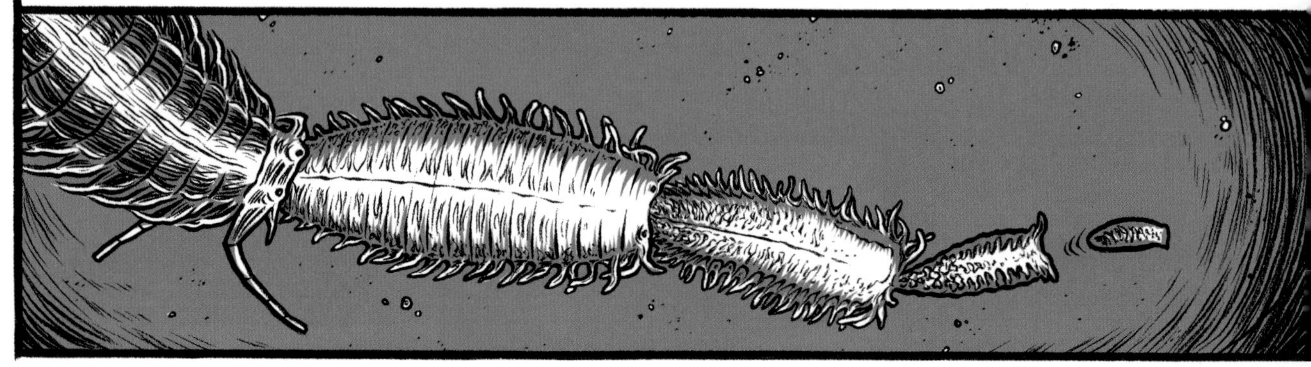

원시적 **연체동물**이 필요 없는 무게를 버리고 투명한 가벼움에 도전하여 성공을 이루어낸다.

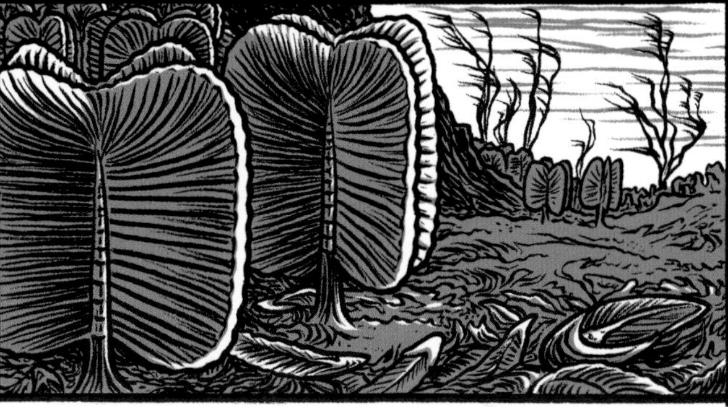

에디아카라동물에 의해서 다세포생물은 지구 곳곳까지 넓혀나가고, 다가올 다양성의 선구자가 된다.

4 원생대

25억 년 전에서 19억 년 전 최초의 생물이 세포핵을 지닌 생명의 형태 --- **진핵생물**이라 불리우는 --- 를 가져올 정도로 발전한다. 큰 **사생물계**四生物界, 즉 **원생생물**●, 장래의 다세포식물, 동물, 균류로의 구분이 시작된다.

24억 5000만 년 전에서 21억 1000만 년 전 대륙 플레이트의 새로운 접촉에 의해 초대륙 **케놀랜드**가 형성된다.

19억 년 전 대기 중의 산소농도가 늘어나고, 부푼 오존층에 의해 우주선宇宙線에 대한 방어가 강해진 덕분에 고등한 생명의 형태가 발전할 수 있게 된다. 유황과 같은 다른 에너지원에 의존하던 지금껏 지배적이었던 생명의 형태는 그들에게 있어 유독한 이 대기로부터 도망쳤고, 보호된 환경 (해저화산과 같은) 속으로 피난하거나 소멸한다.

18억 년 전에서 15억 년 전 **케놀랜드**의 흔적을 토대로 한 **초대륙 콜롬비아**의 형성.

11억 년 전에서 8억 년 전 콜롬비아의 흔적을 토대로 한 **초대륙 로디니아**의 형성.

6억 2000만 년 전에서 6억 년 전 다양한 기후대의 출현. 이 이후는 건조대나 온난해 수역뿐만 아니라, 양극의 광대한 얼음지역도 존재한다.

7억 년 전에서 6억 3000만 년 전 세포의 연쇄를 바탕으로 한 최초의 다세포생물의 형성.

6억 2000만 년 전에서 5억 7000만 년 전 몇 개의 빙하기가 있었고, 그 최후의 빙하기는 거의 지구 전체에 영향을 준다. (적도부근의 좁은 지대만이 면한 「스노우볼」기). 단세포생물의 대부분은 몸을 지킬 수단이 없어서 소멸한다.

5억 7000만 년 전에서 5억 4200만 년 전 전 지구가 다시 따뜻해지고, 이 얼음을 녹인다. 다시 따뜻해진 바다 속에서 광합성활동이 활발해졌기 때문에 대기 중의 산소농도는 현저히 늘어난다.

원생대 최후의 시대인 **에디아카라기**에는 분류하기가 어려운 대형후생동물 - 「에디아카라동물군」이라 불리우는 - 이 발전한다. 그러나 최초의 해면동물이나 최초의 자포동물 및 각질 껍질을 지닌 원시적 **완족동물**도 출현한다. 자포동물은 살아남기 위해, 고착성 형태를 발전시키거나 포복하거나 자유로이 헤엄치거나 하는 등 여러 전술을 이용한다.

● 원생생물 : 최초의 해조 및 섬모나 편모를 지닌 생물과 같은 진핵단세포생물

캄브리아기

「육안으로 보이는 생명의 시대」 라고 하는 새로운 장이 시작된다. 그 시대 주인의 화석화된 유해는 우리가 이 시대의 생명에 대한 단순한 추측을 뛰어 넘어 확실히 알 수 있도록 인도한다.

지구에서의 하루는 약 20시간.
또한 달은 상당한 거리까지 멀어진다.

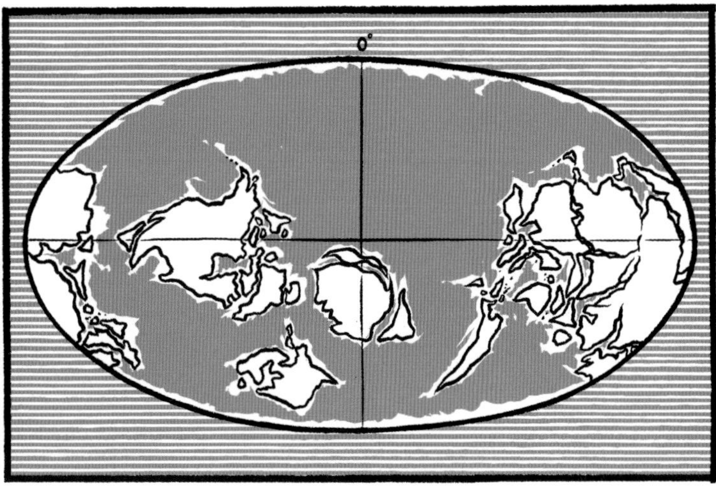

거대한 로디니아는 몇 개의 대륙 플레이트로 나뉘어 지고,
광대한 열대의 바다가 지구를 덮는다.

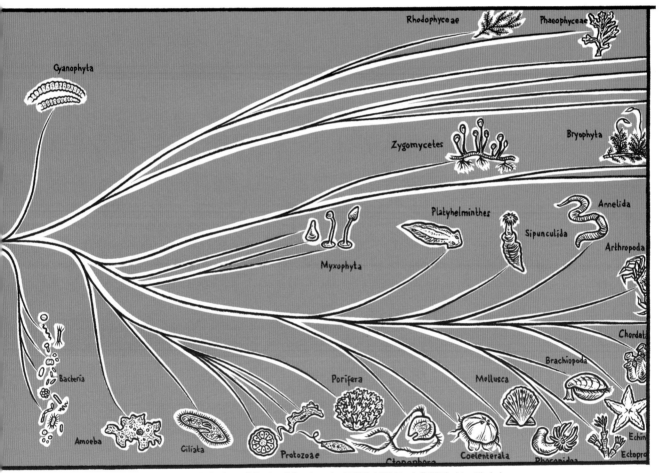

캄브리아폭발의 특징은 그 때까지 본 적이 없는 믿을 수 없을 정도의 다양한 생물종이 출현한다는 것이다.

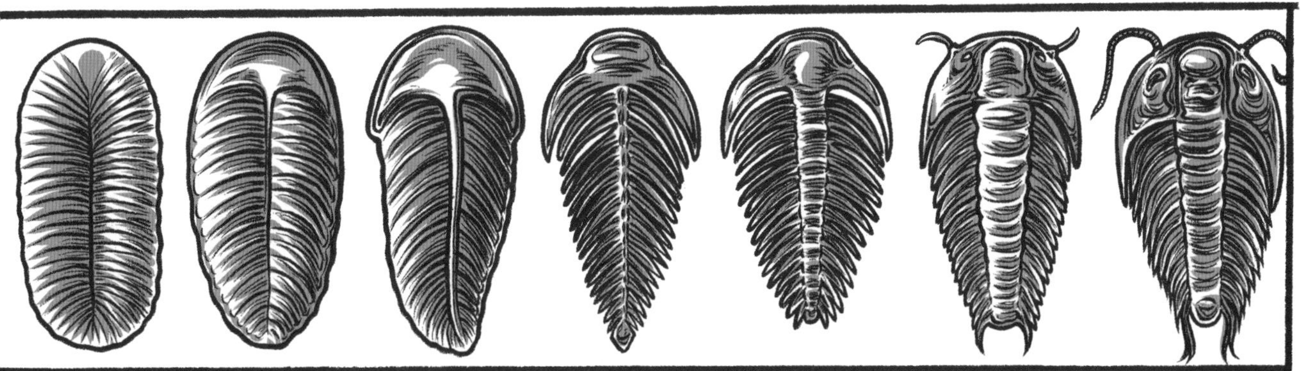

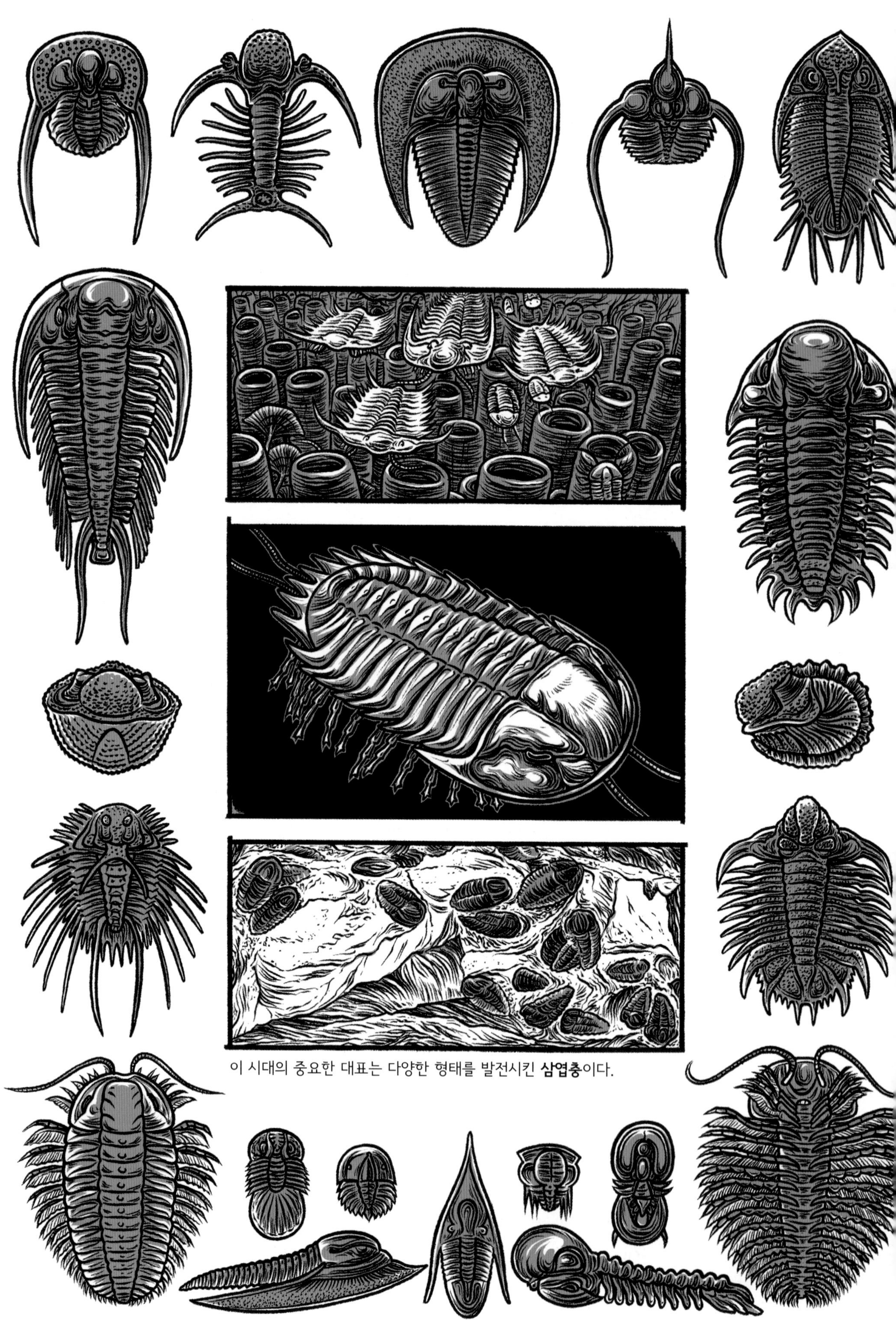

이 시대의 중요한 대표는 다양한 형태를 발전시킨 **삼엽충**이다.

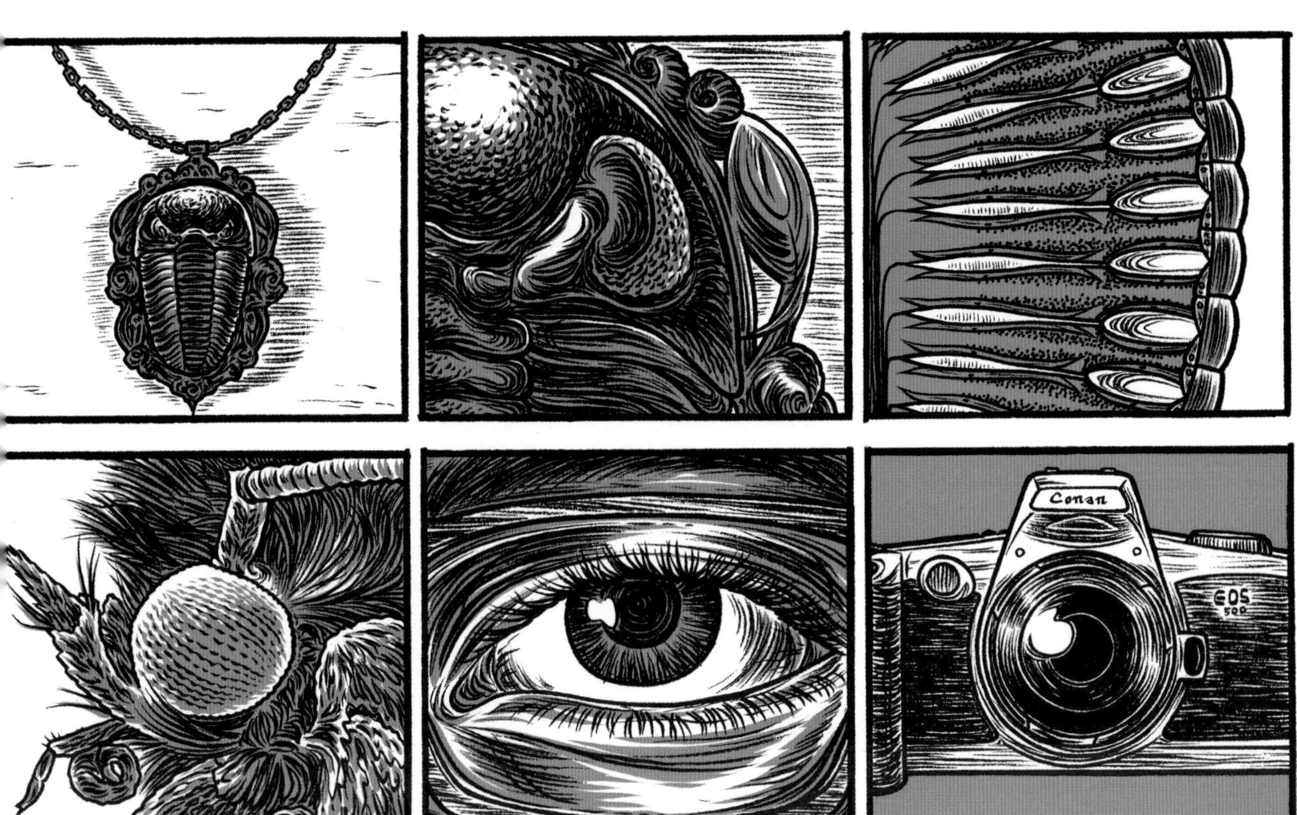

이는 겹눈(렌즈의 숲, 다수의 개별 눈)을 갖춘 최초의 종족이다.

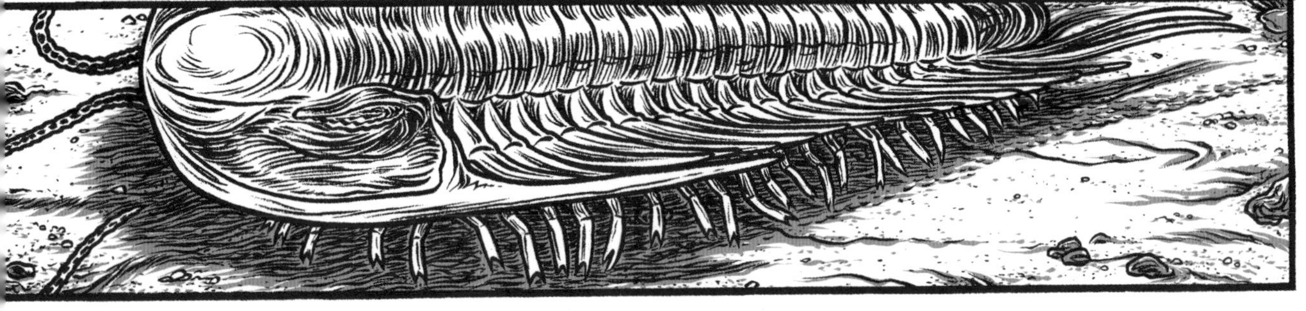

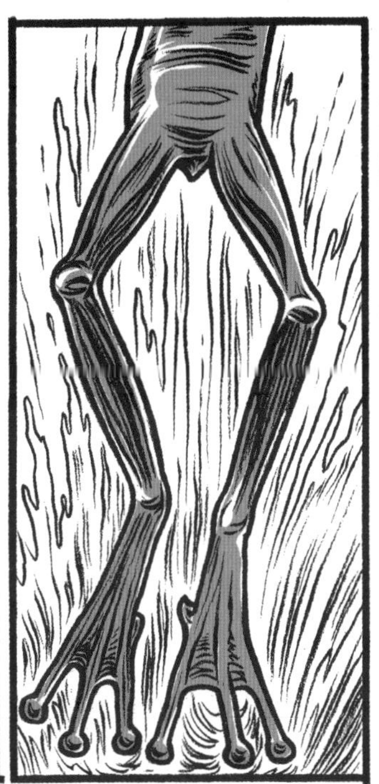

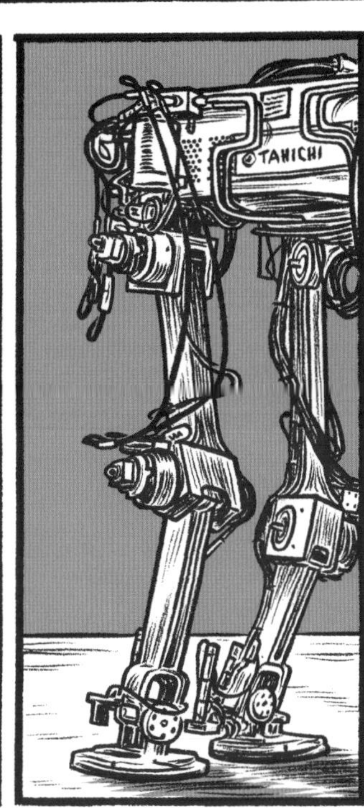

다리가 출현하는데 이는 많은 생물에게 있어서 빠른 이동을 위해 불가결한 장치가 된다.

당초의 환경은 아직 「낙원」과도 같다. 최초의 동물은 거리낌없이 먹이를 잡아먹고, 무장하고 있지도 않았다.

그러나 식량이 부족해지고 경쟁이 일상화되자 몇몇 종족은 다른 해결책을 생각해야만 했다.

박테리아의 카펫을 먹거나 플랑크톤을 여과시키는 대신에 그것들은 무방비 상태의 같은 무리를 잡아 먹기 시작한다.

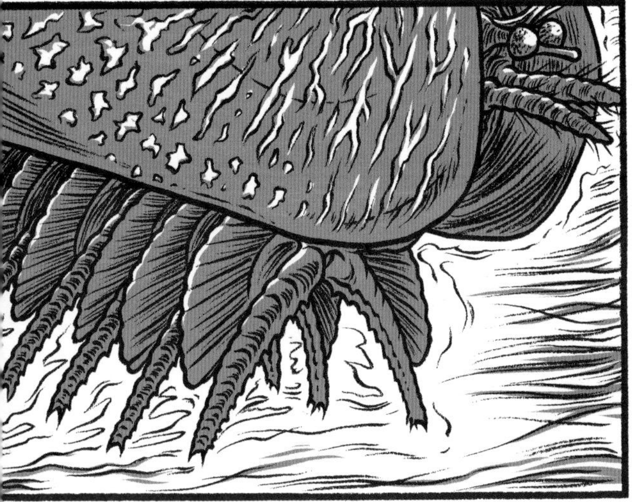

끝이 없는 군비경쟁이 시작된다.

발톱과 이빨에 대항하는 등딱지와 가시.

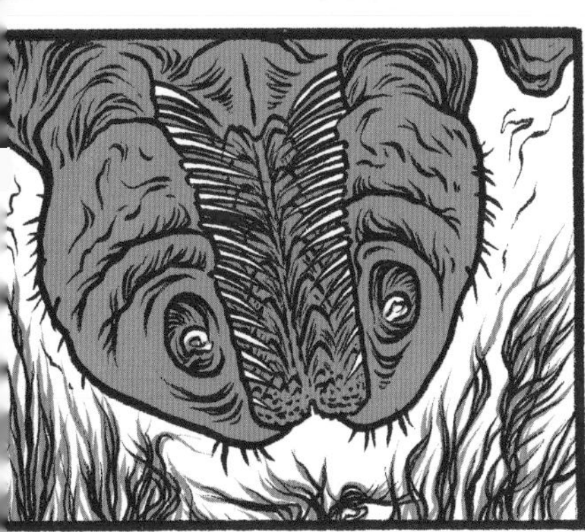

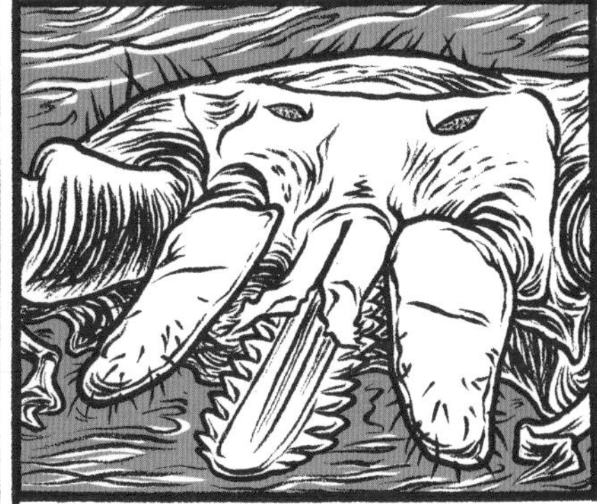

외골격은 살육에 대항하는 반발이다. 「발명가들」은 몸을 지키기 위해 규산질의 대사폐물을 재이용한다.

「건축가들」은 점점 복잡해지는 껍질을 구축하고, 그것들은 후에 **시준화석**●이 된다.

밀집한 군체를 형성한다.

거대한 암초를 구성한다.

● 시준화석 : 표준화석 이라고도 한다. 어떤 일정한 지질시대의 지층에서 산출되어, 그 지층의 지질연대를 나타내는 화석.

OOCL
OOCL

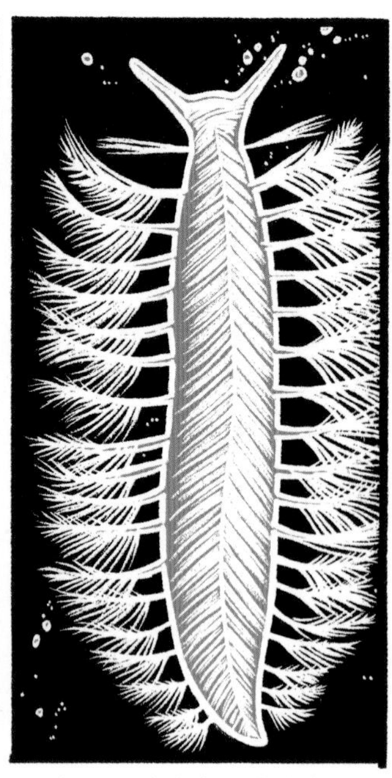

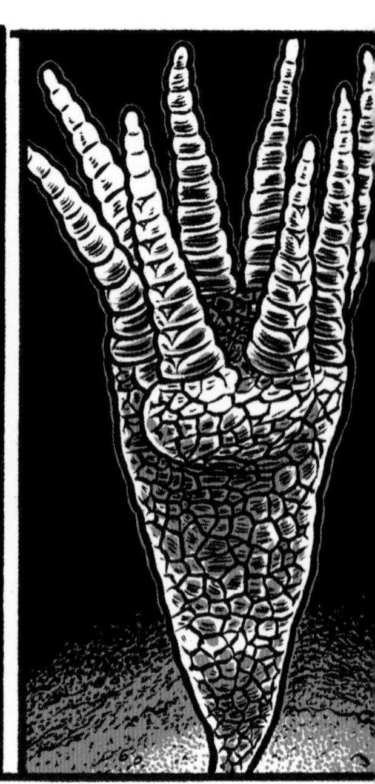

현재 잘 알려져 있는 거의 모든 동물문과 요즘 시대에는 자세히 알려져 있지 않은 다른 문이 출현한다.

몇몇 발명은 완벽했기 때문에 수억 년 간 존속한다.

충분히 발전한 이 동물군 중에서 그가 운이 없었던 다른 기인기는 곧바로 사라진다.

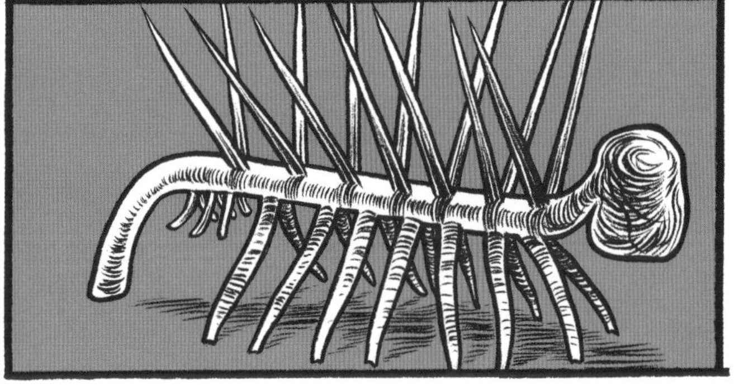

많은 동물문이 현저하게 진화하고, 하나의 형식이 등장하여 대성공을 거둔다…

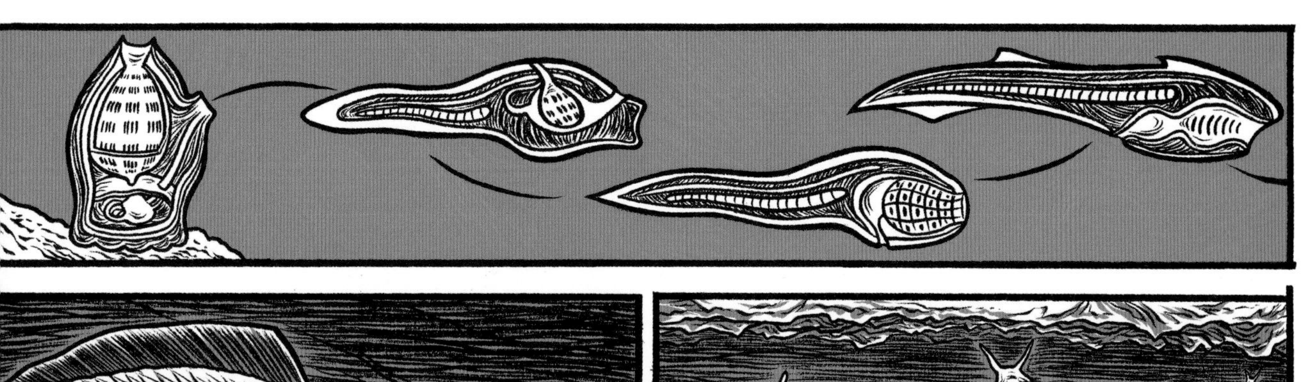

새끼줄 모양의 피카이아는 얕은 바다를 헤엄친다. 등 쪽에 띠를 지닌 피카이아는 모든 척추동물의 선조이다.

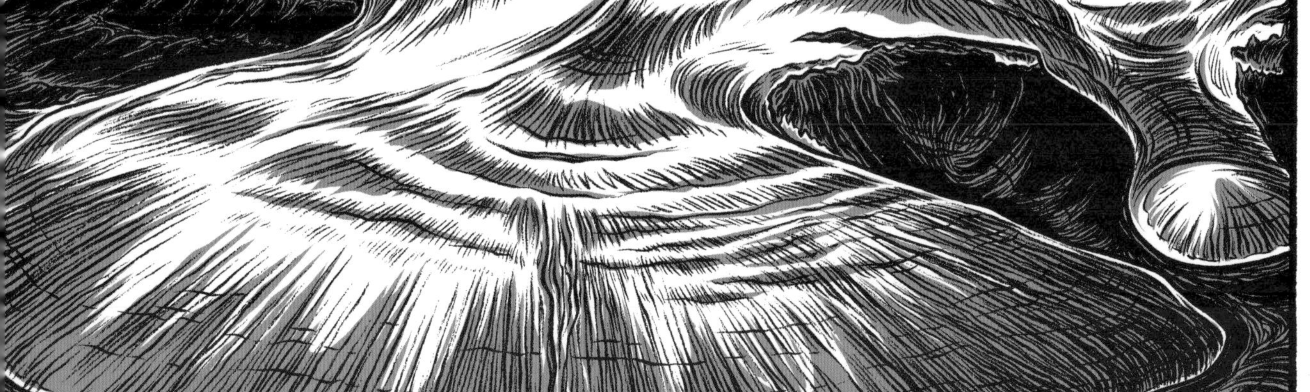

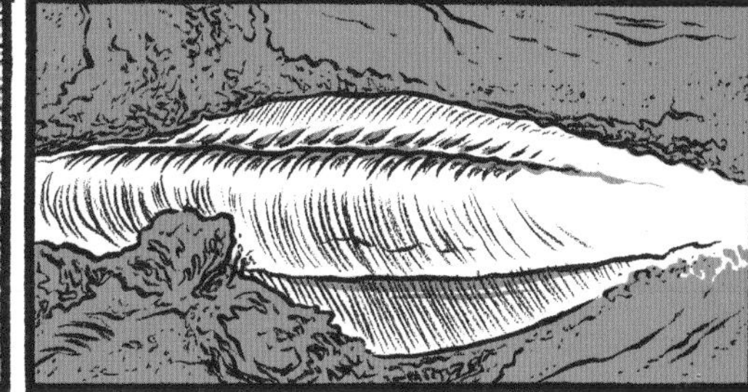

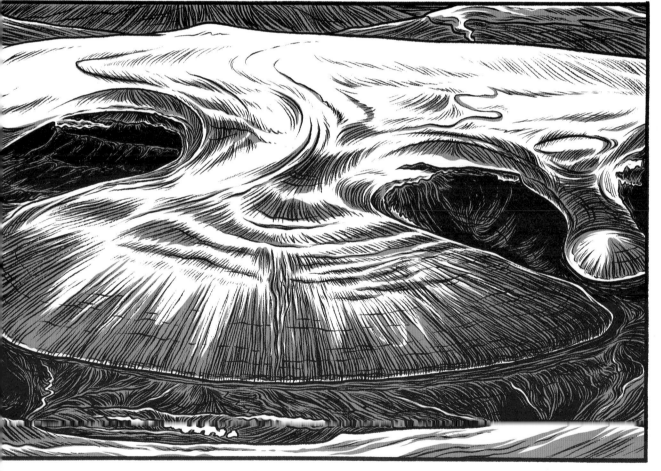

그러나 이 시대 마지막 새로운 빙하기가 바다 속에서 대규모의 멸망을 일으킨다.

5 현생누대

5.1 고생대 5억 4200만 년 전에서 2억 5100만 년 전

5.1.1 **캄브리아기** 5억 4200만 년 전에서 4억 8830만 년 전

5억 4200만 년 전 후생동물의 모든 부문이 발전한다 --- 연체동물, 방사상칭동물, 환형동물, 절족동물, 유조동물, 완족동물, 외항동물, 극피동물, 척삭동물 그리고 척추동물과 같은, 오늘날에도 아직 생존하고 있는 모든 동물문이 「**캄브리아폭발**」이라 불리는 중대한 사건 속에서 출현한다. 다른 많은 문이 이 시대의 끝이 이어지는 시대 사이에 소멸하는 운명을 맞이하지만.
삼엽충(절족동물 갑각류의 선조이며 세 개의 잎을 지닌다) 은 그 종류가 놀랄 만큼 풍부해, 개체수가 상당히 다양해서 이 시대의 시준화석이 되고 있다. 눈과 이동기관(다리, 촉수, 지느러미 등) 의 형성이 동물의 이동성을 현저하게 높인다. 첫 육식동물의 포식행동은 경쟁을 더욱 심화시킨다. 얕은 바다의 다양한 환경에 대한 적응은 신속하게 진행되고 몇몇 종은 재결합하여 암초를 형성한다. 광합성의 신봉자인 원시적인 형태는 발전하고, 갈조(갈색조류) 등 복잡한 다세포의 조류를 형성한다.

5억 3500만 년 전 열대의 얕은 바다 속에서 생명은 크게 번식하고, 껍질을 갖춘 산호와 완족동물이 늘어나기 때문에 암초가 아주 발달하고 화석이 풍부한 지층이 출현한다.

5억 2000만 년 전 초대륙 **로디니아가** 몇 개의 다른 플레이트로 나뉘어져, 지구의 전 표면에 할당된다. 그 몇 개의 단편은 **곤드와나** 라고 불리우는 광대한 대륙을 서서히 형성한다. 그것은 장래의 남아메리카대륙, 남극대륙, 아프리카대륙의 대부분과 마다가스카르섬, 인도를 포함하며 적도 부근에 위치하고 있다. 다른 커다란 대륙 플레이트는 로렌시아(현재의 북아메리카에 해당), 발티카(현재의 북동유럽), 중부 시베리아의 안가라, 동부 시베리아의 코리마 의 4개의 **크라톤**(강괴) 이다.

4억 9000만 년 전 어떠한 격변에 의해서 빙하기와 대량절멸의 파도가 밀려들어와, 이 시기의 끝에는 종수가 대략 50% 감소한다.

오르도비스기

캄브리아기말의 빙하기 이후에는 평범치 않은 기후의 변화를 동반하는 지질구조의 불안정기가 이어진다.

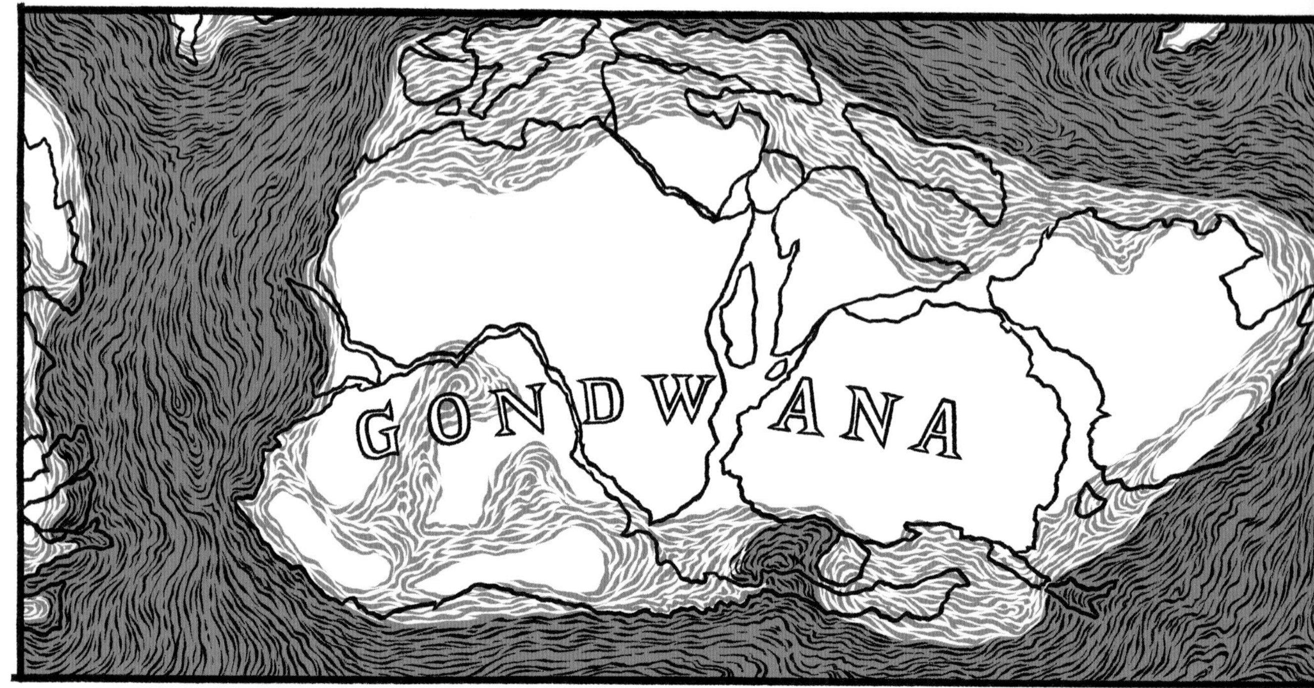

그 동안에 로디니아의 몇몇 큰 흔적은 재결합하고 「남대륙」 곤드와나를 형성한다.

동물군은 서서히 회복되어 간다.

암초는 성장을 재개한다.

새로운 세입자가 새 집에 들어온다.

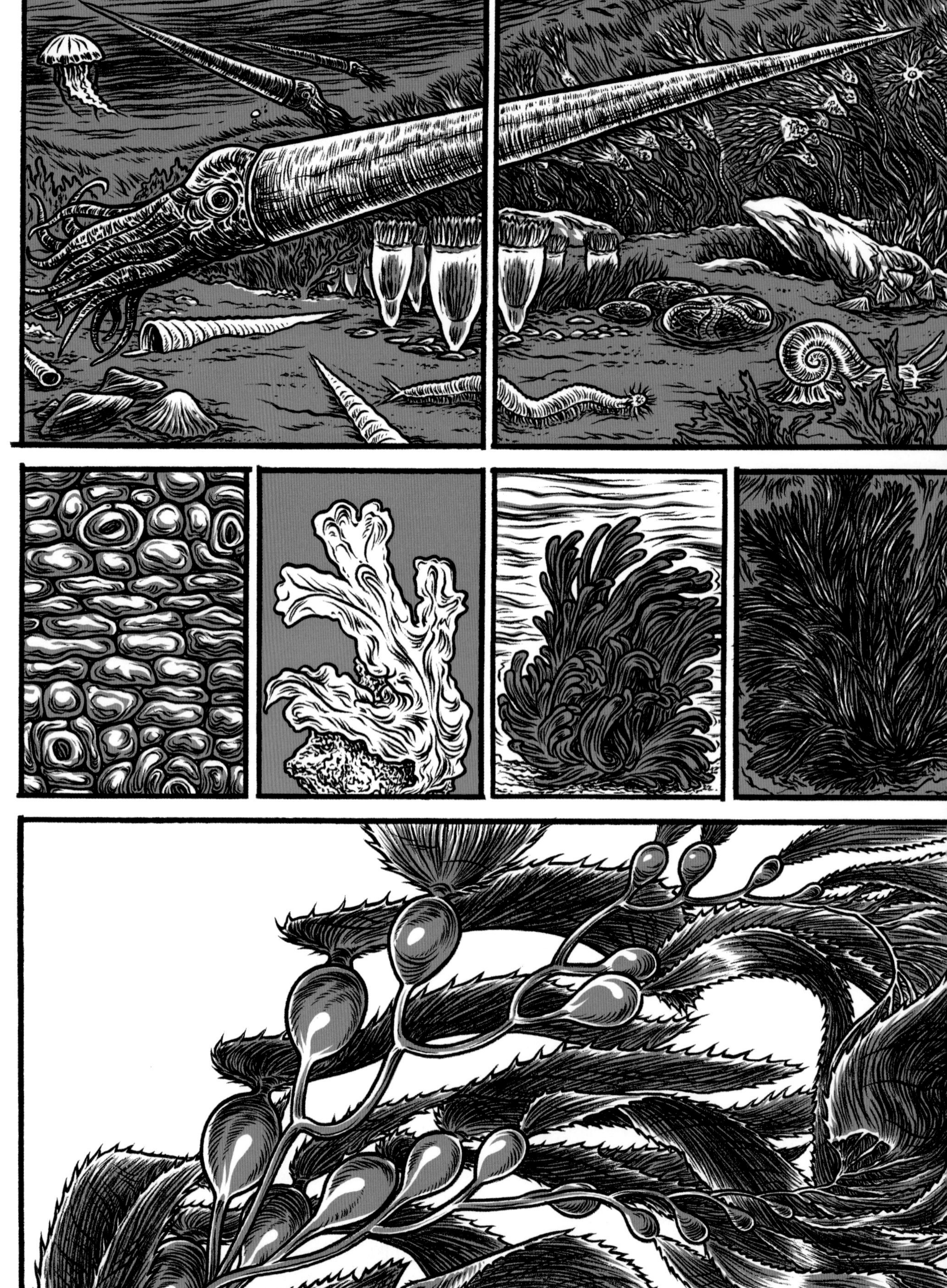

식물군이 깨어난다. 최초의 식물이 해저의 공동체를 풍요롭게 한다. 그러나 그것뿐만이 아니다…

수백 만 년 후에 특히 순응성이 있는 선구적인 식물이 완만한 경사의 조간대●에 위험을 무릅쓰고 진출한다.
사상 처음으로 비교적 복잡한 존재가 대지에 뿌리를 내린다.

● 조간대 : 만조 때의 해안선과 간조 때의 해안선 사이의 부분을 말한다

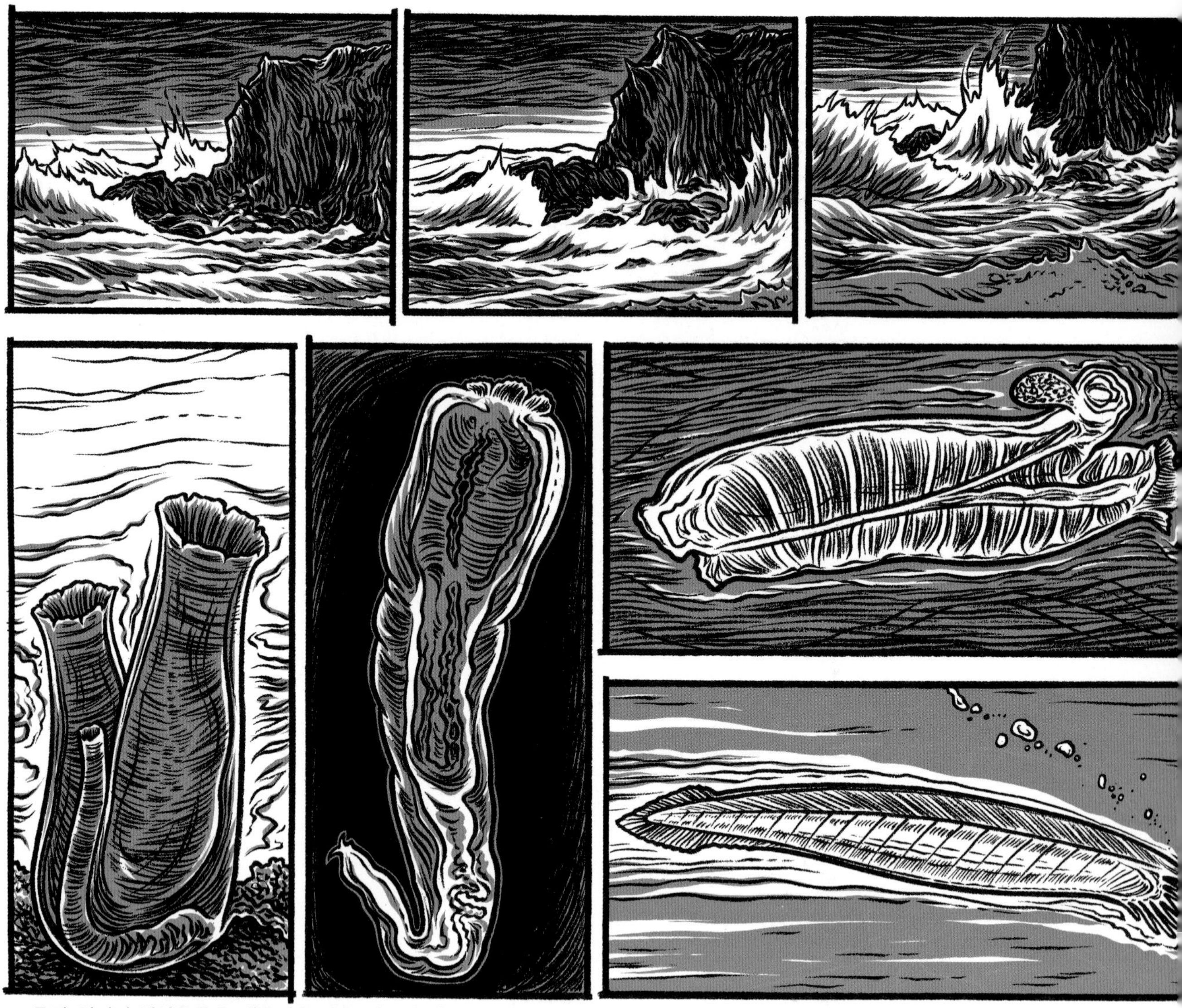

그동안 원시적 **척삭동물**은 내골격을 갖춘 최초의 척추동물을 탄생시킨다.

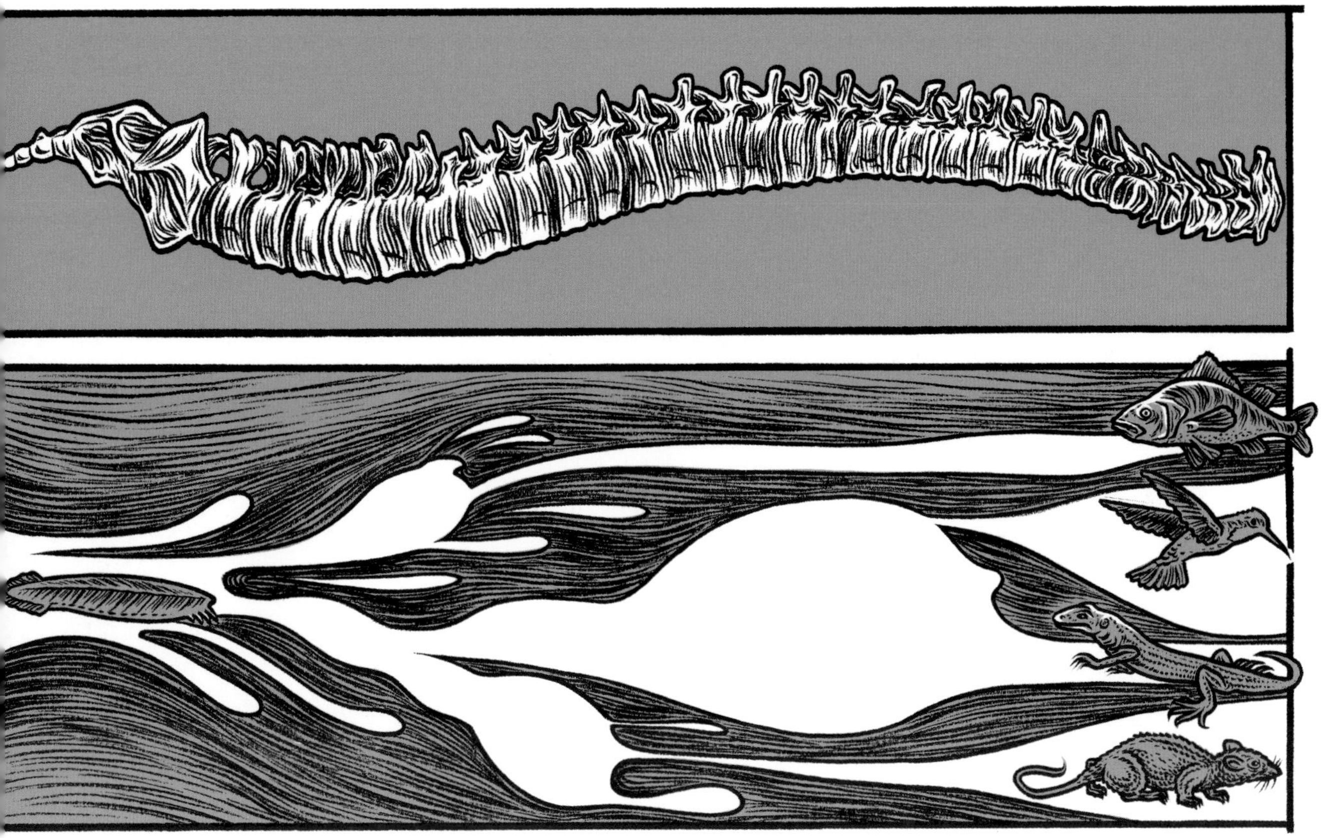

그러나 먼 미래만이 그들의 것이며, 이 시대는 물속에 두꺼운 등딱지를 가진 무척추동물이 산다.

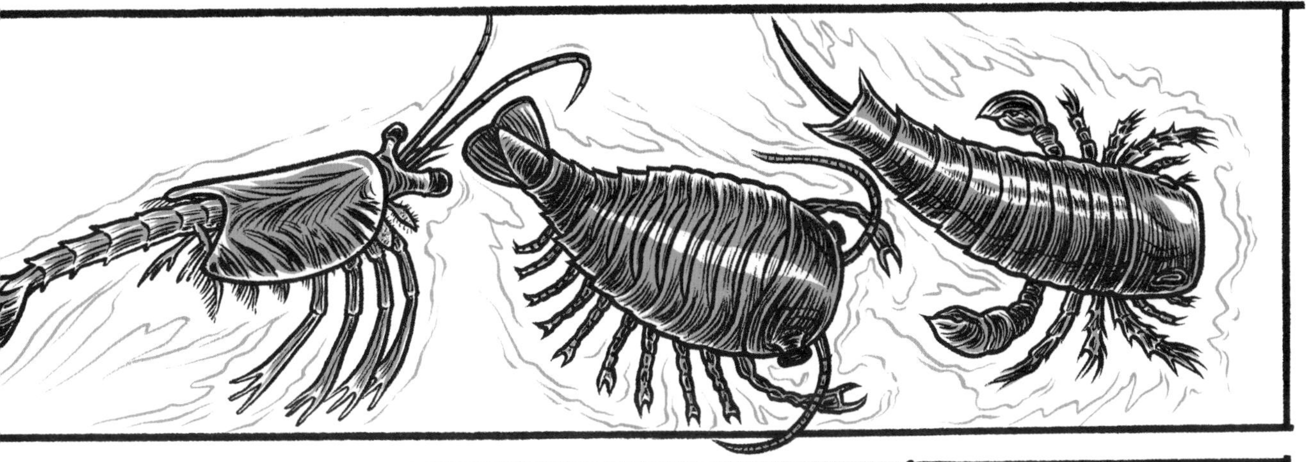

몸길이가 3m나 되고 가위로 무장한 **바다전갈**이 해저의 새로운 지배자가 된다.

그 자손 중에는 살아남는데 성공하는 자도 있지만, 지금은 그들도 기후의 변화에 괴로워한다.

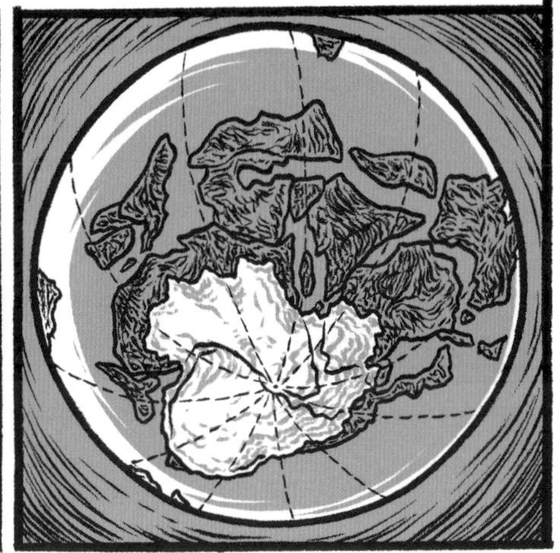

곤드와나가 남극을 향해 이동한다. 그리고 한 번 더 거대한 빙하가 생물공간을 침략하고 얼음 속에 가둔다.

5.1.2 **오르도비스기** 4억 8830만 년에서 4억 4370만 년 전

4억 8500만 년 전 극관●이 녹아, 바다의 수위는 300m 가까이나 상승하여, 모든 시대를 통틀어 수위가 가장 높아진다. 해생동물군은 서서히 회복한다.

4억 7800만 년 전 식물군도 최초의 진정한 식물의 출현과 함께 급속한 진화를 이룬다. 그래도 그것은 해저에 박혀 사는 것으로 만족하고 있다.

4억 7300만 년 전 원시적인 척삭동물이 아직 턱이 없는 최초의 어류를 탄생시킨다. 두족류, 복족류, 필석, 코노돈트동물이 출현한다. 해면동물, 층공충, 산호 등이 포함된 자포동물이 거대한 암초를 구축한다. 암초는 극피동물, 연체동물, 완족동물, 두족류에 의지해 자라난다. 두족류는 진화를 계속하지만, 가장 중요한 변화는 절족동물의 종족 중에서 일어난다.

4억 7100만 년 전 몸길이 수m의 전갈류는 가장 위협적인 바다의 포식자이다.

4억 6200만 년 전 이끼와 같은 최초의 육생식물이 연안지대를 정복한다(유해한 태양의 자외선으로부터 생물을 보호한다, 전대에 형성된 오존층이 지금 충분히 발달한 덕분에).

4억 5000만 년 전 곤드와나가 적도로부터 남극을 향해 이동하고, 서서히 얼어감에 따라, 이 시대의 끝자락에 기후가 크게 변화한다. 새로운 빙하기의 시작이다. 얼음의 비중이 상당히 많아지고, 연해의 수위는 현저하게 낮아진다. 이 모든 것이 전 시대를 통틀어 가장 거센 절멸의 파도를 일으키고, 지구생물의 95%가 희생자가 된다. 대부분의 삼엽충뿐만 아니라, 두족류, 완족동물, 수많은 암초 등 다수의 오르도비스기 동물이 사라진다.

● 극관極冠 : 극에서 얼음으로 덮여 하얗게 빛나 보이는 부분을 말한다.

실루리아기

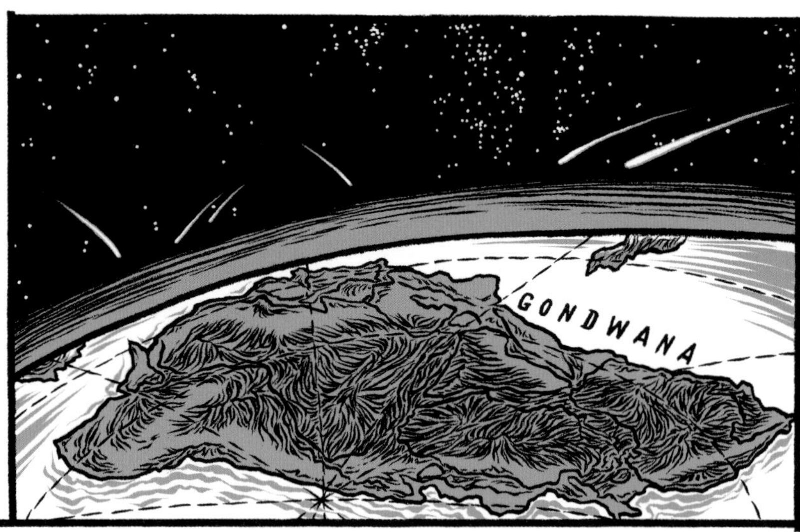

잠시 동안의 휴식 후, 곤드와나는 다시 이동하기 시작하고 얼음의 일부는 액체상태로 돌아가 생명은 그 흐름을 다시 시작한다.

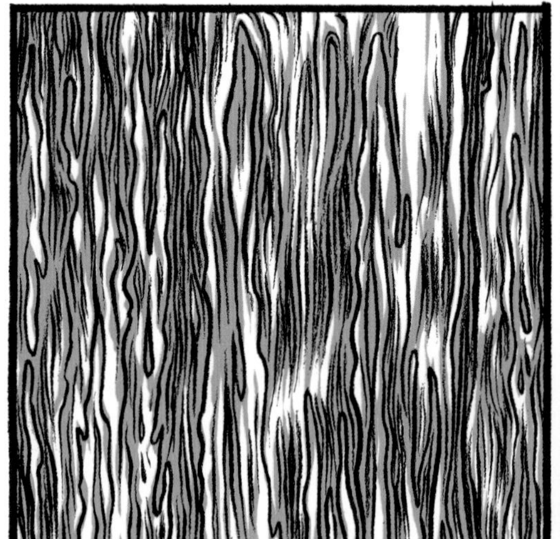

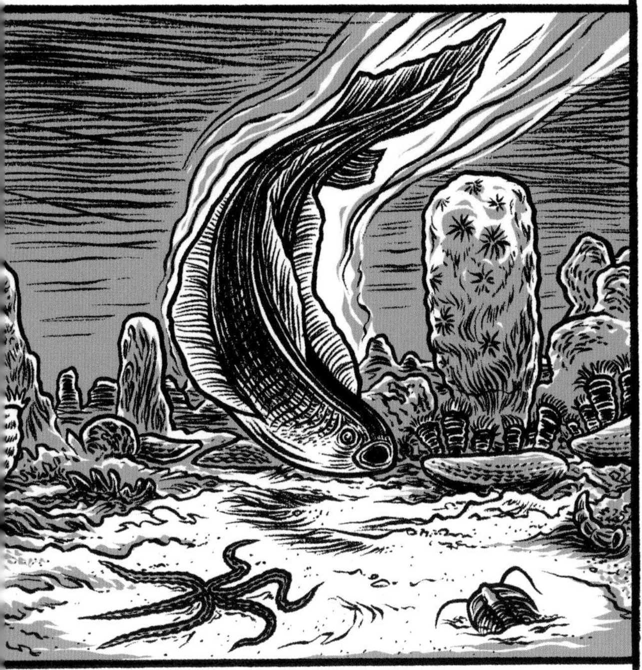

최초의 어류인 **무악류**가 실루리아기에 등장한다.

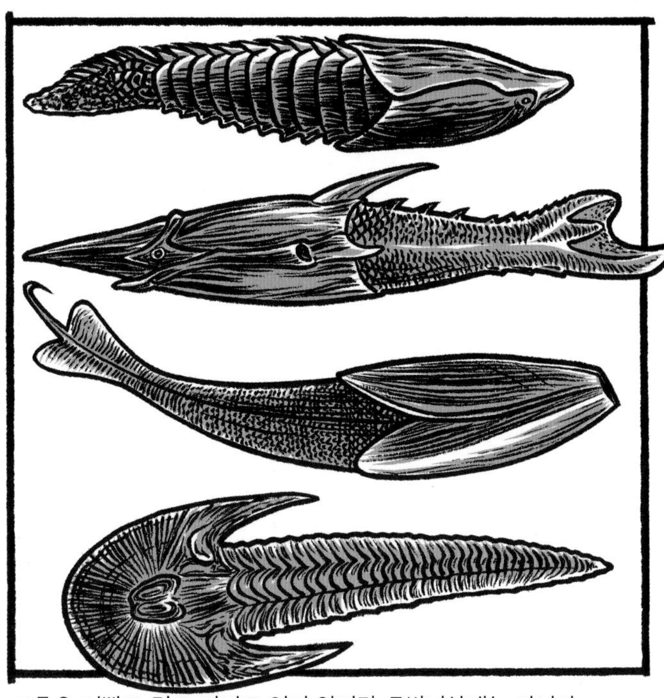

그들은 이빨도 턱도 가지고 있지 않지만 무방비상태는 아니다.

뼈 외에 보호판도 발달시킨다.

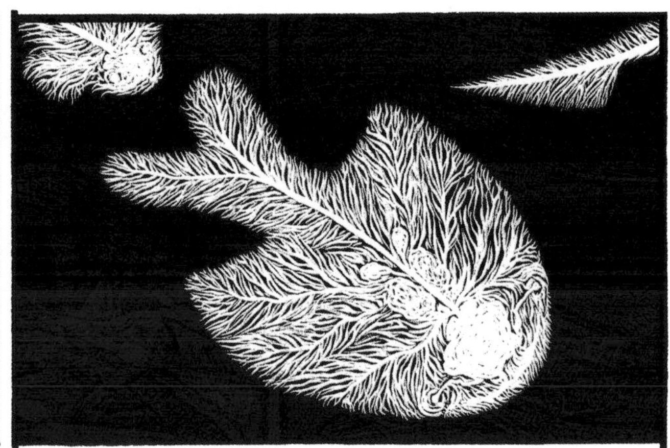

미래의 두개● 속에는 조종실도 갖췄다.

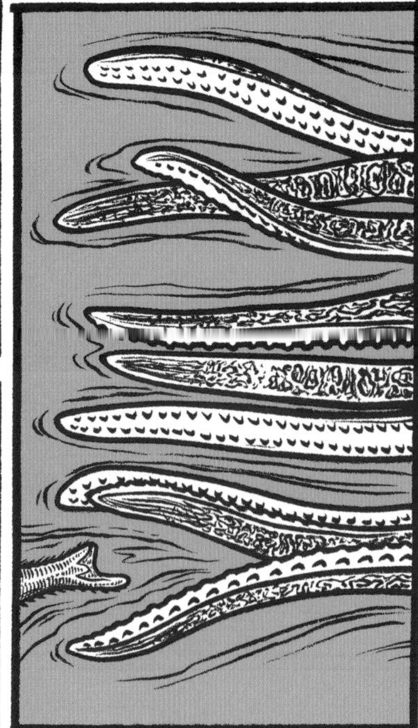

직접적인 환경 속의 절박한 위험이나 다가올 위협을 피하기 위해서는 그것들이 필요하다.

● 두개頭蓋 : 척추동물 특유의 머리골격이다

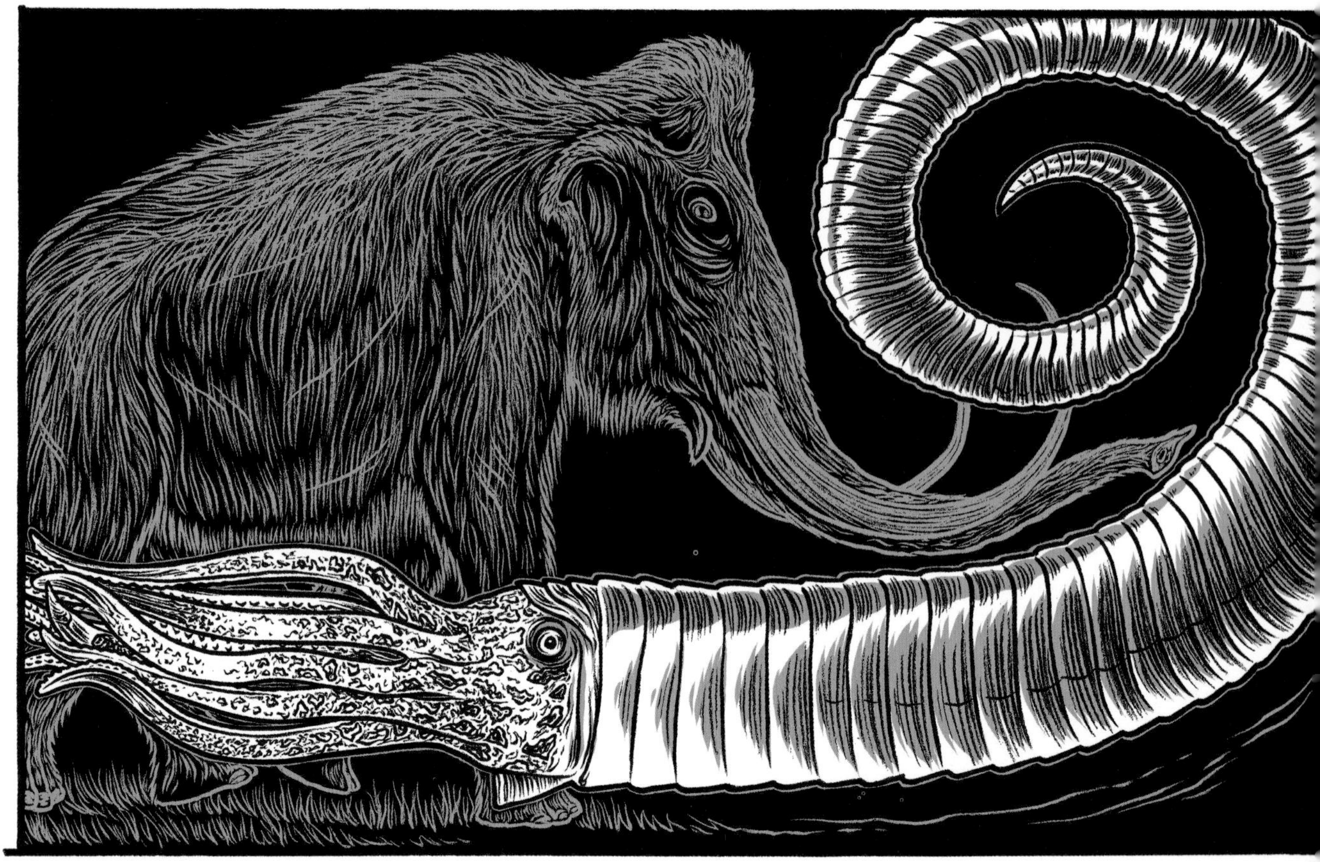

길이 5m나 되는 외투막을 지닌 거대한 두족류에게 심각한 라이벌은 없다.

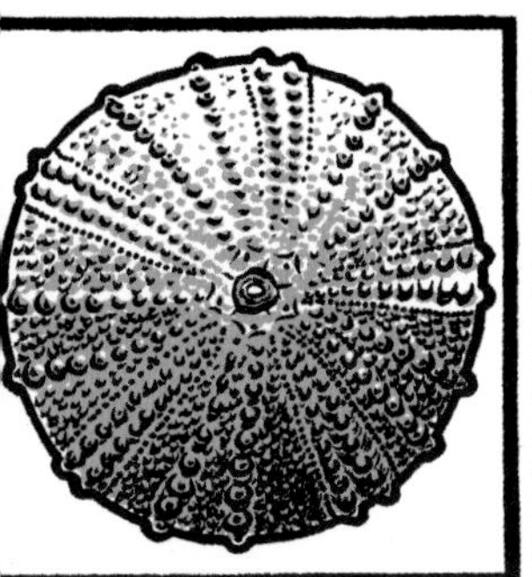

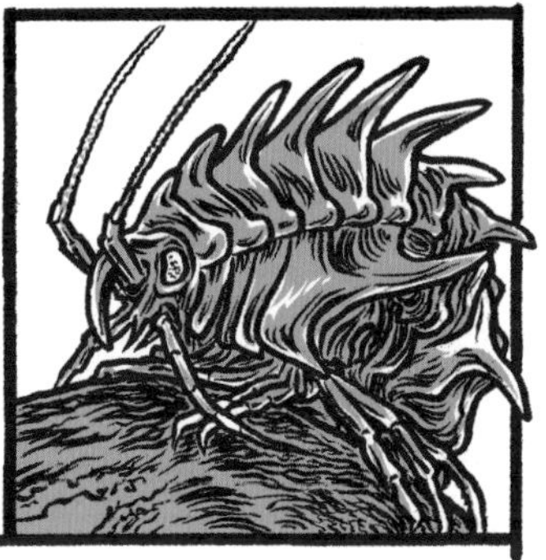

그것은 갑각류, 필석, 패류, 산호, 극피동물, 불가사리류, 바다조름 왕국의 선두가 된다.

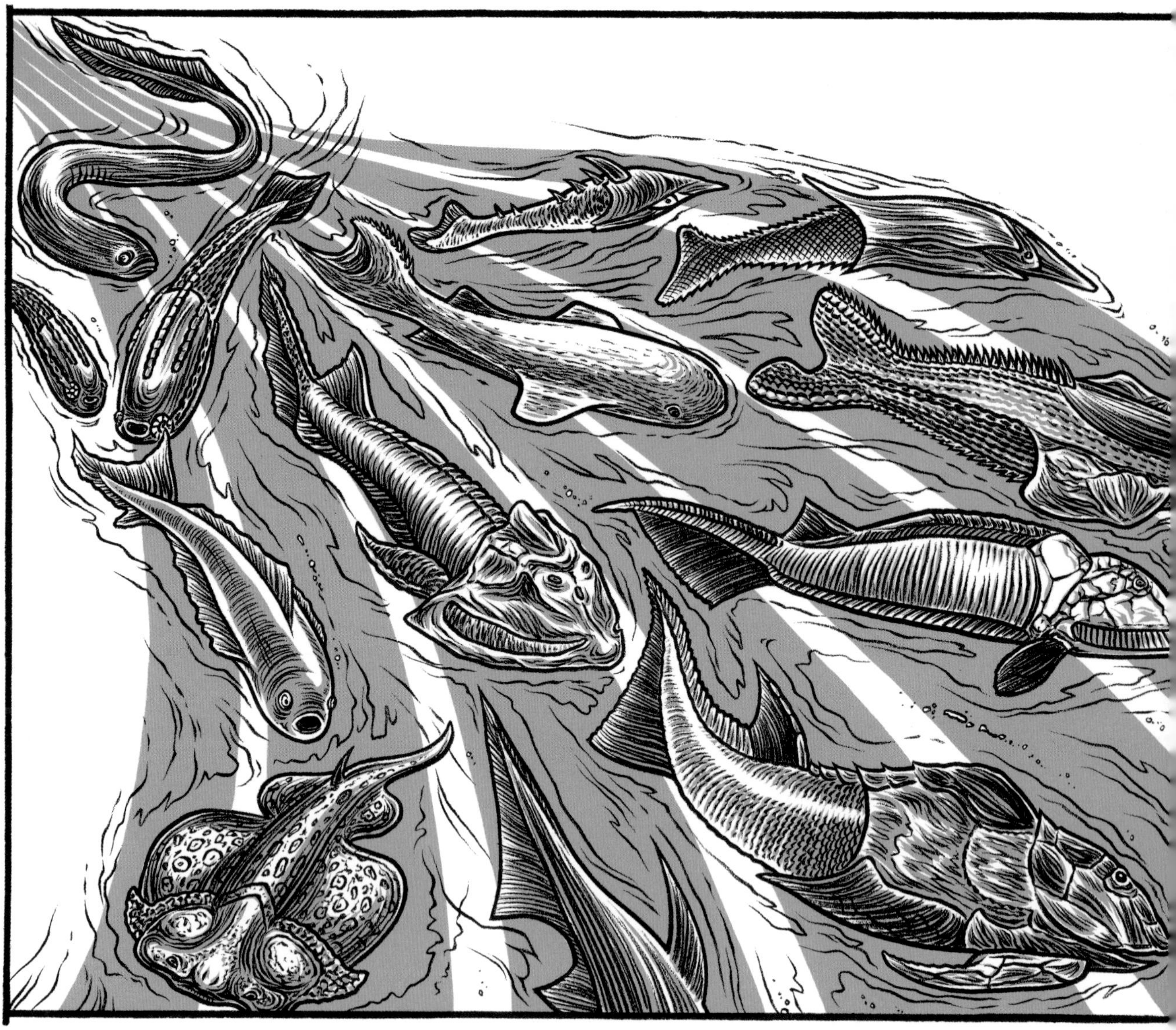

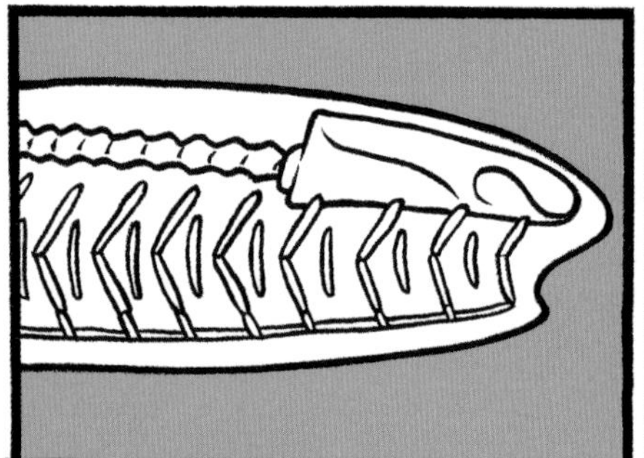

그러나 어류는 무장한다.

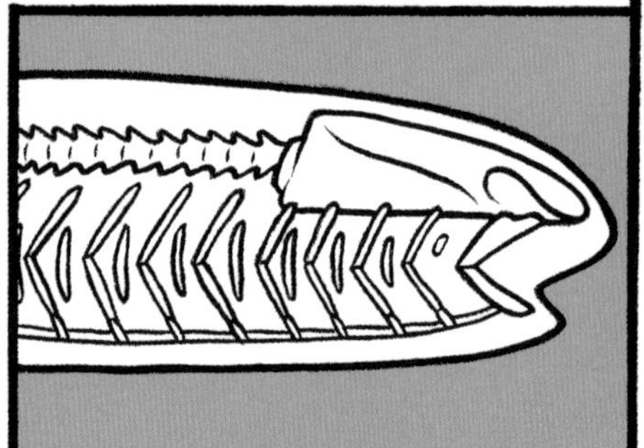

이윽고 진정한 턱을 가진다.

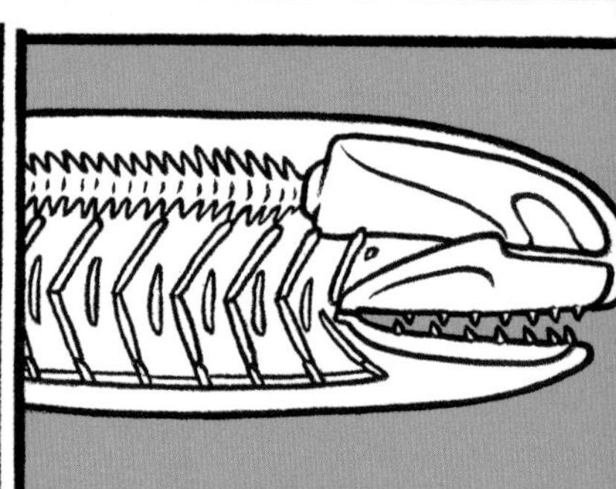

그리고 드디어 사냥을 한다.

지금껏 박테리아의 군체 전용이었던 연안지대는 조금씩 최초의 진정한 식물에 의해 침략 당한다.

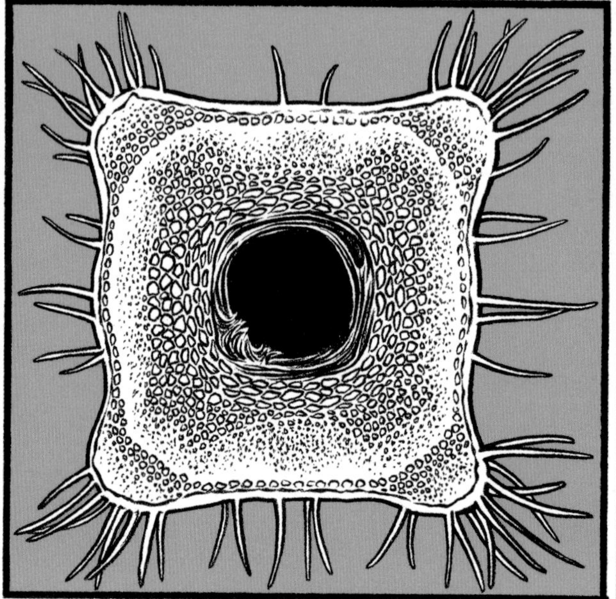

식물의 조직은 강화되어, 줄기가 그것을 지탱하게 되고 표면은 태양광선에 저항하기 시작한다.

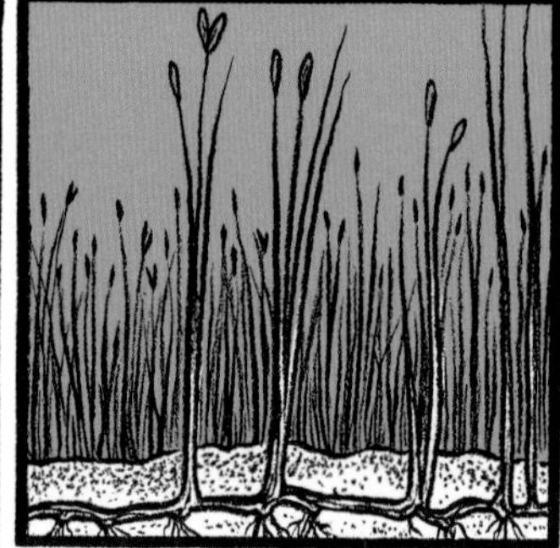

물을 섭취하기 위해 뿌리를 땅속으로 뻗는다.

지표에서는 예민한 솔라판넬Solar Panel을 펼친다.

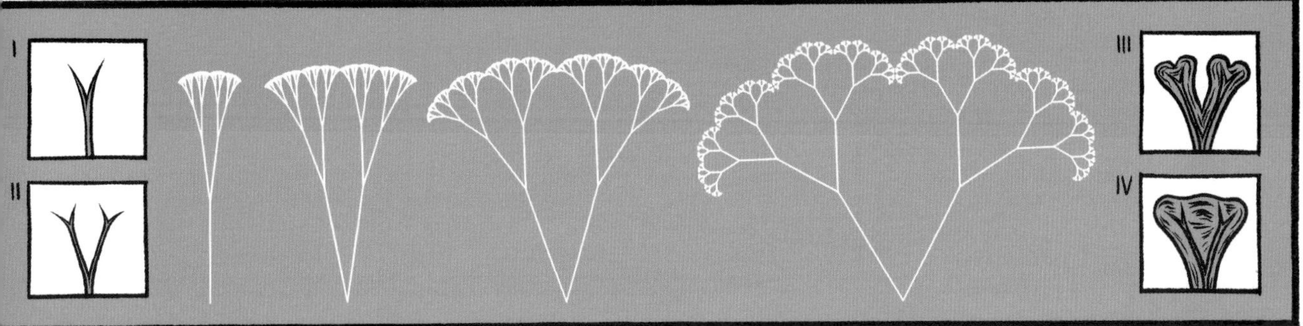

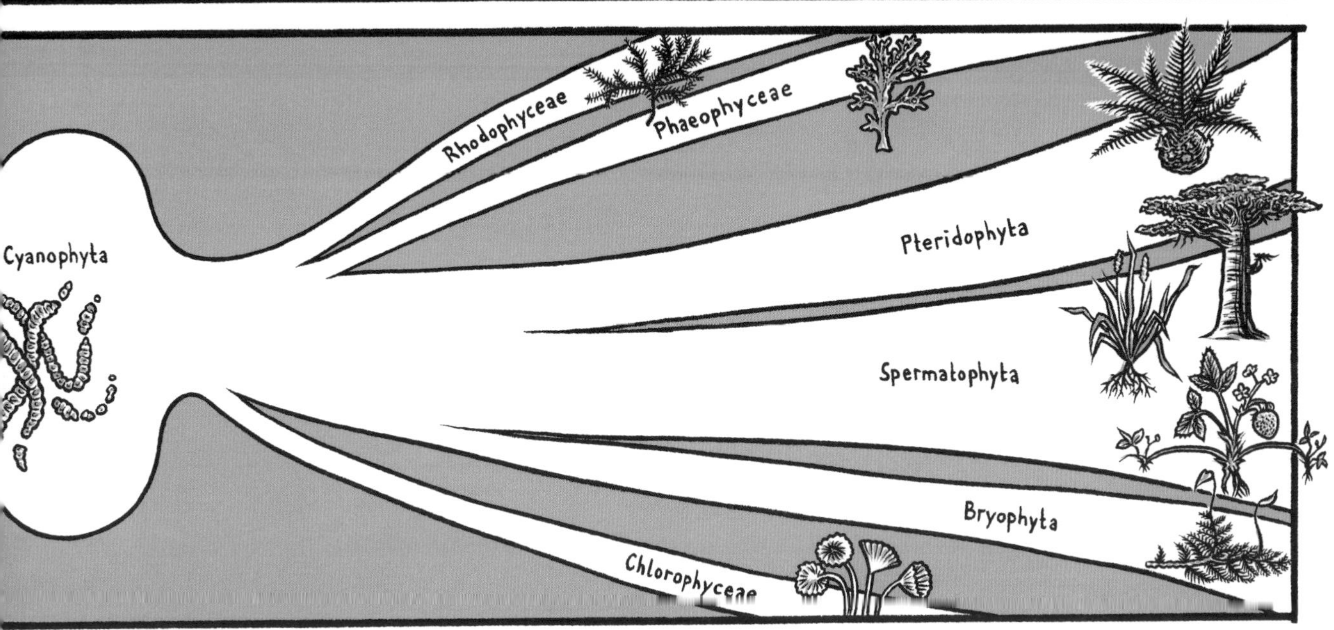

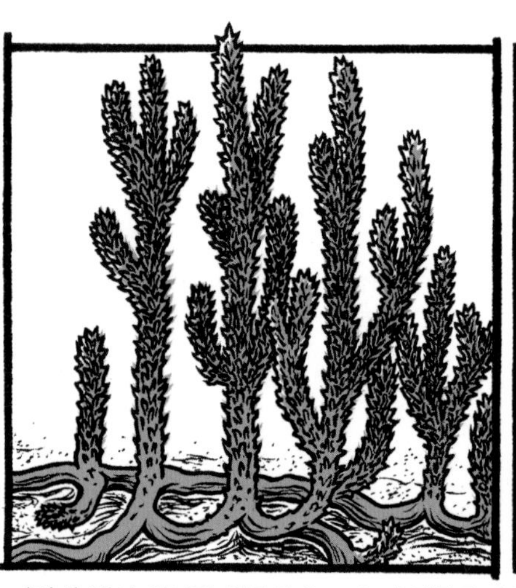

이렇게 해서 원시적 식물군은 고유의 생물공간을 구성하고, 그 생물공간은 이윽고 최초의 기묘한 방문자에 의해 점거 당한다.

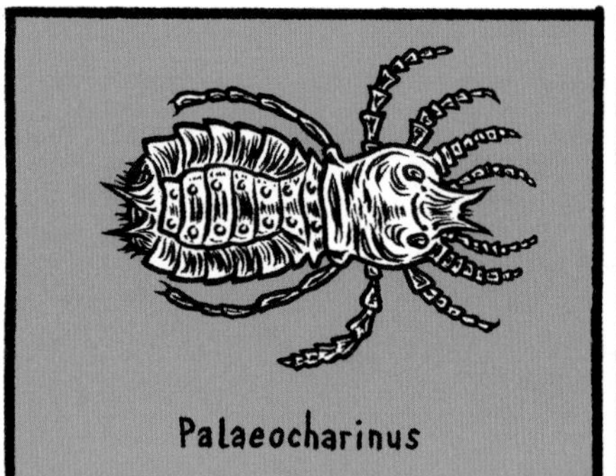

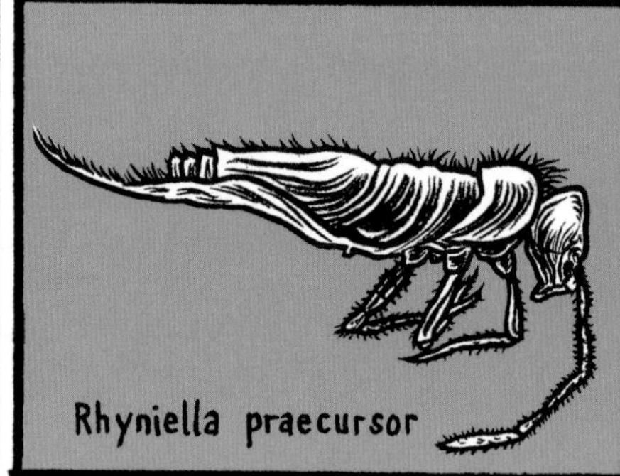

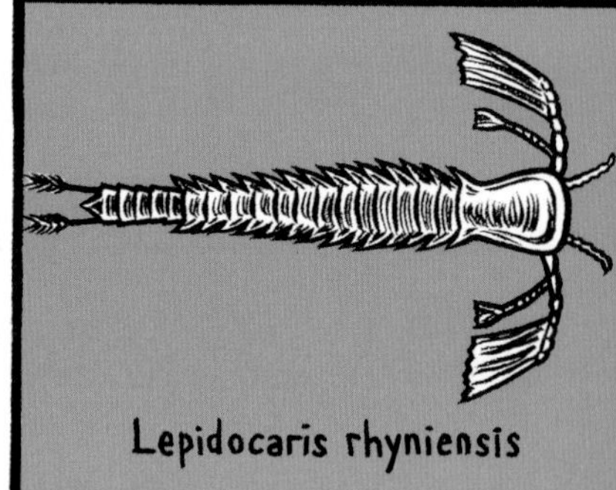

이러한 발전은 이후 지상과 수중에서 계속되고 실루리아기는 항쟁 없이 종료된다.

5.1.3 실루리아기 4억 4370만 년 전에서 4억 1600만 년 전

4억 3900만 년 전 **실루리아기**의 특징은 육지에 대해 바다가 주도권을 쥐고 있다. 기후는 기본적으로 덥고 습기가 많으며, 내륙에서는 때로 덥고 건조하다. 이 시대를 통해서 활발한 화산활동이 지각의 새로운 층과 광대한 광상을 형성한다. 미래의 아메리카와 북유럽에서 타코닉 조산운동에 의해 산이 형성된다. 아프리카에서는 얼음의 최후 흔적이 조금씩 사라져간다.

4억 3700만 년 전 몸길이가 5m나 되는 거대한 두족류가 먹이사슬의 정점에 있음에 반해, 진화의 기대를 품게 해주는 다른 갈래, 즉 척추동물의 갈래에서는 원시적인 어류가 출현한다.

4억 3300만 년 전 최초의 **프실로피톤**(원시적인 양치식물)이 이미 생물이 자리 잡고 있던 연안지대에 도달한다. 리그닌(수질소)과 셀룰로스(섬유소)가 견고한 줄기를 만드는 것을 가능하게 한다. 그 때까지는 수륙양생이었던 절족동물이 육상에 진출했음을 알 수 있는 최초의 동물이다.

4억 2600만 년 전 전갈과 다족류(지네, 노래기 등)와 함께 몇몇 동물목이 안전했던 수중으로부터 지속적으로 물 밖으로 나오고, 지상의 호흡에 익숙해지자, 최초로 진정한 육지의 주인이 된다. 원시적인 거미와 진드기, 톡토기와 일부 갑각류가 그 무리에 가세한다.

4억 2200만 년 전 실루리아기 후기에 턱을 가진 최초의 어류가 등장한다. 두족류 중에서는 나선형으로 말려들어가는 껍질을 가진 **앵무조개**(암모나이트의 조상)가 절정기를 맞는다. 더운 지역의 바다에서는 동물과 다양한 산호의 수가 급속히 늘어난다. 그들은 대량의 이산화탄소를 고착시키고, 2500km가까이나 넓어진 적도 있는 광대한 석탄광상을 만들어낸다.

4억 1900만 년 전 로렌시아, 발티카, 시베리아 대륙의 플레이트가 북쪽 원시대륙 로라시아에 서서히 다가온다.

4억 1600만 년 전 실루리아기의 끝 무렵, 바다가 후퇴하고 얕은 바다지역이 육지가 된다. 식물의 침입이 일어나고, 최초의 프실로피톤과 포자식물이 발달한다. 원래는 잎을 달고 있지 않지만, 이윽고 잎을 연상시키는 작은 어린 가지를 갖추게 된다. 원시적인 고사리와 석송류가 발달하고 최초의 늪지대가 출현한다.

< 고생대 >

데본기

생존경쟁의 주요한 무대는 여전히 수중에 있고, 생물이 차지하는 다양한 지위는 강화된다.

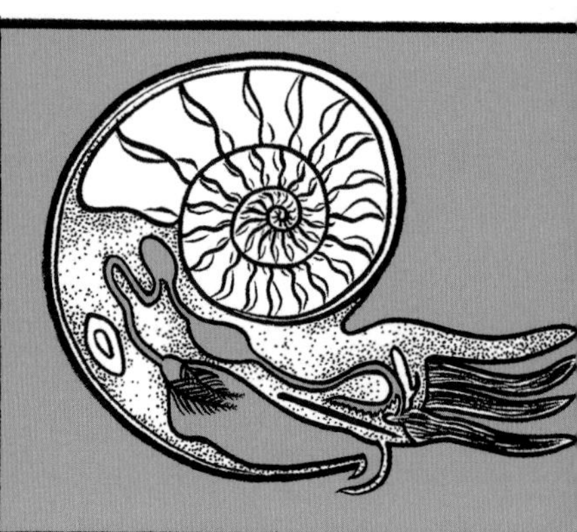

멸종하기까지 **시준화석**을 담당하는 두족류는 차츰 큰 「**아몬의 뿔**(암모나이트)」를 장착한다.

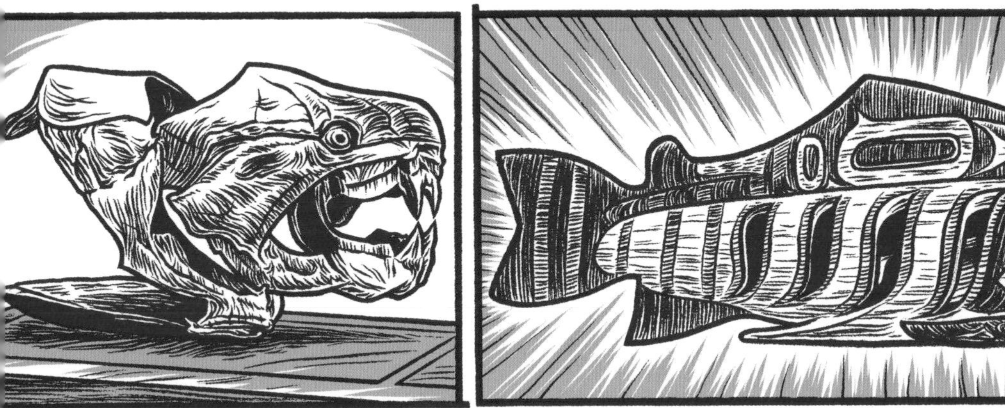

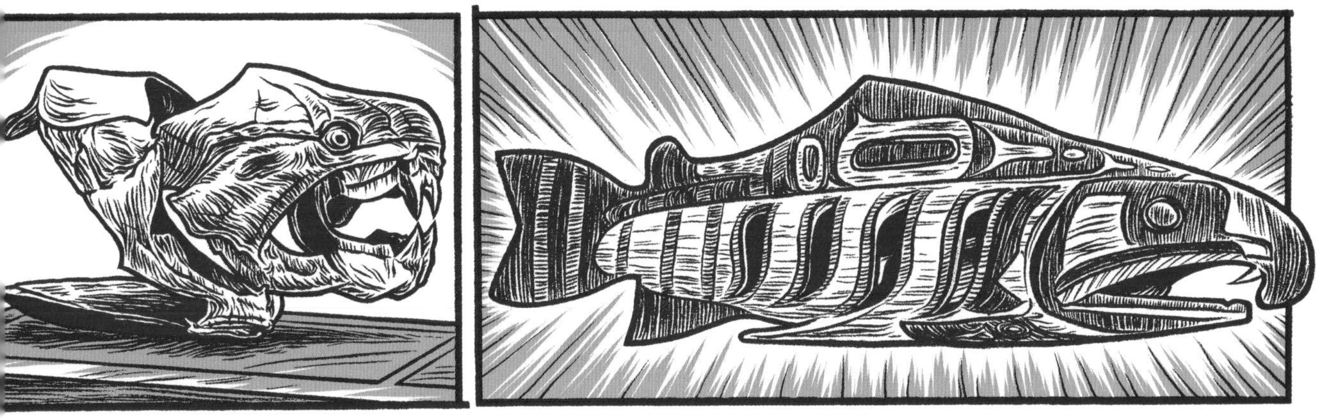

육식어류는 거대한 치아, 보호판, 길이 10m에 이르는 몸뚱이로 대응한다.

큰 존재는 바다의 요새와 닮았지만, 머지않아 직접 이웃과 경쟁해야만 한다.

최초의 상어가 데본기 후기에 출현한다…

…그리고 바다의 가장 유능한 포식자가 된다.

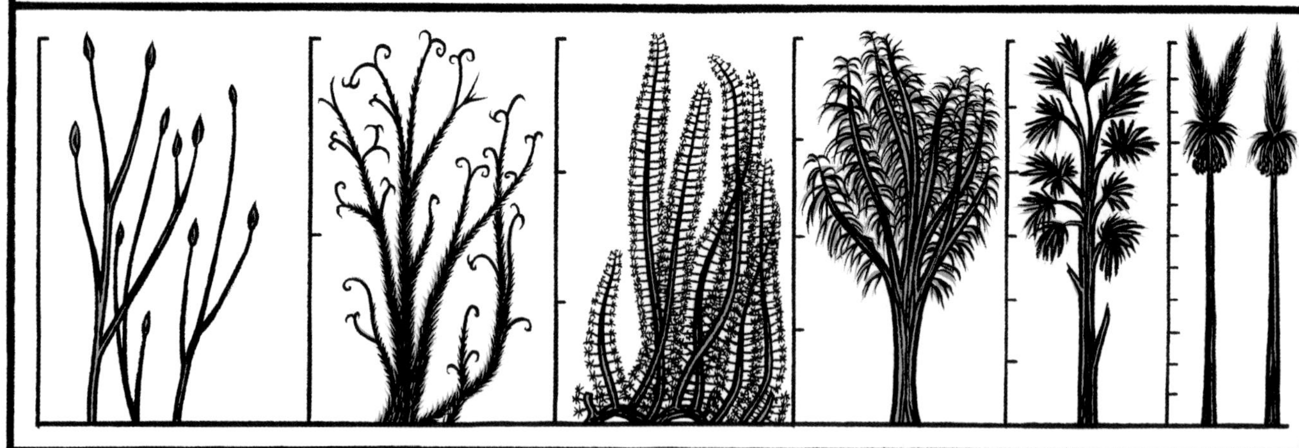

육상에서는 식물의 형태가 점점 다양화되고, 태양의 은총을 쟁탈한다.

속새가 고생대 식물군을 대표한다. 석송류와 고사리가 이윽고 합류한다.

연안지대의 더운 늪지는 육생식물뿐만 아니라 새로운 주인의 실험장이기도 하다.

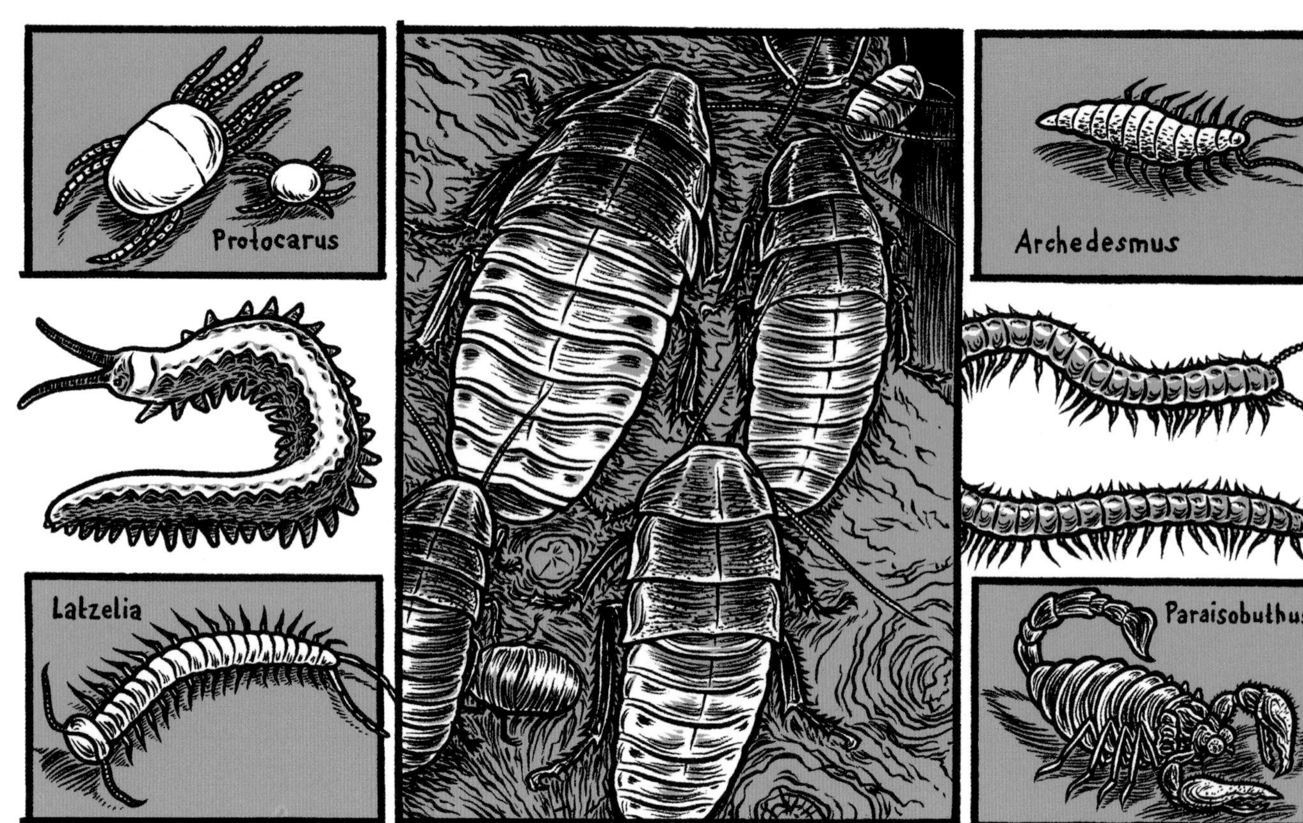

키틴질로 이루어진 등딱지가 최상의 보호구가 되고, 점점 많은 곤충이 지상을 점령한다…

… 이윽고 근육질로 된 지느러미의 도움을 받아 적이나 다른 위협으로부터 도망치는 최초의 어류가 나타난다.

이 진화의 가장 유명한 예는 약 4억 년이나 살아남은 **실러캔스**이다.

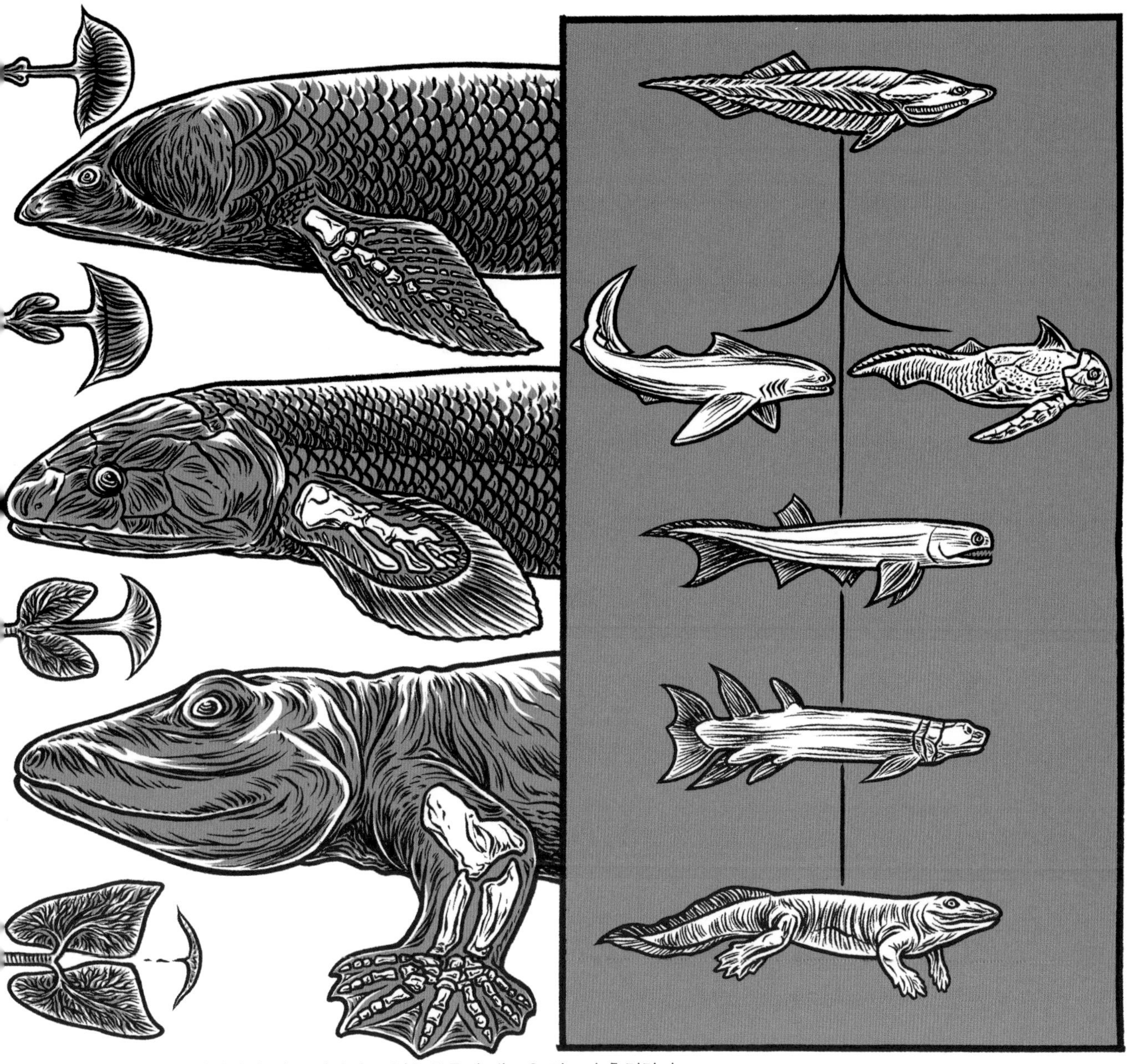

지느러미가 다리로, 아가미가 폐로 변화하고 척추동물의 새로운 강綱이 출현한다.

육생동물의 선구자이며 육지의 안쪽까지 침입한 최초의 척추동물인 양서류.

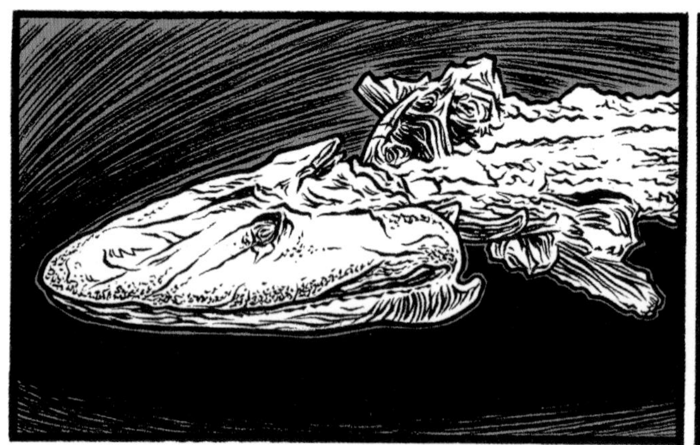

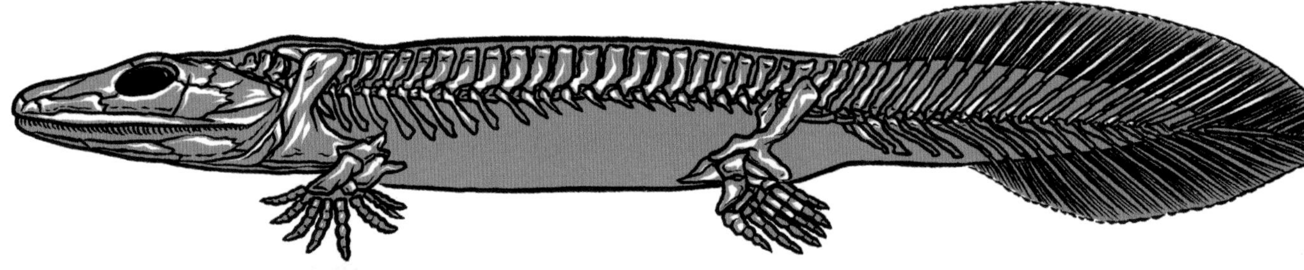

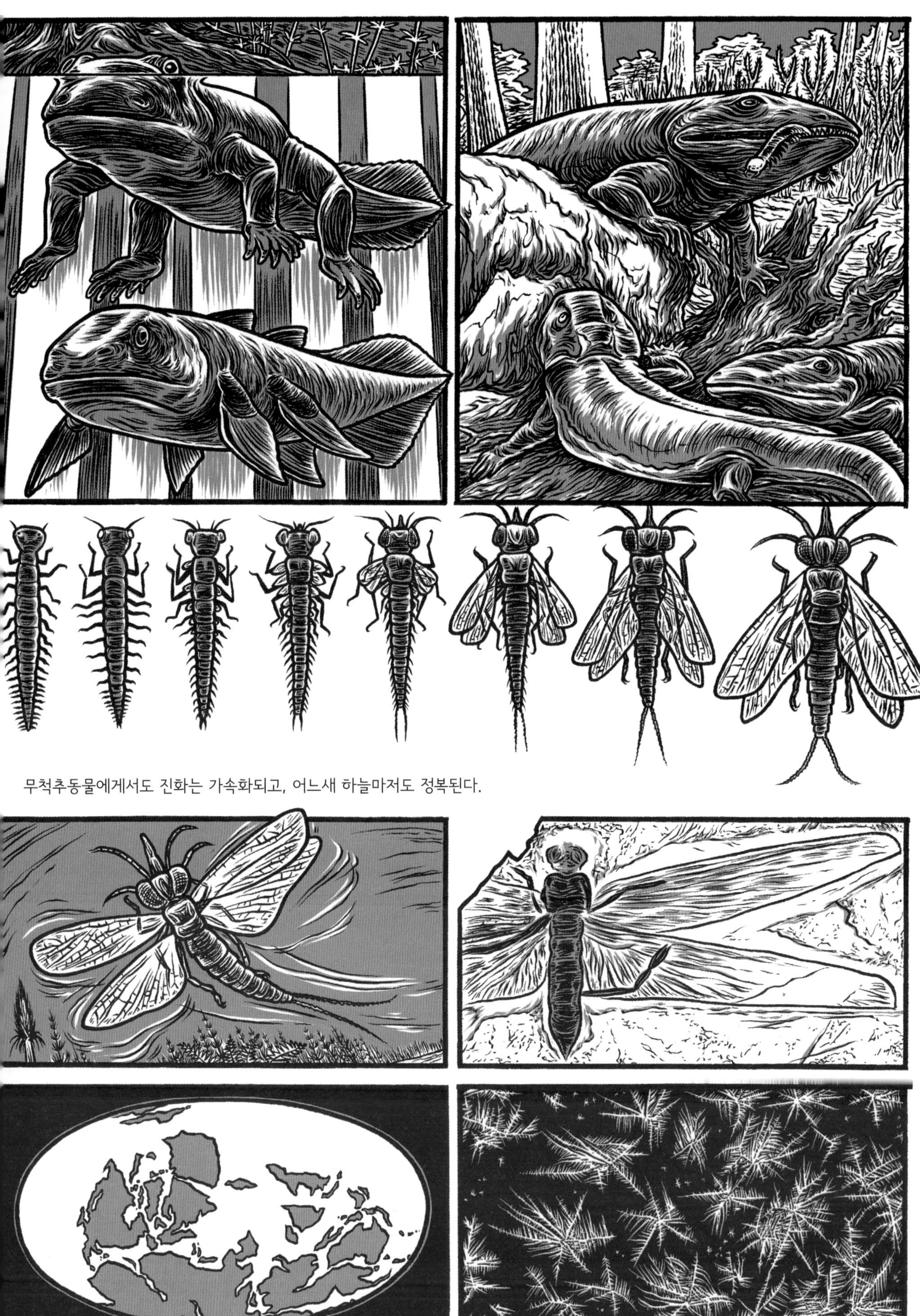

무척추동물에게서도 진화는 가속화되고, 어느새 하늘마저도 정복된다.

그러나 그 전에 곤드와나가 새로이 남극을 향해 이동하고 얼어붙어, 중간 정도의 절멸이 발생한다.

5.1.4 **데본기** 4억 1600만 년 전에서 3억 5920만 년 전

4억 1600만 년 전 **데본기**는 어류의 시대라고 여겨지고 있다 --- 원시적인 **무악류**는 확실히 사라져가지만, 특히 무장이 잘 되어 있는 강綱(판피류 같은)은 대발전을 이룬다. 이 종족으로부터 최초의 **연골어류**(상어와 가오리의 조상)와 **조기류** - 최초의「진정한」어류의 조상- 가 탄생한다.

4억 1200만 년 전 칼레도니아 조산운동의 결과, 곤드와나와 쌍벽을 이루는 **로라시아 대륙**이 형성되고, 그것은 후에 북아메리카와 그린란드와 유라시아 북부를 만들어낸다.

4억 900만 년 전 두족류에 속하는 앵무조개는 최초의 **암모나이트**를 탄생시키고, 그것은 이어지는 3억 년간 시준화석이 된다. 암초군집은 발달을 계속하여 더욱 당당한 건조물을 구축한다.

4억 300만 년 전 어류 사이에서, 다리와 닮은 지느러미 2쌍(다섯개의 손가락을 가진)을 지닌 **실러캔스**와 같은 형태는 상위에 있는 척추동물로 진행하는 과도적인 역할을 담당하고 있다. 연골어강에서는 가시가 있는 상어가 절정을 달리고 있다.

3억 9100만 년 전 속새류와 석송류의 다양한 형태 외에, **프실로피톤**이 출현한다. 최초의 수목은 이미 높이가 수m에 달하고, 단순한 삼림의 생태계를 형성하고 있다.

3억 7400만 년 전 이동과 호흡의 적응에 성공한 최초의 양서류가 육지로 올라온다. 이미 이 시대 초, 육상은 날개 없는 곤충에 의해 정복당해 있다.

3억 6200만 년 전 곤드와나가 다시 남극을 통과하고, 서서히 얼음에 뒤덮인다. 새로운 빙하기가 수백 만 년 간 대륙의 대부분을 덮어버리고, 동물군과 식물군을 파괴하여 열대의 암초군집을 붕괴시킨다.

석탄기

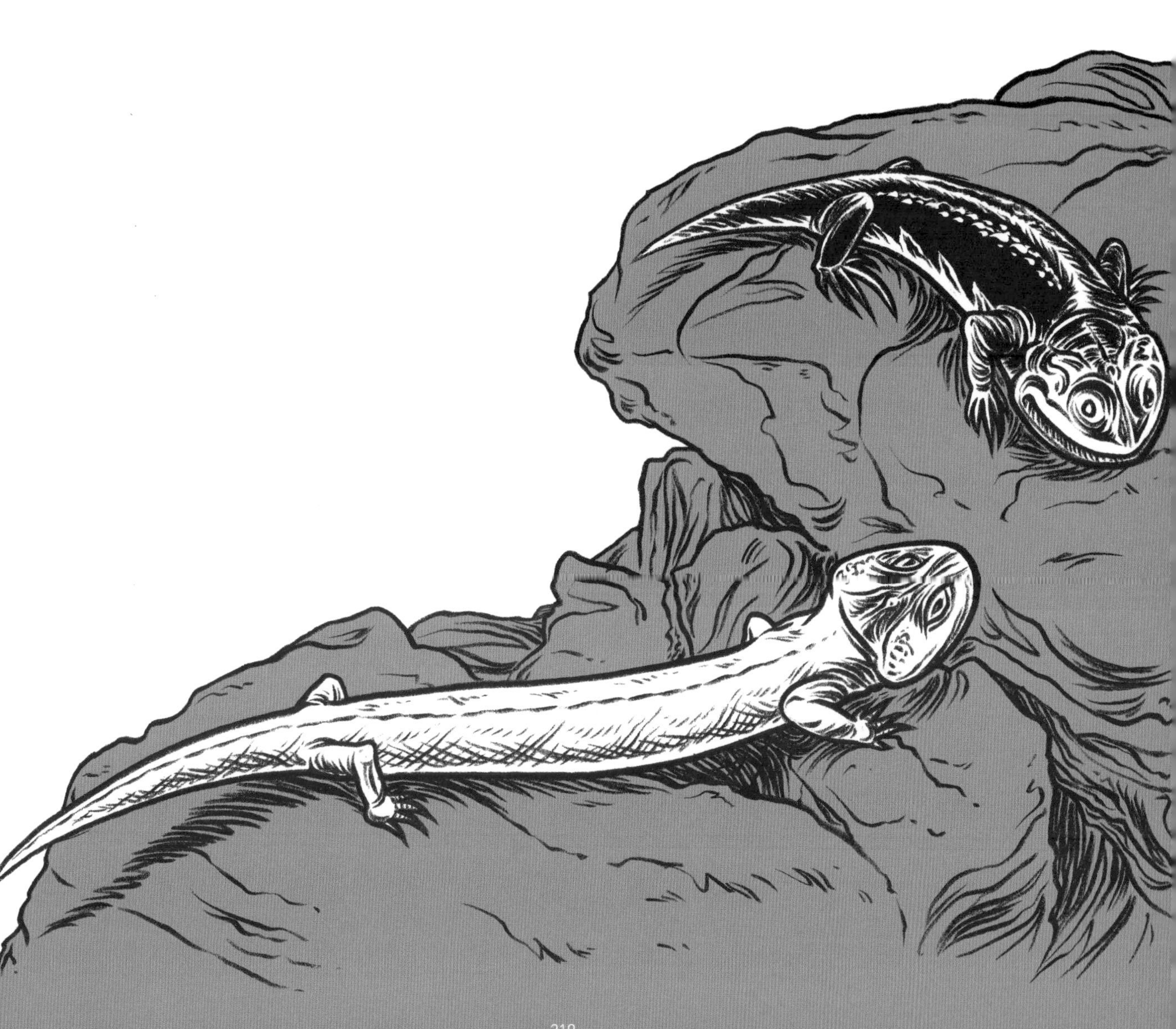

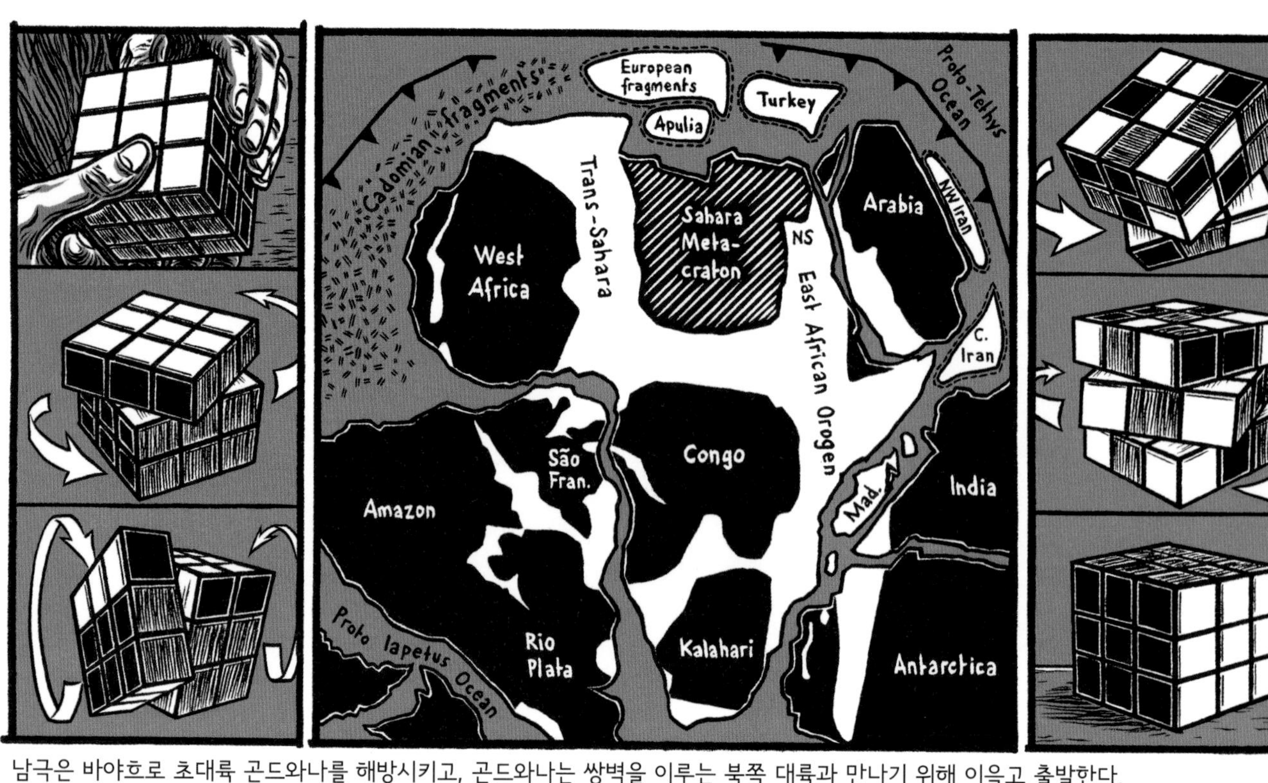

남극은 바야흐로 초대륙 곤드와나를 해방시키고, 곤드와나는 쌍벽을 이루는 북쪽 대륙과 만나기 위해 이윽고 출발한다.

바다수면은 상승하고, 지구는 땀을 흘리고 온실 같은 기후는 지구 전체에 광대한 삼림을 성장시킨다.

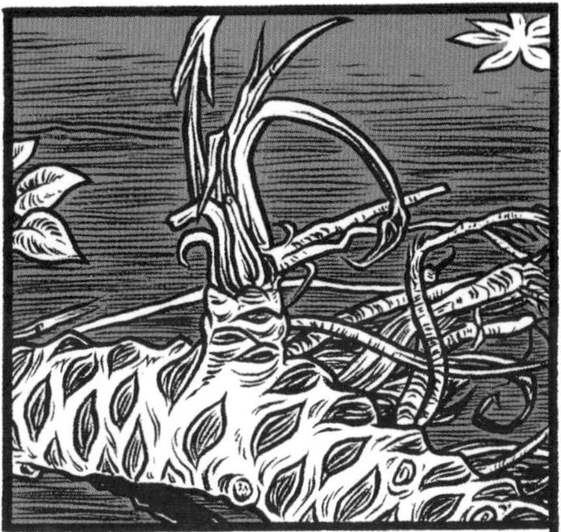

2000만 년에 걸쳐 유기폐기물의 두꺼운 층이 형성되고, 대량의 탄소가 고착된다.

특히 장래의 북아메리카와 유라시아에서 풍부한 화석연료가 축적된다.

풍부한 식물이 호흡하면서 이산화탄소를 분해하므로, 대기 중의 산소농도는 2배가 된다.

이 식물의 낙원에 동물이 없을 리 없다. ---- 지상, 공중, 수중의 거주가 가능한 모든 곳에 동물이 넘쳐난다.

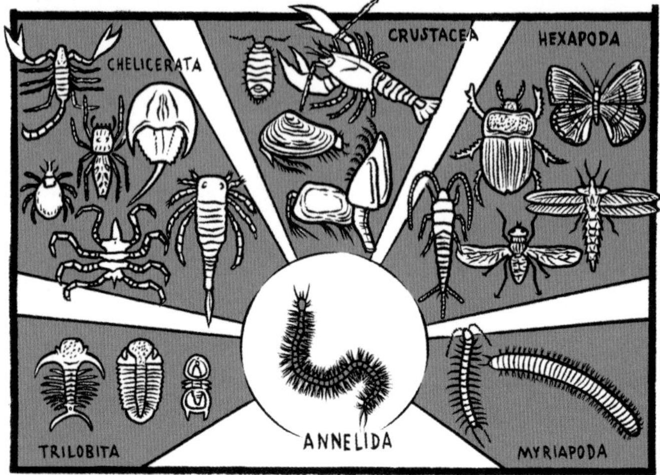

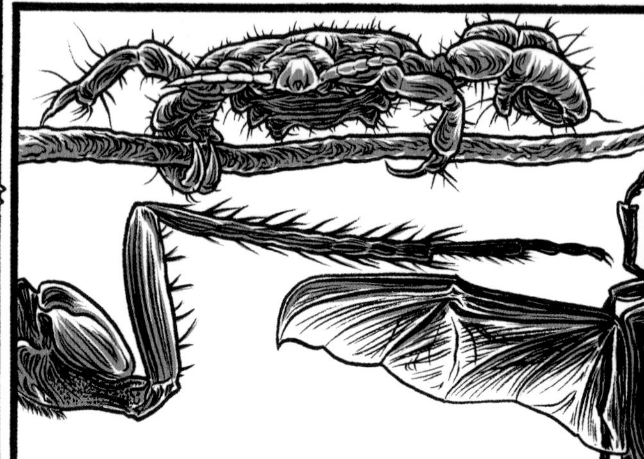

셀 수 없을 정도의 절족동물이 살아가고, 이동수단을 끊임없이 개선한다.

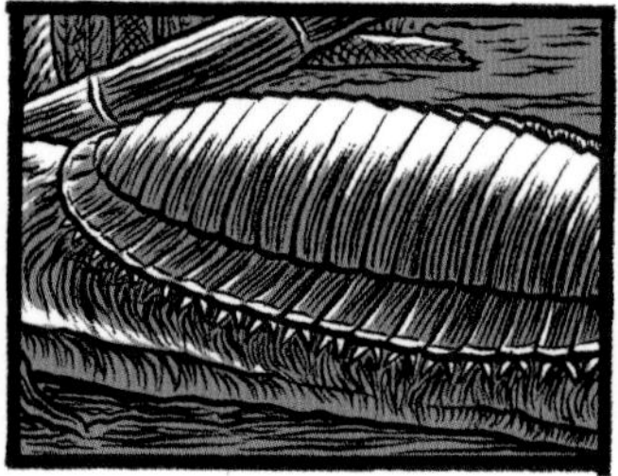

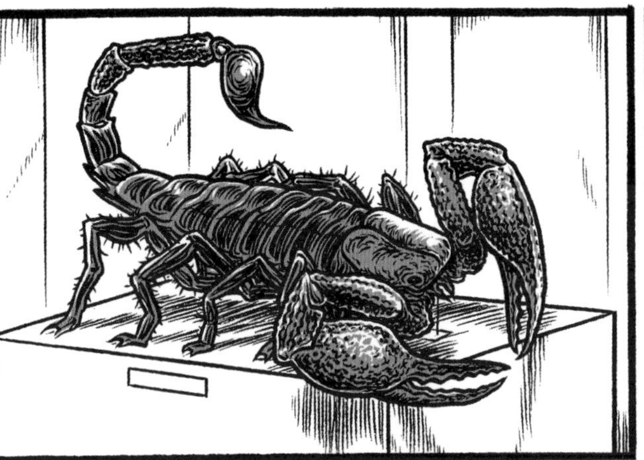

그 동안에, 가장 발달한 사지동물은 육상생활에서의 완전한 적응을 향해 또 다시 한 발짝 내딛는다.

뼈와 근육의 계통이 계속 최적화된다.

이윽고 사냥하는 최초의 **도마뱀류**의 모습이 보인다.

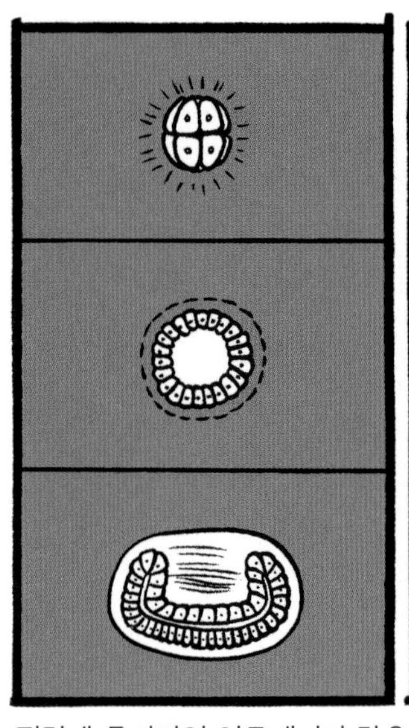

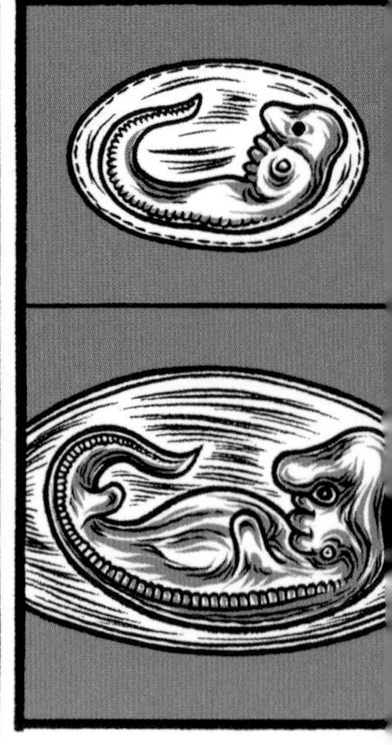

껍질에 둘러싸인 인큐베이터 같은 알이 도마뱀류를 물속의 환경에서 자유로운 최초의 척추동물로 만든다.

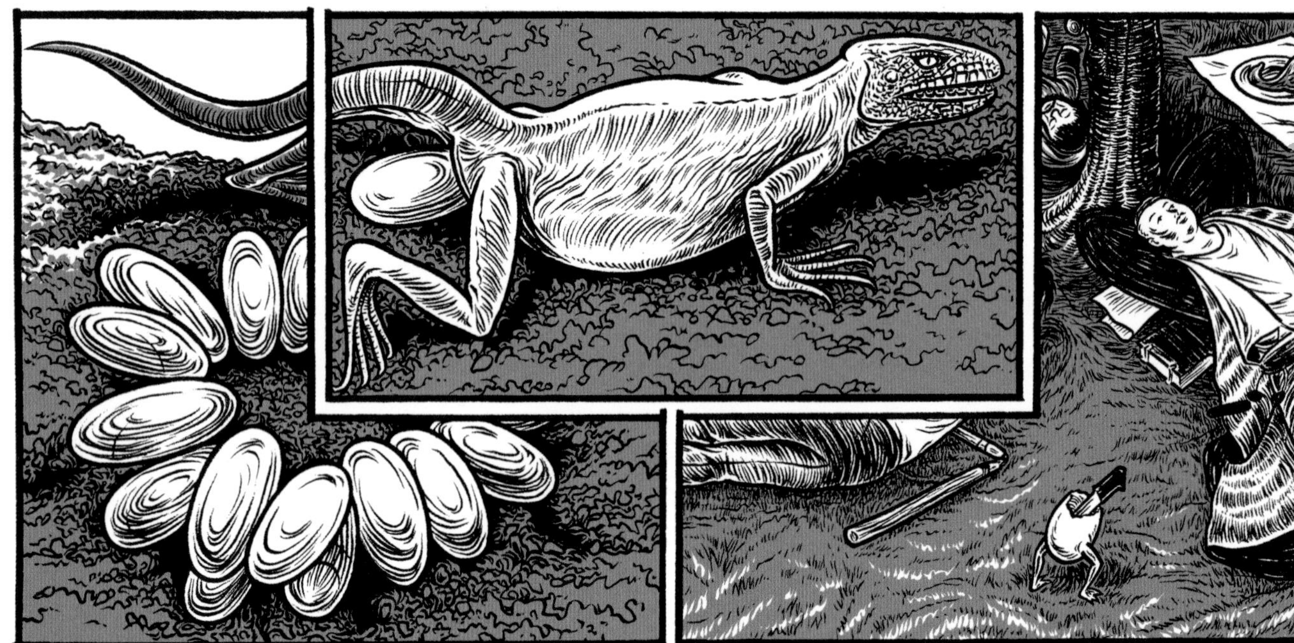

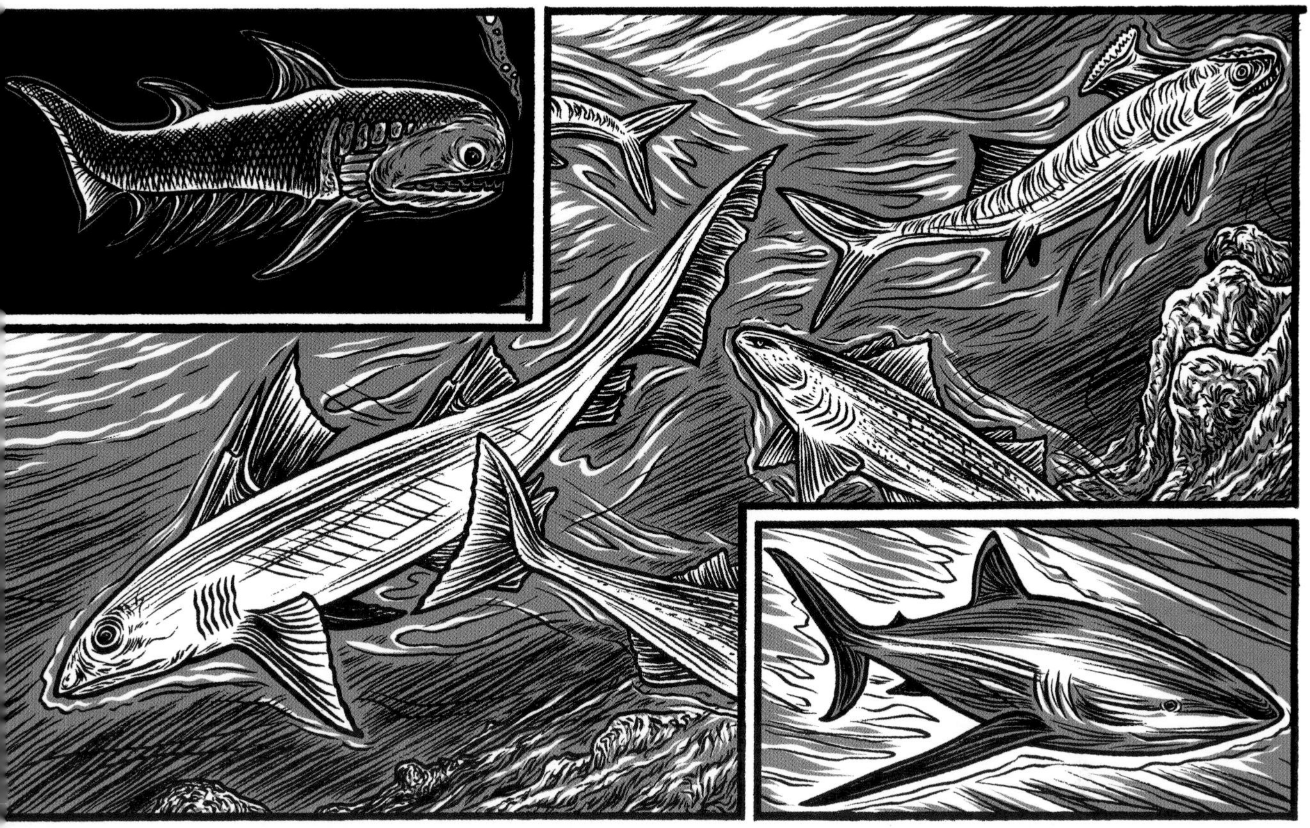

그 동안 물속에서는 심각한 라이벌 없이 기능하는 상어의 유체역학적 형태가 선명해진다.

가장 날씬한 모습의 종種이 바다에서 벗어나 담수淡水까지 점점 멀리 진출한다.

그러나 지구는 새롭게 변모한다.

올림푸스와 하데스를 깨어나게 한다.

시대는 대량멸망에 의해 종말을 고한다.

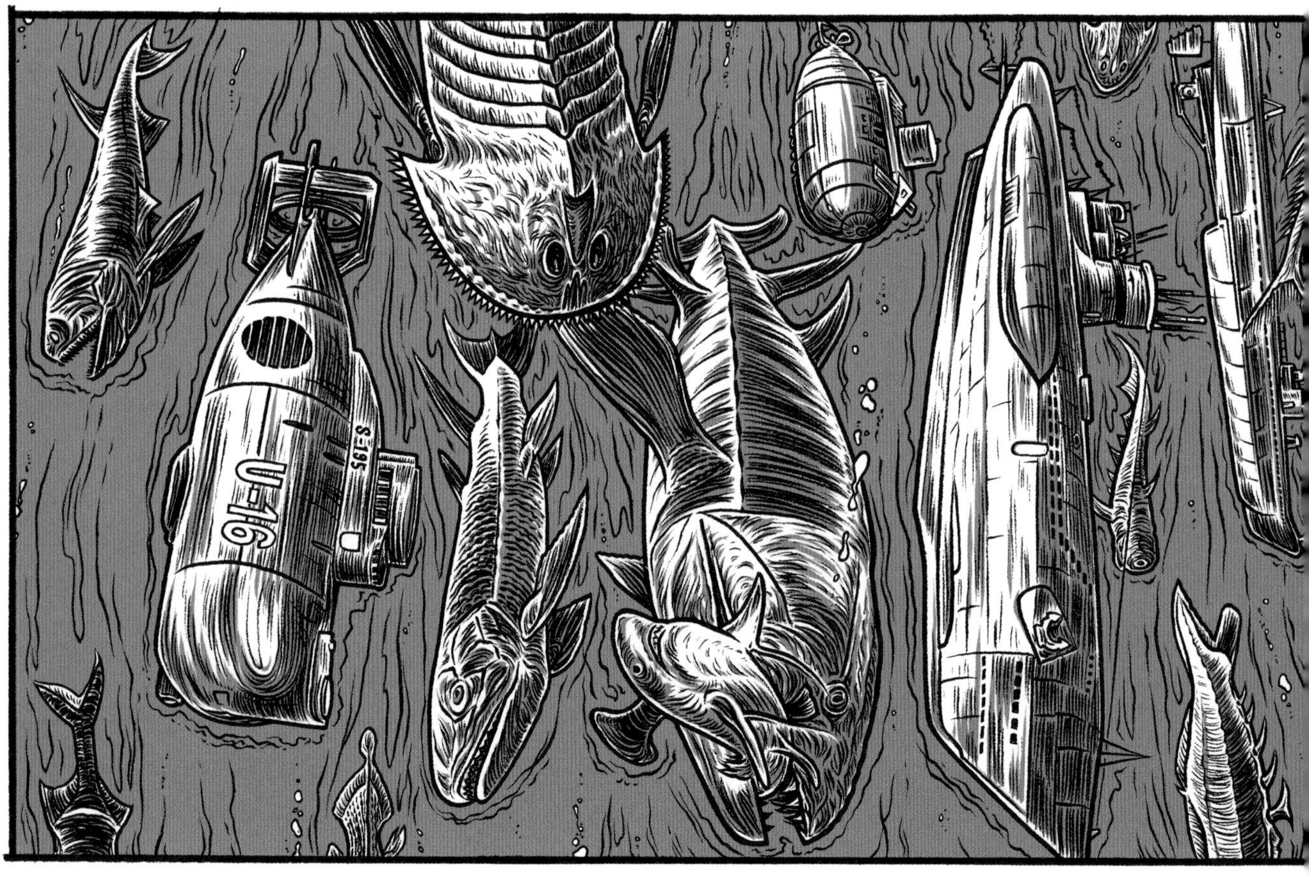

소택림의 무성한 생물공간에서 보여 지듯 적응할 수 없는 종은 소멸된다.

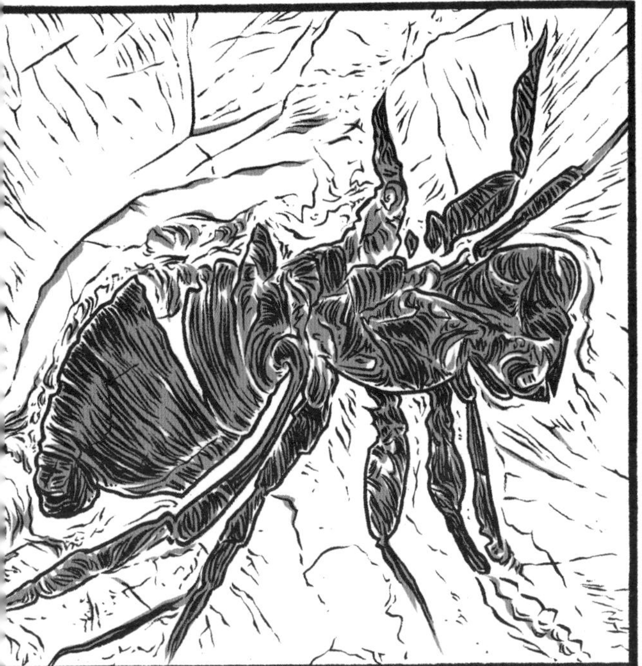

퇴적암 속에 갇혀 버린 화석이 남고,

인시림의 두터운 지층이 석탄으로 변한다.

5.1.5 석탄기 3억 5920만 년에서 2억 9900만 년 전

3억 5700만 년 전 곤드와나가 남극에서 멀리 이동하고 얼음이 녹아서, 바다수면은 현저히 올라간다. 지구 전체 기후는 서서히 더 습해지고, 초기에는 더 더워진다.

3억 4400만 년 전 데본기에 형성된 북쪽 대륙 로라시아는 차츰 남쪽 대륙에 근접해온다. 그 때까지 남극 주변을 회전하고 있던 남쪽 대륙은 이제는 북쪽을 향해 이동한다. 그래서 다음 시대까지 이어지는 **헤르시니아 조산운동**과 두 개의 초대륙의 접합이 시작된다.

3억 4200만 년 전 석탄기는 **양서류의 시대**가 된다. 몸길이가 3m에 달하는 것도 있다. 등딱지를 지닌 거대한 종의 번성으로 사상 최대의 육생동물의 지위를 누린다. 이 종족의 하나의 갈래가 이윽고 최초의 파충류를 탄생시킨다.

3억 2300만 년 전 높이 50m에까지 달하기도 하는 석송, **레티도덴드론**(인목), **시길라리아**(봉인목)로 구성된 광대한 소택림이 높이 수km나 되는 막대한 석탄축적을 형성한다. 이것이 이 시대를 석탄기라고 명칭한 이유이다.

3억 1100만 년 전 비상하는 곤충 중에서 **최초의 잠자리**가 등장했는데, 그 중에는 날개 폭이 75cm나 되는 거대한 잠자리도 있다. 다족류도 점차 커다란 종으로 발달시키고, 가장 큰 것은 몸길이 2m이상이나 되는 것도 있다.

3억 800만 년 전 데본기에는 지구대기의 산소농도가 15%에 지나지 않았지만 그 후 대량의 식물 덕택에 산소농도는 35%에 달한다. 점점 세련된 생물공간이 다양한 상호의존과 복잡한 식물연쇄와 함께 출현한다.

3억 700만 년 전 신진대사와 생식의 변화, 특히 알의 발달 덕분에 직접 선조가 여전히 양서류인 최초의 파충류적 사지동물이 물속의 환경으로부터 완전히 독립한다. 이들은 이후 건조한 내륙을 정복하기 위해 발을 내딛는다.

3억 300만 년 전 석탄기 후기에는 운석의 충돌과 화산활동의 영향으로 지구 전체의 평균기온이 매우 낮아진다. 극관과 빙하의 양이 다시금 현저히 늘어감에 따라 바다수면이 상당히 낮아진다. 동식물의 대부분의 종은 이러한 근본적인 변화에 저항할 수 없게 된다. 석탄기의 끝과 함께 특히 광대한 열대림이 소멸한다.

페름기

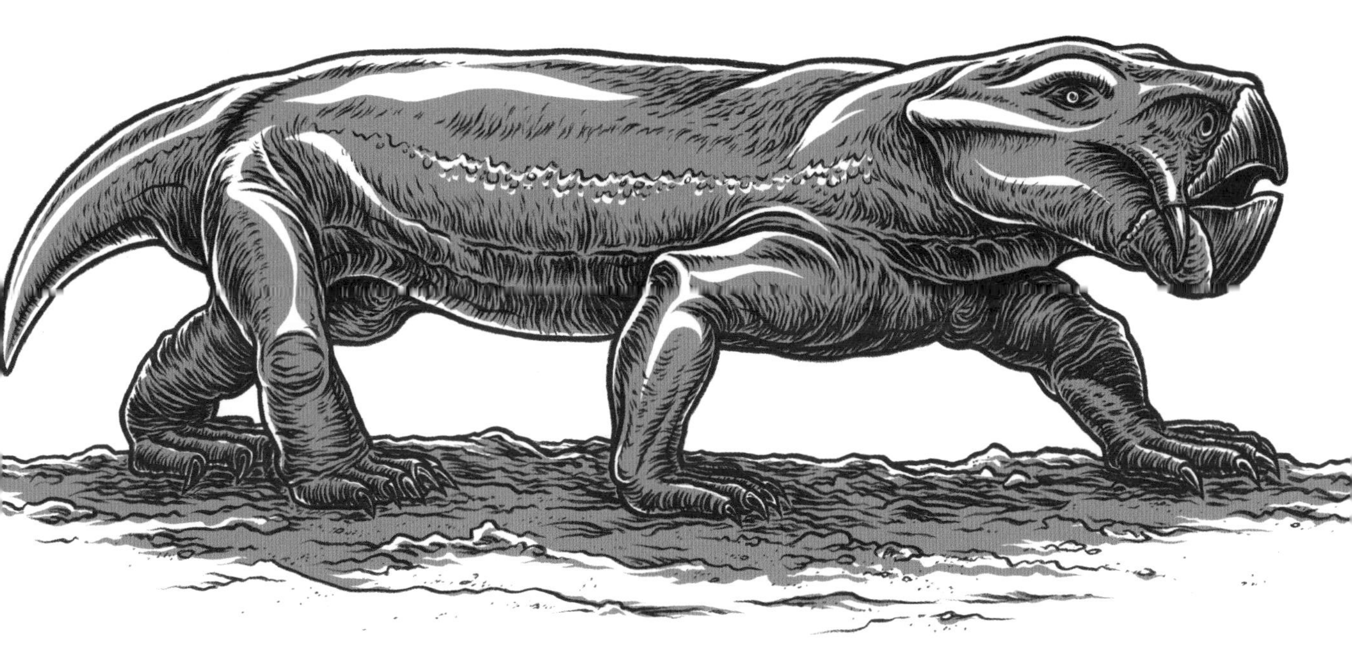

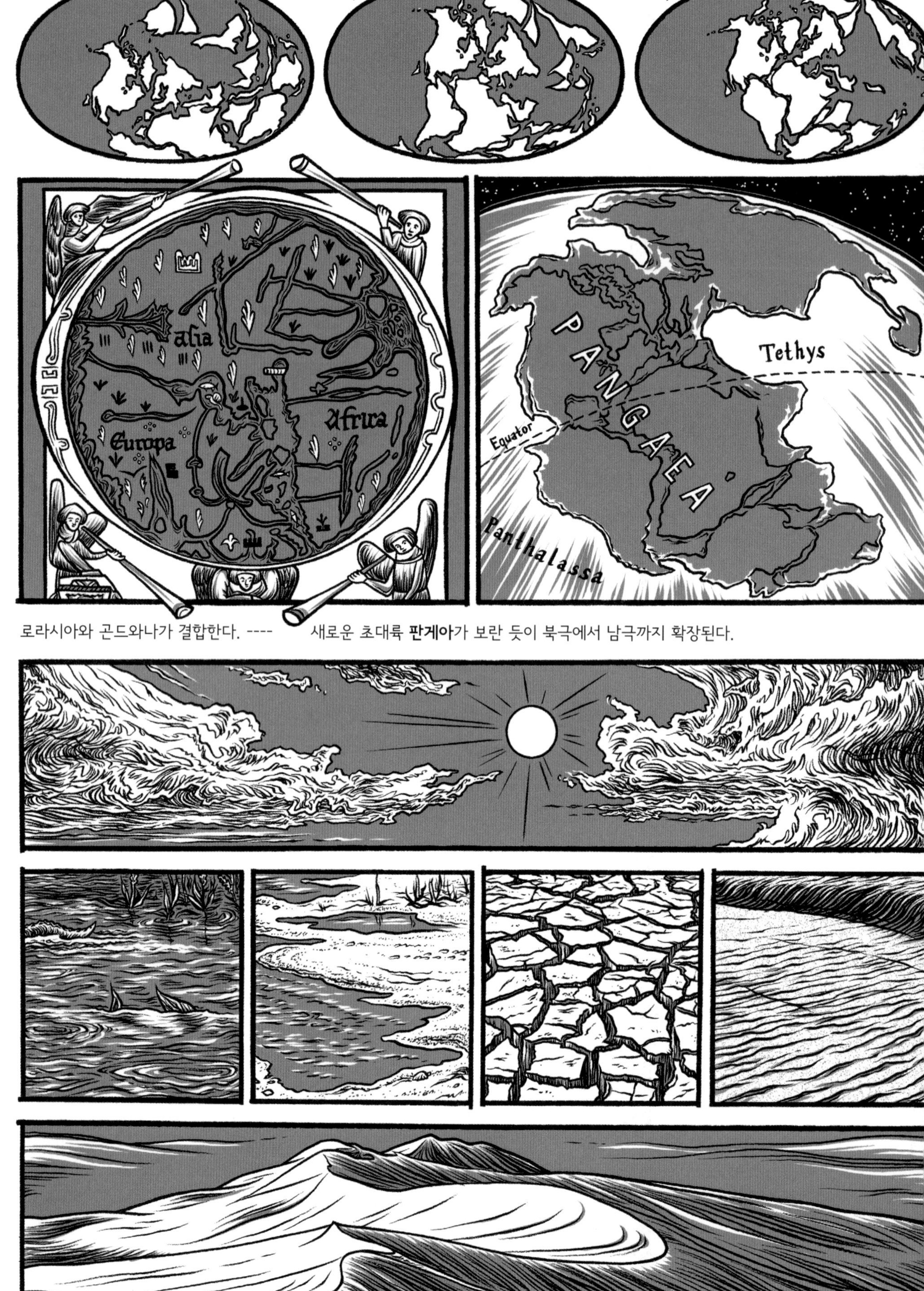

빗물이 이제는 이 광대한 대지의 내륙까지 거의 도달하지 못하고 사막이 그곳에 발달한다.

SILUR
Lycopodiatae
Equisetatae
Filicatae
Ginkgoatae
Pinatae
Cordaitidae
Glossopteridae
Pteridospermae
Progymnospermospermae
Psilophytatae
1 Cycadatae
2 Lyginopteridatae
선선하고 건조한 기후가 정착하고, 저마다 살아남기 위한 전략을 발전시킨다. 최초의 **구과식물**이나 **은행나무**와 같은 겉씨식물이 등장하고, 곤충의 번식은 유충기를 지나게 된다.

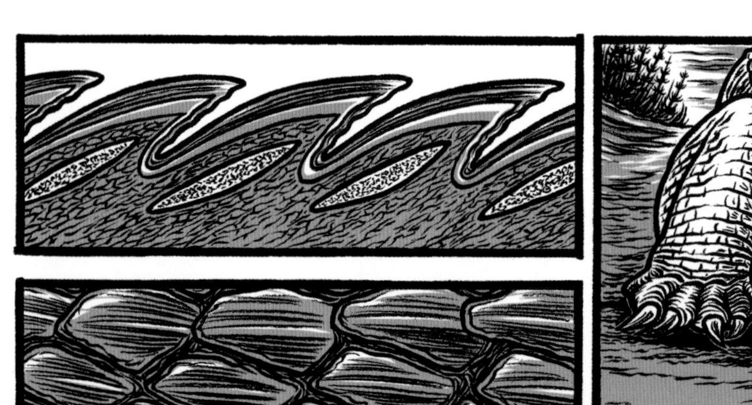

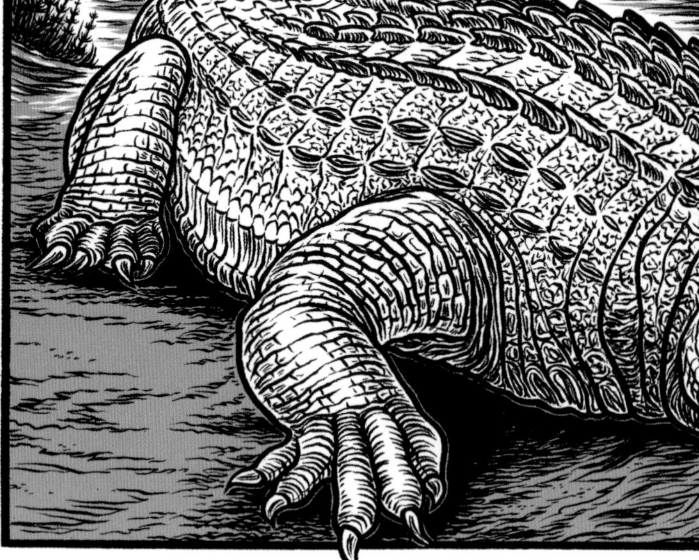

도마뱀류는 비늘모양 코트를 몸에 걸치고, 난각●을 단단하게 하여 이 변화에 대항한다.

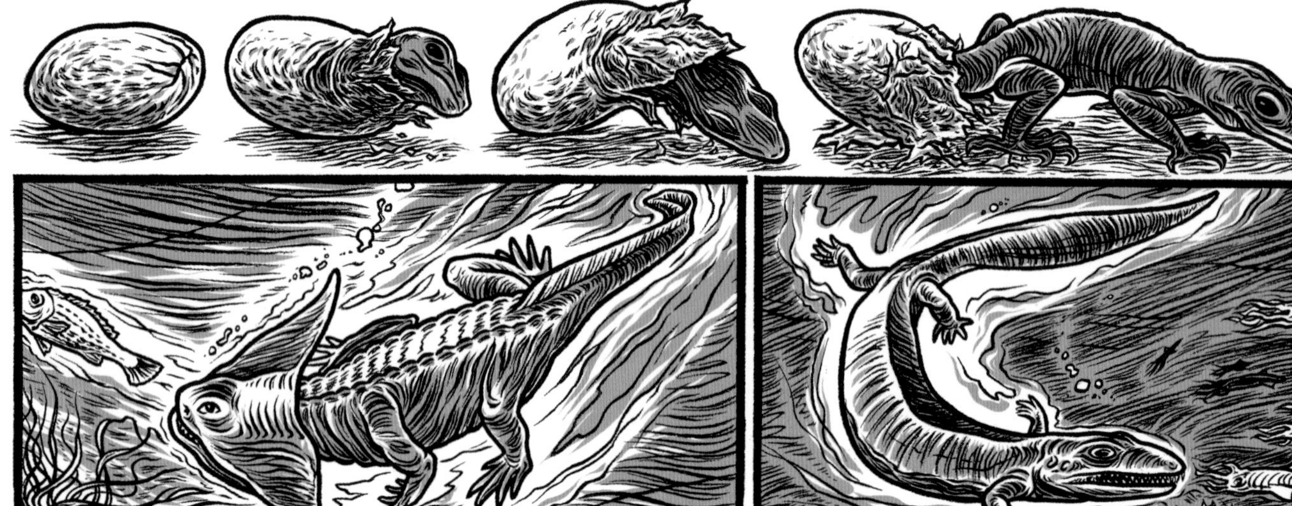

그 대신 습한 생물공간에서는 양서류가 거대한 대표자를 등장시켜 새로운 비약을 이룬다.

● 난각 : 알의 보호를 위하여 알의 가장 바깥쪽 단단하게 된 껍데기

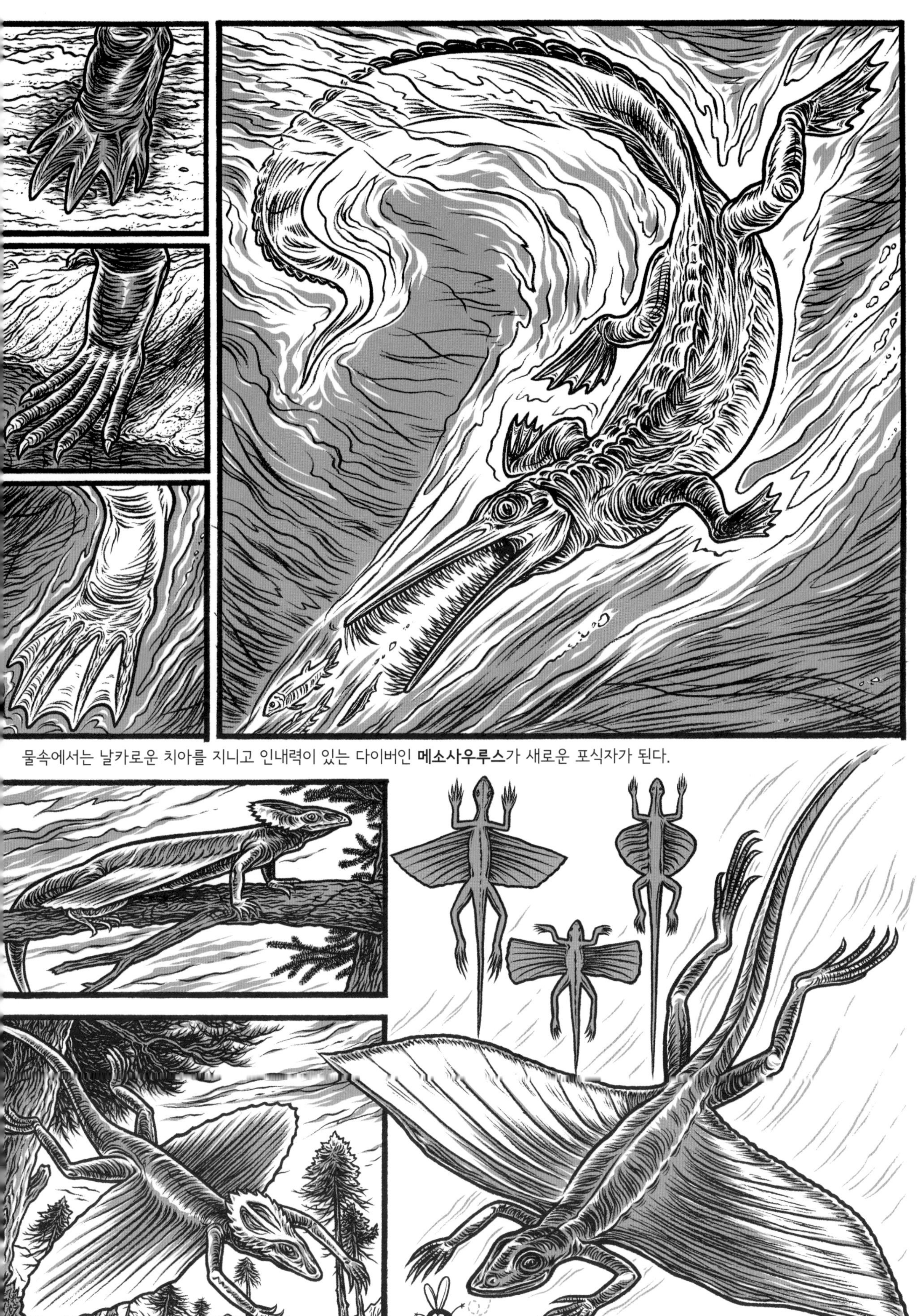

물속에서는 날카로운 치아를 지니고 인내력이 있는 다이버인 **메소사우루스**가 새로운 포식자가 된다.

… 그에 반해 나무들 사이에서 생활하는 몇몇 도마뱀류는 이제까지 곤충의 독무대였던 공중으로 날아오른다.

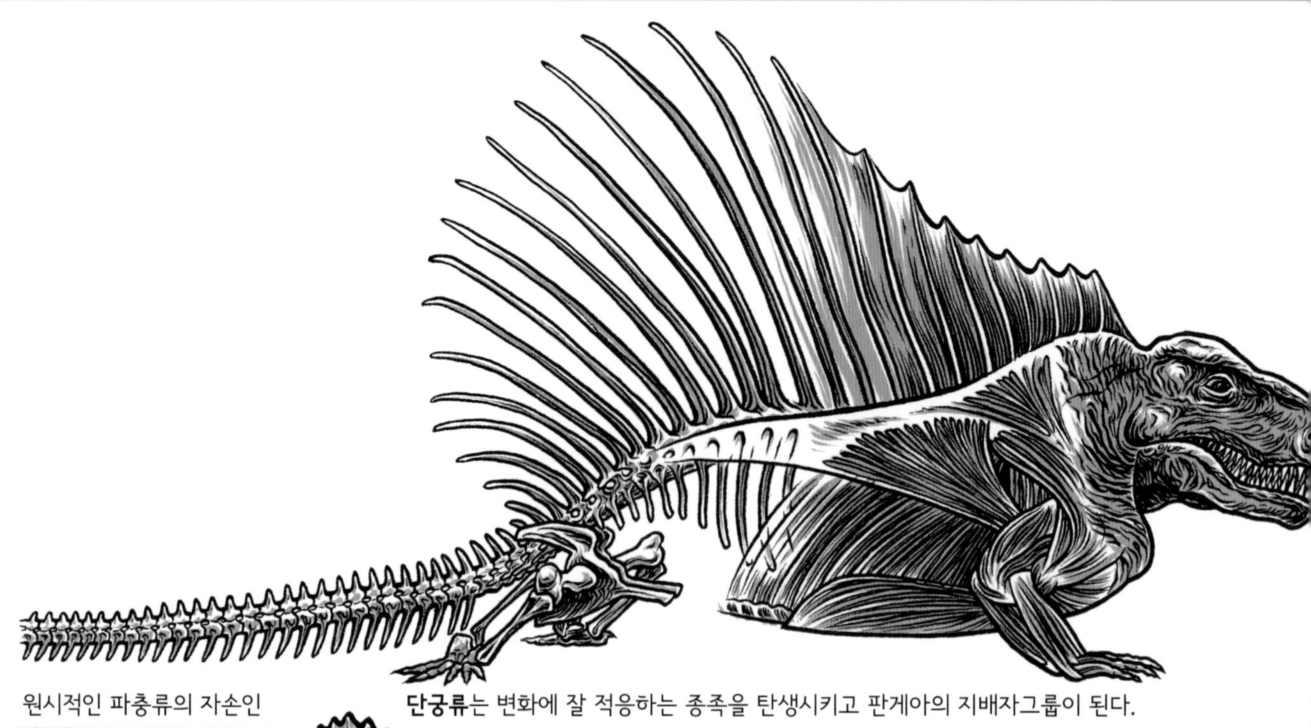

원시적인 파충류의 자손인 **단궁류**는 변화에 잘 적응하는 종족을 탄생시키고 판게아의 지배자그룹이 된다.

그들은 일정한 체온을 유지하는 최초의 동물이며, 변화무쌍한 기후에 견딜 수 있게 된다.

그들은 서투른 초식동물도 민첩한 육식동물도 탄생시키어, 전도유망한 생활양식의 본보기를 보인다.

그 중에서 가장 진화한 수궁류는 어느새 파충류가 아니라 오히려 포유류에 가까워져 있다.

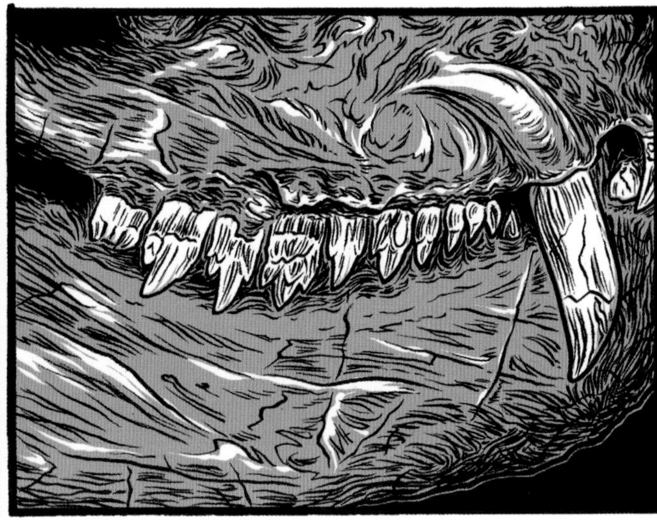

그 자손 중의 **키노돈트류**는 포유류의 내적과 외적 특징을 다수 포함하고 있다…

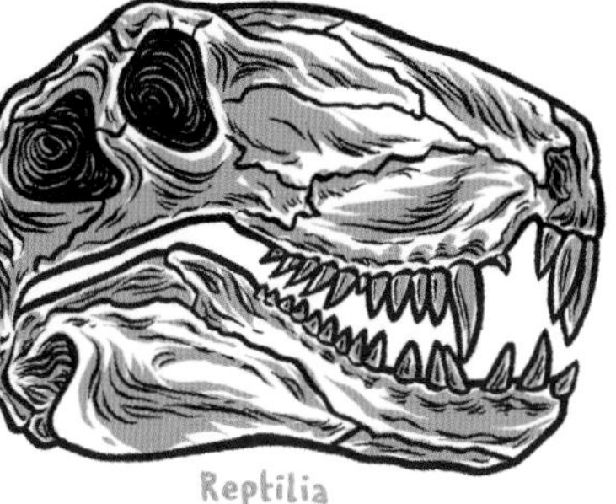

Reptilia

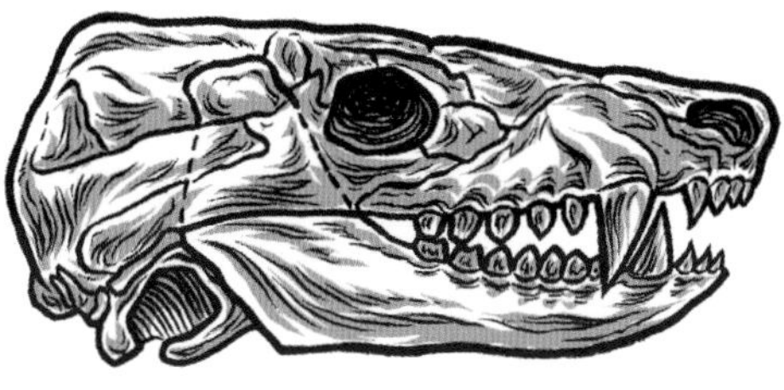

Cynodontia

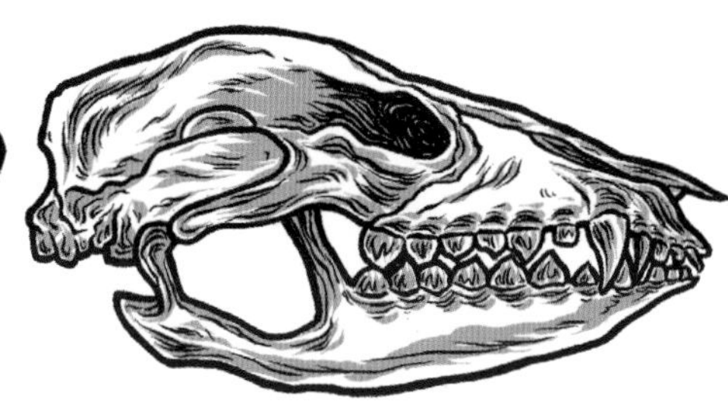

Mammalia

그러나 이러한 발전은 생각지 못한 결과를 맞이한다. 사상최대의 격변이 생겨났기 때문이다.

초거대화산의 시한폭탄이 폭발한다 ---
수백 만 평방km에 이르는 시베리아는 용암류에 뒤덮이고, 수만 톤의 돌과 재가 공중으로 내뿜어진다.

생물권은 완전히 교란되고, 고생대는 종의 결정적인 멸망의 파도에 휩쓸려 종말을 고한다.

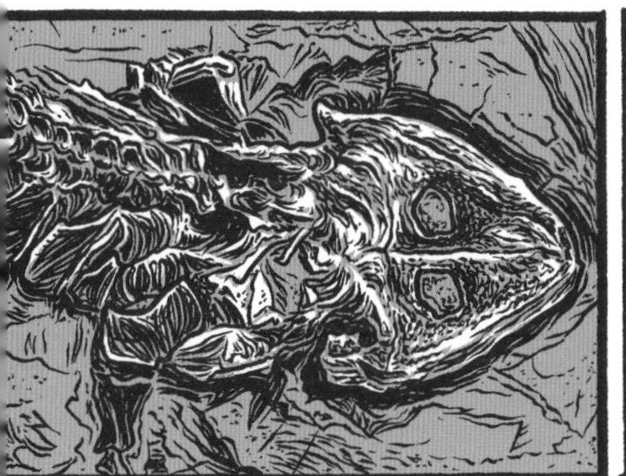

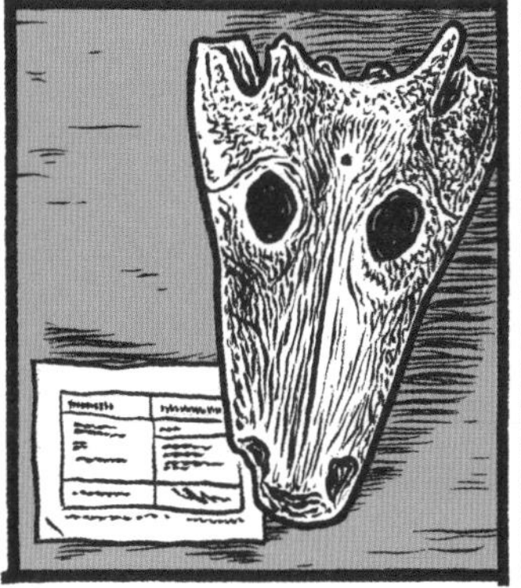

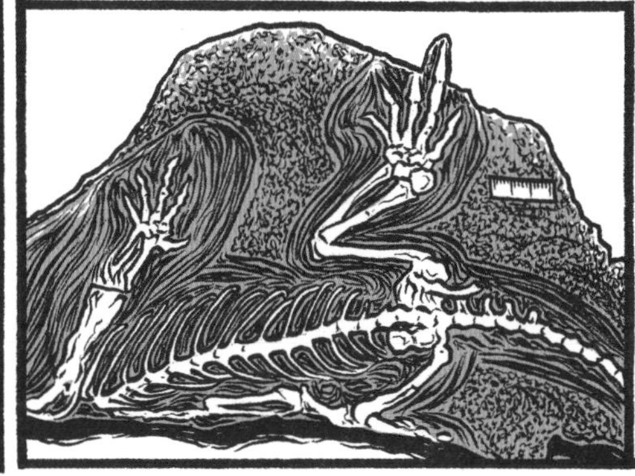

5.1.6 페름기 2억 9900만 년 전에서 2억 5100만 년 전

2억 9600만 년 전 중대한 기후변화가 갑자기 나타난다. 로라시아와 곤드와나 두 개의 거대한 대륙은 이미 융합했다. 발티카와 시베리아와 같은 작은 플레이트도 대지의 거대한 확장으로 이어진다. 이렇게 해서 지구는 두 개의 부분으로 나눈 것 같이 보인다. 한 부분은 **판탈라사 해**에 묻히고, 또 다른 부분은 거의 모든 **위도**에 미치는 초대륙으로 구성된다.

2억 8100만 년 전 판게아라고 이름 붙여진 이 초대륙의 중앙은 극단적으로 건조해서 물을 좋아하는 포자체는 살아남을 수 없는 사막이 형성된다. 식물들은 최초의 구과식물이나 은행과 같은 겉씨식물을 만들어내는 것으로 대항한다. 그 번식전략은 성공적이어서 증발에 보다 잘 저항할 수 있게 된다. 파충류와 곤충은 딱딱한 껍질을 가진 알이나 유충과 같은 물속의 환경과는 전혀 다른, 독립된 중간적 단계를 도입함으로써 번식방법을 변경한다.

2억 8000만 년 전 얕은 바다는 건조되는 동안 광대한 암염광상을 흔적으로 남긴다.

2억 7400만 년 전 많은 초식동물뿐만 아니라 육식동물까지 포함하여 점점 거대화되는 **수궁류**의 집단이 지상을 지배한다. 견두류(미치류라고도 한다)가 모든 시대를 통틀어 가장 큰 양서류인 **마스토돈사우루스** --- 몸길이가 4m에 달하는 것도 있다. --- 에 의해 습한 생식환경에 계속 군림하지만, 이윽고 어쩔 수 없이 후퇴하게 된다.

2억 6800만 년 전 현재의 도마뱀을 연상시키는 작은 도마뱀류가 수궁류의 모습으로 등장한다. 그러나 그들은 아직 식충성동물의 작은 개체군에 지나지 않는다.

2억 6600만 년 전 판게아가 중앙에서 갈라지기 시작한다. 지중해의 선조인 **테티스** 해에 의해 지구전체의 해양이 초대륙의 중심까지 도달하고 만灣을 형성한다. 바다 수위로 계산해 보면, 그것은 동남아시아로부터 장래의 중앙유럽까지 확산되었음을 추측할 수 있다. 이 시기의 해양은 지구 전 역사 중에서 가장 낮은 수위를 경험한다.

2억 5900만 년 전 미끄러지듯이 나는 파충류의 원시적인 형태가 공중에 진출한다.

2억 5700만 년 전 **키노돈트**(그리스어로 개의 이빨이라는 뜻)류를 포함하는 수궁류의 몇 가지 갈래에서, 특히 골격과 이동방법, 신진대사면에서 포유류와 유사성이 점점 확실해진다.

2억 5200만 년 전 믿을 수 없을 만큼 거센 화산활동 - 이것이 원인이 되어 시베리아에 수백 만 평방km의 면적에 걸쳐 새롭고 조밀한 현무암층이 형성된다. - 이 온실효과를 가져오고, 이미 상당히 더워진 세계의 기후는 장기간 더욱 더워지게 된다. 이 변화로 바다수면이 대단히 낮아진다.

이 대변동이 무시무시한 절멸을 몰고 온다. 이 절멸은 고생대 식물군의 대부분, 원시적 파충류와 수궁류의 대부분, 많은 양서류와 암모나이트와 산호와 방산충, 나아가서는 아직 생존하고 있던 모든 삼엽충 --- 즉 모든 종의 90% ---- 에 영향을 미치고, 생태계 전체의 붕괴를 낳는다. 극히 짧은 시간 동안 바다의 생물다양성은 대략 25만종에서 1만종 이하로 감소한다.

태고대

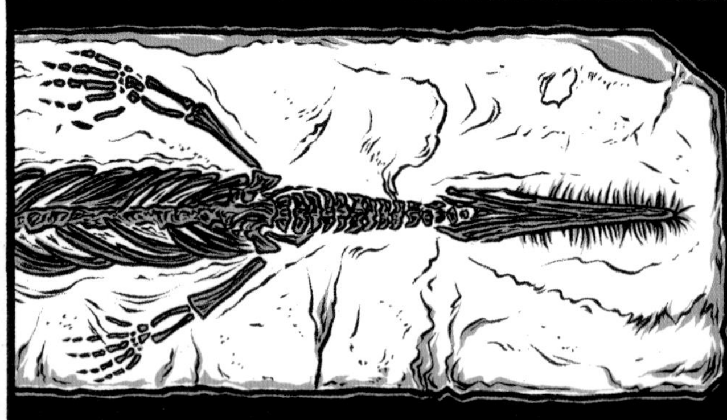

육상의 생명은 이 격변으로부터 아주 서서히 회복되지만 생태적 지위는 조금씩 밖에 채워지지 않는다.

그래도 남아 있는 개체는 그 새로운 상황이 제공하는 전대미문의 기회를 이용할 수 있게 된다.

이미 포유류에 가까워져 있는 키노돈트류는 늘어가고, 동굴 속에서 생활하는 공동체를 형성한다.

지구의 환경은 모두에게 동일하므로, 비슷한 생식환경에서는 유사한 구축플랜이 출현한다.

변화에 적응한 파충류의 새로운 형태가 등장하고, 그보다 원시적인 수궁류는 쫓겨난다.

주룡류는 선행자들보다 빠르고 재주가 있어서 보다 강하고 인내력이 있는 공격이 가능하다.

주룡류는 이 권력교체의 흔들림 없는 승자이다.

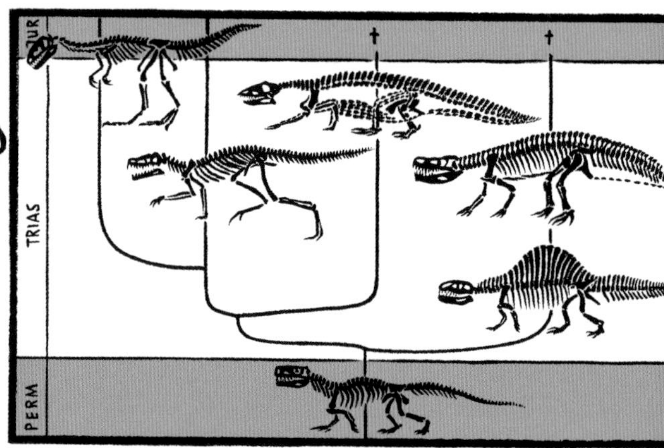

그 공격이 더없이 다양한 발전을 가능케 한다…

… 그들은 거대한 악어로부터, 일어서서 두 발로 걷는 가냘픈 형태까지 다양하다.

「주룡」은 확실히 그 이름에 걸맞게…

… 곧 모든 환경에서 추종자들을 불러 모은다.

그 중 몇몇 종은 큰 바다로 다시 한 번 모험을 나선다.

그리고 물속의 환경에 도전한다.

이윽고 판치류, 노토사우루스, **이크치오사우루스**(어룡)가 형태적 수렴 덕분에 이상적인 적응에 성공한다.

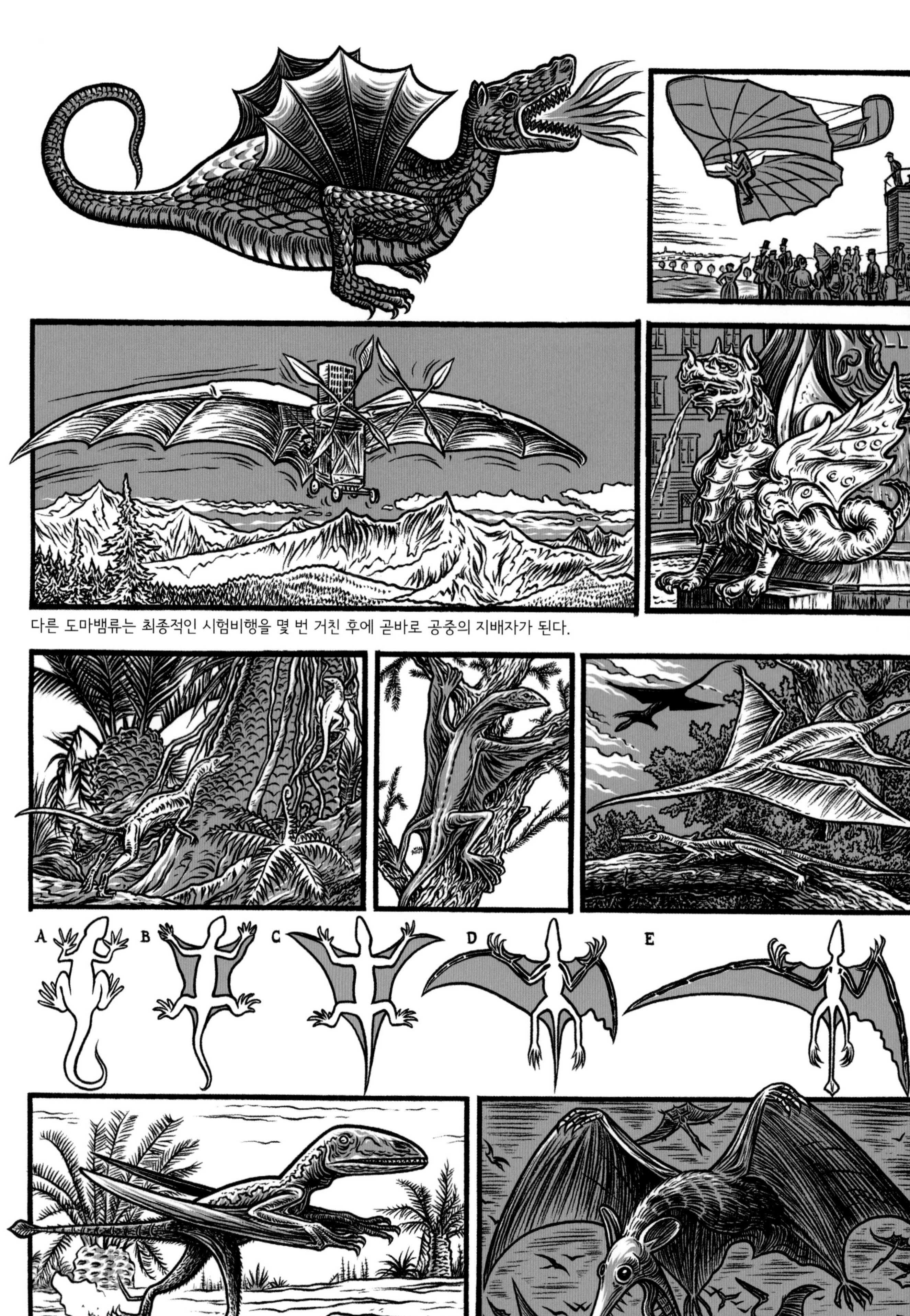
다른 도마뱀류는 최종적인 시험비행을 몇 번 거친 후에 곧바로 공중의 지배자가 된다.
A
B
C
D
E

네 번 째 발가락에서 뻗어 나온 피막 덕분에 하늘을 나는 도마뱀류는 거침없이 전 지구로 진출한다.

기후는 더욱 습해지고, 이 시대의 식물뿐만 아니라 다른 생물에게도 좋은 환경을 제공한다.

악어 중 한 종류의 자손이 두발로 보행하고, 드디어 최초의 진정한 공룡이 등장한다.

다른 척추동물보다 유연하고 총명한 그들은 머지않아 먹이사슬의 꼭대기에 자리한다.

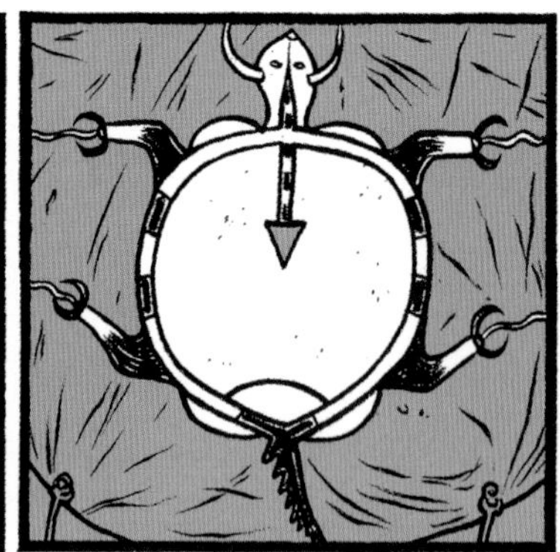

사냥감이 되기 십상인 자의 일부는 완전 무장한 사냥꾼으로부터 몸을 지키기 위해 튼튼한 갑옷을 발달시킨다.

이 사냥꾼은 점점 커지고 강해져서… …오랫동안 지구의 지배자로 군림한다.

이와 함께 최초의 포유류가 발달하는데, 1억 5000만 년 동안 쥐 정도의 크기를 벗어나지 못한다.

TRIAS
JURA
CRETACEOUS
Lepidosauria
Diapsida
SAURISCHIA
Carnosauria
Coelurosauria
Aves
Sauropoda
Ceratopsia
ORNITHISCHIA
Ornithopoda
Hadrosauria
Pachycephalosauria
Ankylosauria
Stegosauria
Crocodilia
Pterosauria

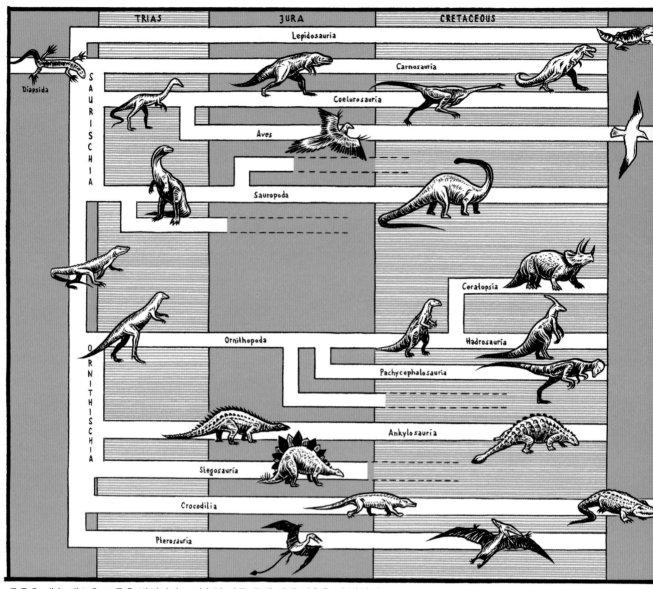

공룡은 계속 새로운 그룹을 발전시키고 비슷한 다른 종에 비해 적응을 더 잘한다.

egalosaurus
삼첩기 후기의 생태적 격변이 라이벌을 물리치고, 공룡들에게 새로운
시대로 향하는 길을 열어준다.

5.2 중생대 2억 5100만 년 전에서 6550만 년 전

5.2.1 삼첩기 2억 5100만 년 전에서 1억 9960만 년 전

2억 5100만 년 전 삼첩기의 시작. 삼첩기라는 명칭은 이 시대가 분트잔트슈타인(잡색사암), 뮤셀칼크(패각석회암), 코이파(잡색이회암)이라는 세 가지 층서단위로 구성되어 있는 것에 유래한다.

2억 4800만 년 전 판게아가 북방으로 이동하고, 기후조건이 좀 더 좋아진다. 테티스해는 거의 적도부근에 위치하게 된다. 장래의 동남아시아에 해당하는 곤드와나의 단편이 대륙으로부터 떨어져나가기 시작한다. 강렬한 몬순이 그 북쪽 절반에 휘몰아쳐 내륙에서 습기가 증가한다. 그럼에도 불구하고 삼첩기의 기후는 주로 덥고 건조한 대륙적 기후이다.

2억 4500만 년 전 양치류나 속새류와 같은 선구적 식물이 사막지대를 다시 정복한다. 사지동물은 원래 기본적으로 초식동물이지만, 바야흐로 급속한 진화를 경험한다. 작고 민첩한 키노돈트류가 척추동물의 집단을 수적으로 지배한다. 몇몇 지역에서 발견되는 화석의 대부분을 그들이 점유하고 있다.

2억 4300만 년 전 바다수위가 상승하고 해생동식물군의 진화는 새로운 비약을 이룬다.

2억 4200만 년 전 해저의 동물군은 다시 살아나고, 패각석회암의 거대한 암초를 구축한다. 산호나 성게 외에 두족류로부터 발달한 암모나이트나 벨렘나이트가 절정을 이루고, 3000종 이상이 된다.

2억 4000만 년 전 새로운 포식자인 주룡류가 점차 존재감을 드러낸다. 때로 뒷다리로 서서 걷고 특히 다리가 긴 일종의 악어가 묵직하게 갑옷을 걸치고 있지만, 반대로 가느다랗고 민첩한 전형적인 종과 함께 육지의 지배자가 된다.

2억 3900만 년 전 여러 진화를 거쳐 폭발적으로 발전한 도마뱀류 중 몇몇 종족이 물속이라는 예전의 생식환경으로 다시 길을 튼다. 그것이 특히 어류와 닮은 **이크티오사우루스**나 다리를 지느러미로 진화시킨 **플레시오사우루스**(수장룡)의 경우이다. 후자는 거대한 형태를 급격히 발달시키고 - 몸길이 25m에까지 이른다- 태생胎生이다.

2억 3300만 년 전 구과식물이 중요한 진화를 경험한다. 아라우카리아, 사이프러스, 주목류, 소나무가 등장한다. 목생고사리나 야자나무, 은행나무가 다시금 넓어지기 시작한 삼림을 서서히 우거지게 한다.

2억 2500만 년 전 2족 보행을 하는 주룡류가 최초의 진정한 「무서운 도마뱀류」 즉 공룡을 탄생시킨다. **공룡**은 포식에 전념하고, 주룡류가 배제되면서 새로운 생태적 지위가 해방되자, 원래 육식이었던 그들은 듬직한 초식의 전형적인 예도 발달시킨다.

2억 2100만 년 전 네 번 째 발가락의 현저한 발달과 다리와 연결된 피부가 점점 커진 덕택에 최초의 **익룡**이 비상을 시작한다. 공룡은 두 가지 주요한 목目으로 나뉘어 진다. 파충류의 골반을 가진 **용반목**과 골반이 장래의 조류의 골반에 가까운 **조반목**이 그것이다.

2억 1800만 년 전 남북 중국의 지괴•가 충돌하고, 친링산맥秦嶺山脈이 형성된다.

2억 1500만 년 전 작고 털로 뒤덮인 키노돈트의 몇몇 형태가 완전한 최초의 포유류를 탄생시킨다. 그것은 아직 생쥐크기의 난생식충류에 지나지 않지만 곧 새끼를 돌보게 된다.

2억 1200만 년 전 기후의 변화가 바다수위를 다시 낮아지게 하고, 얕은 바다를 마르게 한다. 소금호수와 광대한 암염광상이 남겨진다.

2억 900만 년 전 **매니코우간** 분화구 - 현재의 퀘벡주에 있음 - 가 거대운석의 충돌에 의해 형성된다.

2억 300만 년 전 중대한 환경의 변화가 주룡류와 같은 원시적 파충류의 집단과 특히 최후의 수궁류를 소멸시킨다.

• 지괴 : 사방이 단층으로 둘러싸인 지각의 덩어리를 말한다.

쥐라기

생물권이 안정되자 여러 구역에 지극히 다양한 동물종이 다시 터를 잡는다.

습하고 더운 열대성기후가 지구 전체에 퍼지고, 최후의 사막은 광대한 삼림에 자리를 양보한다.

식생은 풍부하고 푸르며, 식물류는 쑥쑥 자라 식량이 아주 풍부해진다.

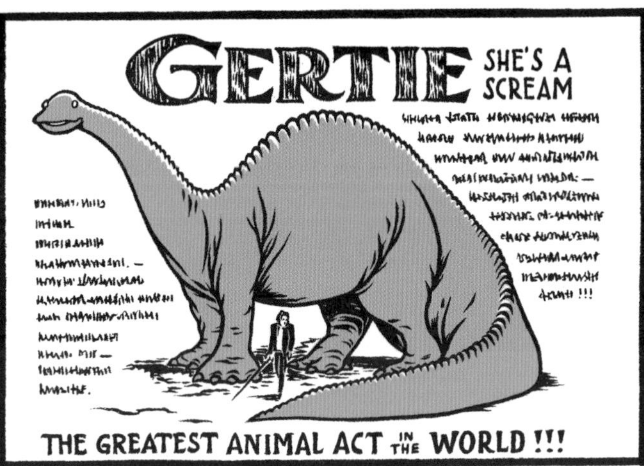

두 종류의 거대한 목目으로 나누어진 공룡은 서서히 쥐라기의 확고한 지배자가 된다.

그들의 대표자는 점점 위압적인 크기로 자란다.

몸길이 45m, 체중 90톤, 그리고 어떠한 한계도 보이지 않는다.

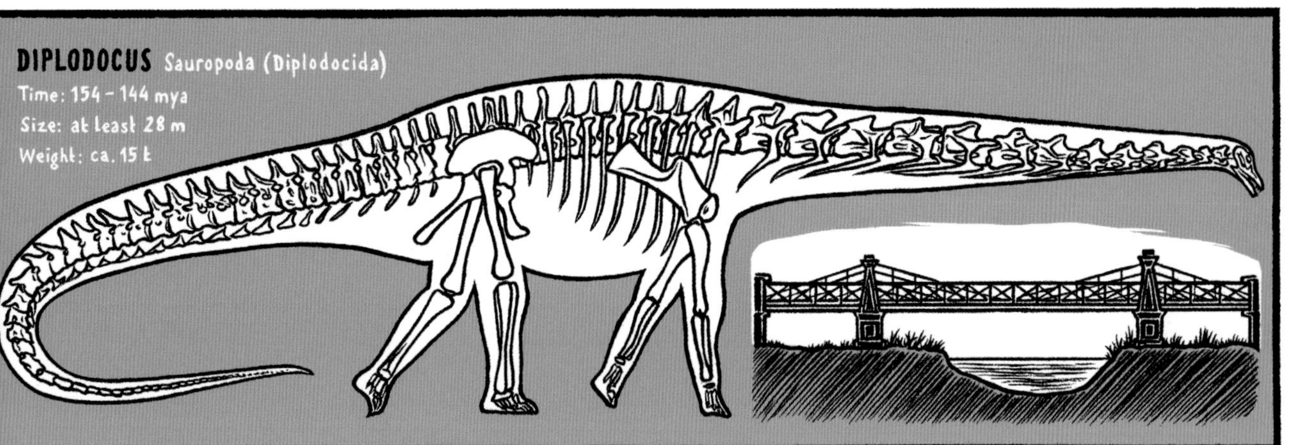

DIPLODOCUS Sauropoda (Diplodocida)
Time: 154 - 144 mya
Size: at least 28 m
Weight: ca. 15 t

그래도 골격의 우월한 적응 덕택에 이 거대한 몸은 기동성이 남아 있다.

그 어떤 것도 그들의 입을 피할 수 없다--- 아주 긴 목을 가졌기 때문에 아라우카리아 나무의 꼭대기까지 닿는다.

그러나 이 대량의 고기는 그 자체가 먹잇감이어서, 보다 강한 포식자의 주의를 끈다.

공룡은 당당한 몸집의 전형적인 예를 탄생시키는 유일한 종족은 아니다.

거의 모든 파충류는 최적의 환경을 이용해서 일종의 경쟁에 전념한다.

바다에 사는 도마뱀류도 몸길이 25m의 거대한 형태로 신기록을 수립한다.

익룡도 더 발달한다. 이제는 교미와 산란을 위해서만 지상으로 내려온다.

참새 크기에서 경비행기 크기까지 다양한 그들의 날개는 펼쳤을 때의 크기가 12m나 되는 것도 있다.

땅과 나뭇가지 사이에서 공중의 지배자가 아직 눈치 채지 못한 라이벌이 등장을 준비하고 있다.

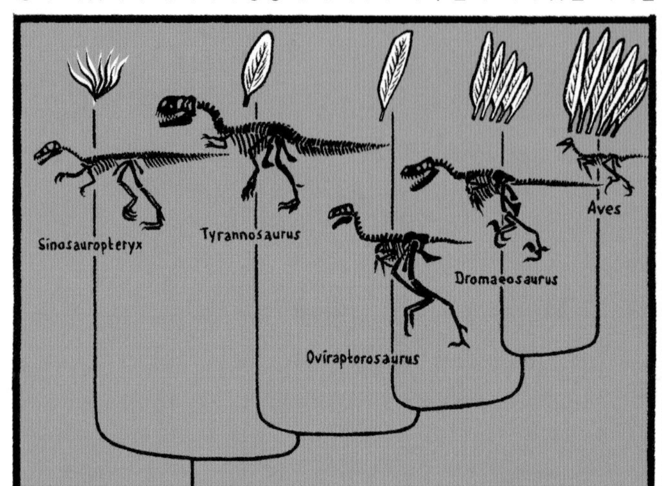

그도 그럴 것이, 도마뱀류 중 몇몇 종족은 원시적인 비늘로 만들어진 깃털이라는 혁명적인 신기축을 이용하고 있으므로.

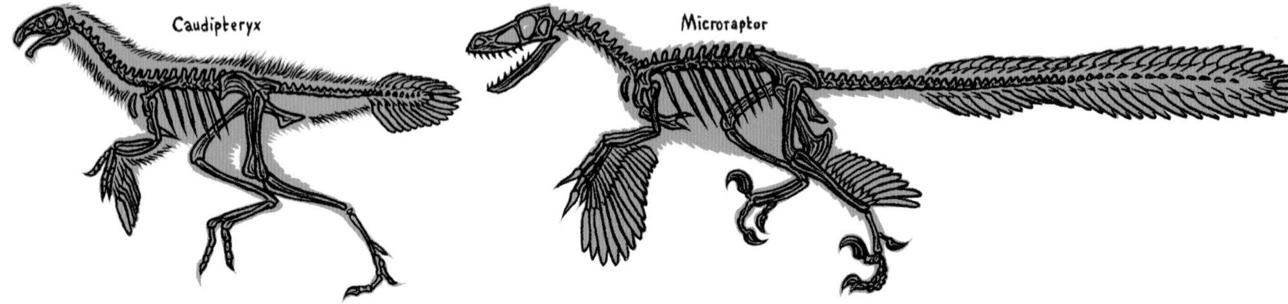

수백 만 년 동안, 그 종족은 가벼워지고 깃털로 덮이고 앞다리는 힘이 좋은 날개로 변한다.

도약하거나 비상하는 전형적인 예가 이빨과 갈고리발톱을 갖춘 최초의 조류를 탄생시킨다.

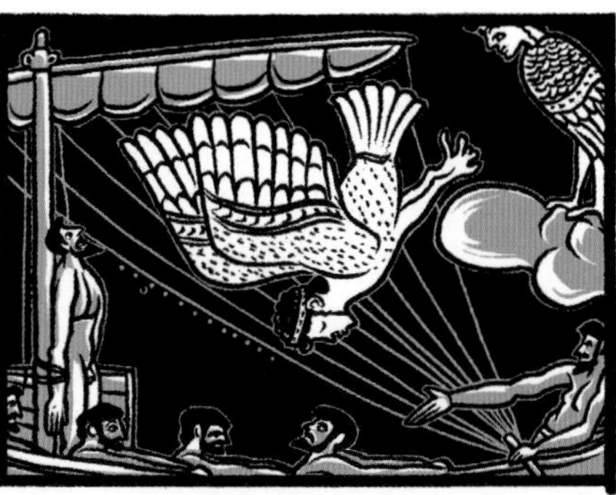

이 진화단계의 주역들은 우여곡절을 겪고 수백 만 년 조상들보다 장수한다.

지상의 흔들림 없는 지배자는 공격적이고 민첩한 포식자로, 모든 기후대를 점령한다.

그 동안에도 대륙 플레이트는 항상 움직이고 중대한 변화가 진행된다.

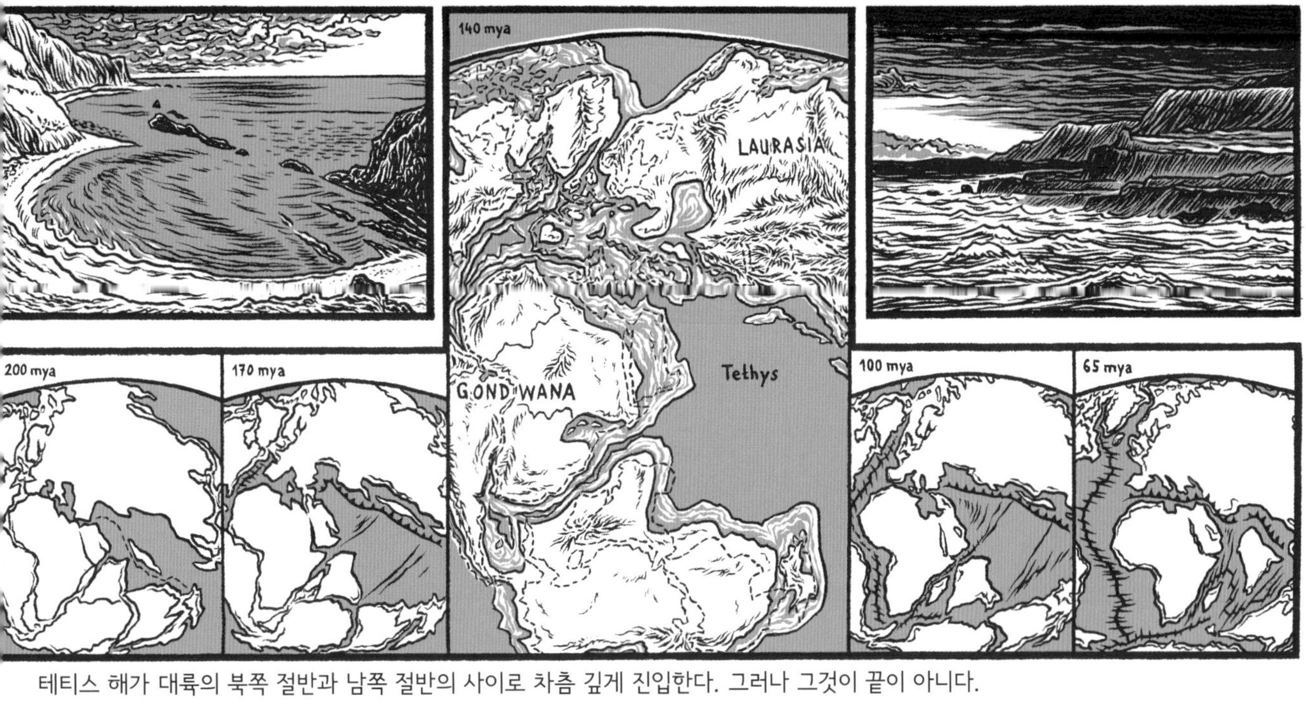

테티스 해가 대륙의 북쪽 절반과 남쪽 절반의 사이로 차츰 깊게 진입한다. 그러나 그것이 끝이 아니다.

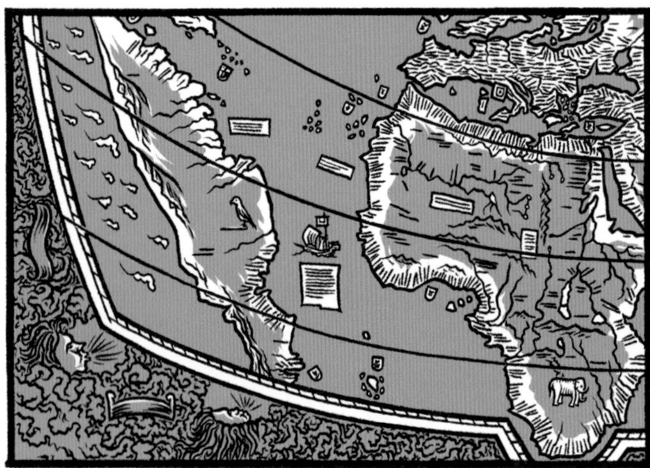

판게아의 밑에서 작용하는 장력에 굴복하여 양쪽 절반의 하나가 독자적인 길을 걷는다.

지각이 갈라지고, 바닷물이 동쪽 부분과 서쪽 부분의 사이에 파고 들어가 새로운 해양인 대서양이 출현한다.

대변동이 시작된다.
세계의 기후가 다시금 결정적 변화를 경험한다.
이 대량멸망의 증거로 지층의 얕은 층 속에 특이한 층이 남겨져 있다.

5.2.2 쥐라기 1억 9960만 년 전에서 1억 4550만 년 전

1억 9900만 년 전 **리아스세**라고 불리는 비교적 서늘한 시기 후 다가온 쥐라기의 기후는 끊임없는 더위와 강한 습기를 특징으로 한다. 바다수면은 현저히 변화해서, 전체적으로는 삼첩기보다 높다. 광대한 얕은 바다가 대륙의 연안지대를 침수시켰는데, 이는 광대한 암초의 군락의 경우처럼, 해양공동체의 새로운 개화에 있어서는 이상적인 조건이다. 이어지는 수억년 동안 바이오매스, 특히 중생대의 연해 - 특히 곤드와나의 북쪽연해 - 에 쌓이는 플랑크톤의 사체가 두께 수백m의 지층을 형성하게 된다. 그 후의 압축과 변환의 과정이 지구상의 석유와 천연가스의 광상을 만들어낸다.

1억 9700만 년 전 사막이 진행을 멈출 뿐 아니라, 늪지와 밀림의 커다란 전진이 사막을 후퇴시킨다. 구과식물은 정복을 거듭하고 **양치종자식물** - 양치식물과 종자식물의 중간형태 - 을 구축한다.

1억 9600만 년 전 삼첩기의 종족이 최초의 **현대적인 개구리**를 탄생시킨다.

1억 9400만 년 전 항온성의 - 변온성의 사지동물보다 유리한 - 공룡이 적도에서 열대를 경유해 아극권까지의 모든 기후대를 정복한다. 그래도 도마뱀류의 다른 목을 위해 바다와 하늘을 남겨둔다.

1억 8900만 년 전 테티스해에 의해 채워진 로라시아와 곤드와나 사이의 갈라진 틈은 일시적으로 파나마까지 확대되고 - 그래서 후에 멕시코만이 형성된다 - 초대륙 판게아의 새로운 해체라고도 할 수 있는 사태를 일으킨다.

1억 8800만 년 전 최초의 **해생 거북**과 최초의 **해생 악어**가 출현한다.

1억 8600만 년 전 초식공룡인 용각류가 가장 큰 육생동물이 된다. **브라키오사우르스**와 **세이스모사우르스** -「지진도마뱀」이라는 의미심장한 이름을 가진 - 는 긴 목 덕분에 나무 꼭대기에 있는 잎도 먹을 수 있어, 그 식습관이 쥐라기의 식물군을 변화시킨다.

1억 8400만 년 전 수각류 - 2족보행하는 육생육식동물 - 가 점점 힘을 얻는다. 쥐라기 최대의 대표자는 몸길이 12m나 되는 **아로사우르스**이다.

1억 8000만 년 전 한 쪽에서는 남북아메리카의 사이에서, 다른 쪽에서는 유라시아와 아프리카의 사이에서 가공할만한 지진이 일어나, 이미 존재하고 있던 갈라진 틈이나 부서진 틈을 접합하고, 1만km 길이의 구조각력(격한 파쇄작용에 의해 생긴 각력)을 형성한다. 좁은 만이 출현한다. 대서양의 탄생이다. 맨틀에서 상승하는 대량의 마그마가 해저를 끊임없이 다시 만들어낸다. 이미 나뉘어져 있던 플레이트는 점점 떨어져나가 지구 최대의 산맥인 **대서양중앙해령**이 형성된다.

1억 7400만 년 전 암모나이트, 앵무조개, 화살꼴뚜기, 벨렘나이트는 쥐라기의 바다 속에서 새로운 번성기를 맞이한다. **경골어**(진골류)가 발전을 계속한다. 유연한 비늘을 지닌 현대적 어류의 최초 종족이 등장한다.

1억 6900만 년 전 최초의 진정한 포유류(이미 태생의 유대류有袋類이지만, 몸길이는 10에서 15cm밖에 되지 않고, 주로 야행성으로 지렁이나 곤충 등을 잡아먹는다)가, 수유를 하고 새끼를 돌보며, 가운데 귀의 작은 뼈나 턱과 같은 특성을 완성시킨다. 그들은 체모, 항온성, 뛰어난 시력 등의 덕분으로 야간생활에도 적응한다.

1억 5300만 년 전「숨겨진 종자」를 가진 현화식물이며 최초의 피자식물 - 매그놀리아와 같은-이 발달한다.

1억 5000만 년 전 2족보행의 육식동물이며 이미 깃털을 가지고 있던 **마니랍토라류**가 최초의 조류를 탄생시킨다. 이 진화의 가장 유명한 대표자인 시조새는 이빨과 갈고리발톱을 지니고 있고, 아직은 파충류와 조류의 중간에 위치한다. 곤충으로서는 최초의 흰개미가 출현한다.

1억 4700만 년 전 남극대륙, 남아프리카, 북아메리카 동부에서 거센 화산의 분화가 일어나, 두꺼운 현무암질 용암층의 형성을 촉진한다. 이때까지 최적이었던 생활환경은 크게 변화한다.

1억 4600만 년 전 극히 불안정한 기후가 저항력이 약한 종을 소멸시키고, 백악기로의 이동을 준비한다. 마지막 수백 만 년, 특히 쥐라기말의 멸망 시대 와중에 축적된 생물의 유해가 석회암과 편암의 두꺼운 퇴적물을 구성하고, 그곳에는 완벽하게 보존된 화석이 매립되어 있다. - 스코틀랜드에서 장래의 알프스까지, 유럽의 도처에서 발견된다. -

백악기

백악기의 초반에 새로운 피난처가 등장한다. 삼림과 늪지가 극지방까지 확대된다.

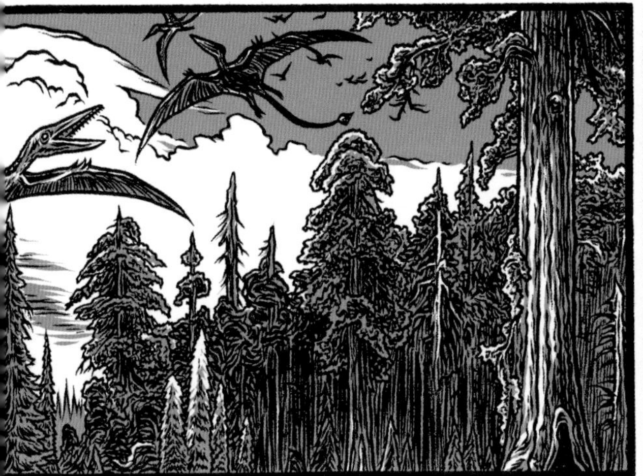

그렇다하더라도 식물군은 그 양상을 변화시킨다.

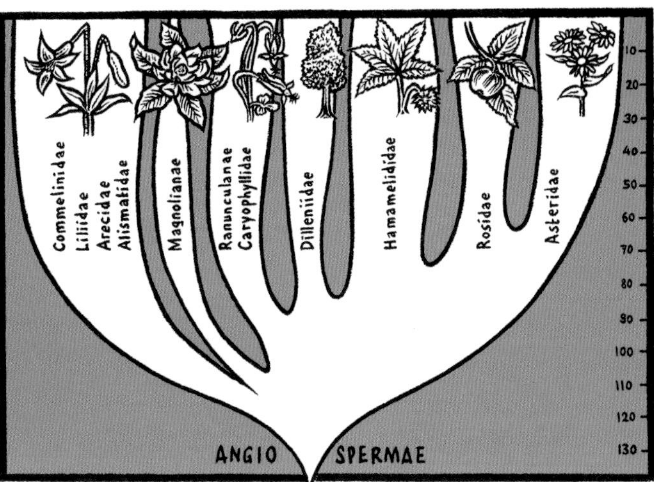

현대적인 성장과 번식방법이 확립된다.

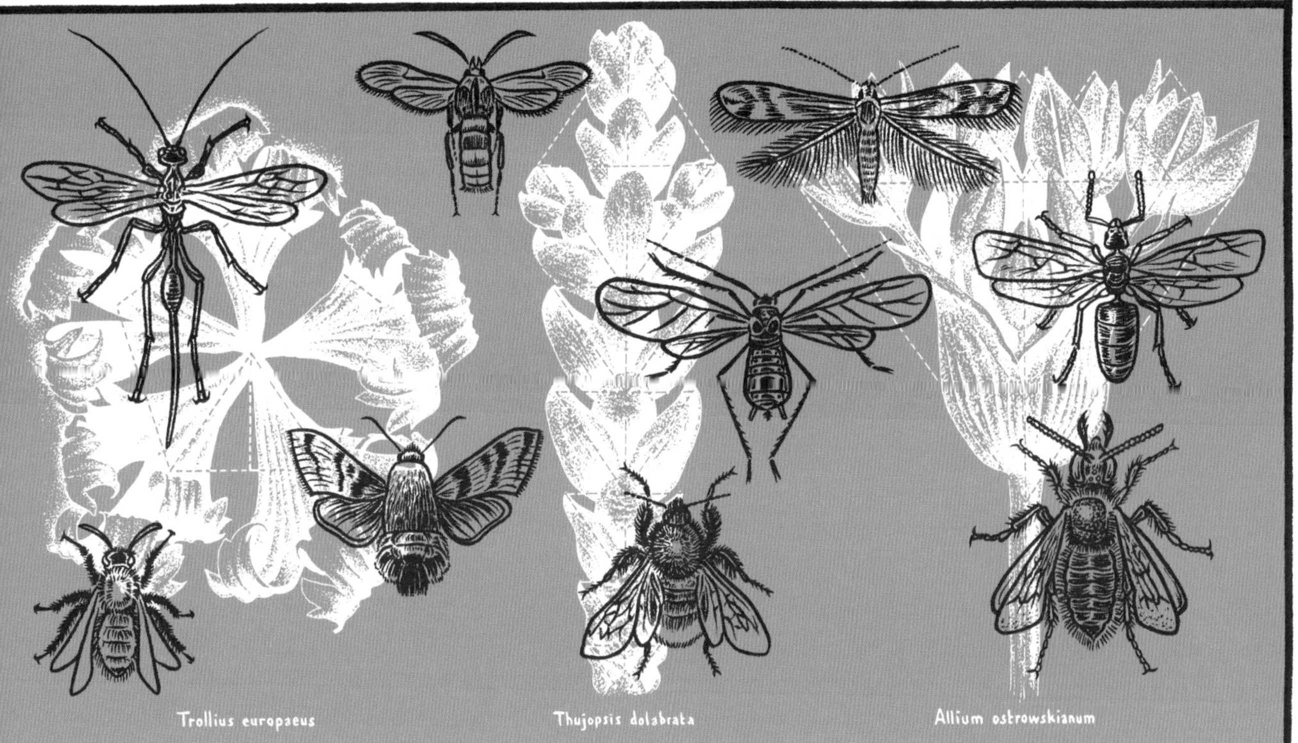

특이하게도 따뜻한 온실기후가 현화식물과 곤충이 짝을 이루는 병행적인 진화를 일으킨다.

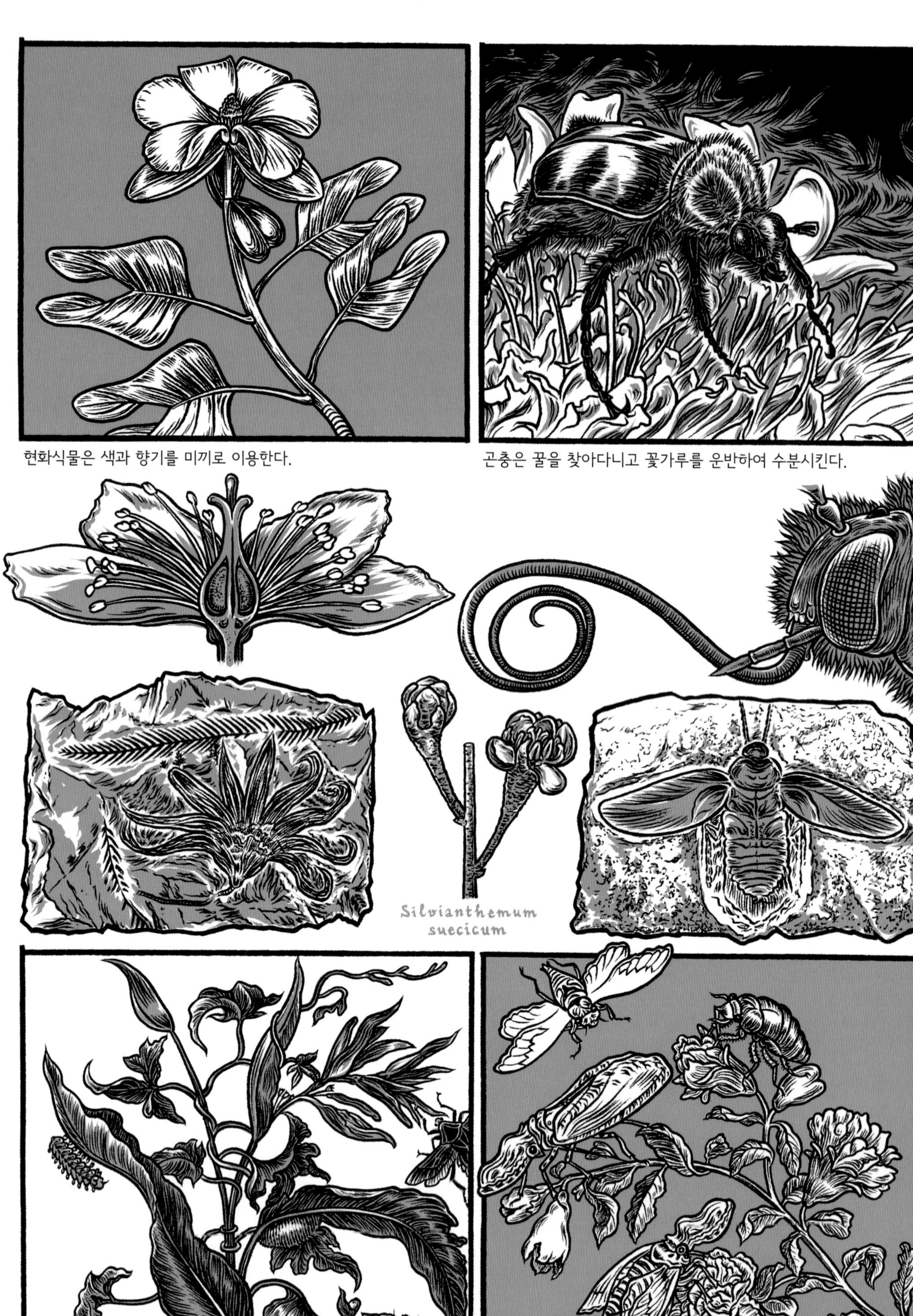
현화식물은 색과 향기를 미끼로 이용한다.
곤충은 꿀을 찾아다니고 꽃가루를 운반하여 수분시킨다.
Silvianthemum suecicum

꿀벌과 개미, 그리고 가장 많은 종을 포함하는 동물목인 **갑충류**가 등장한다.

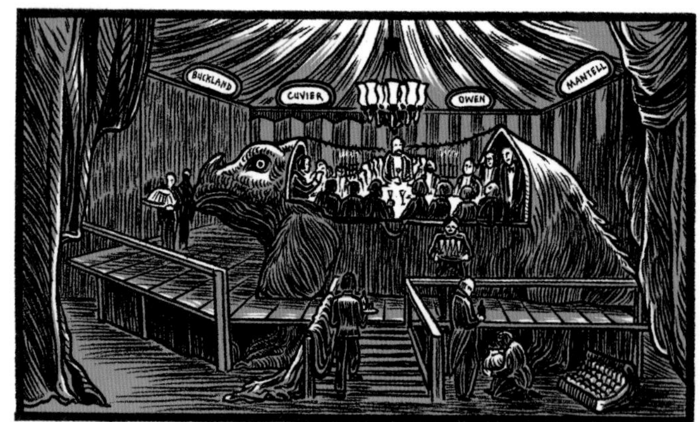

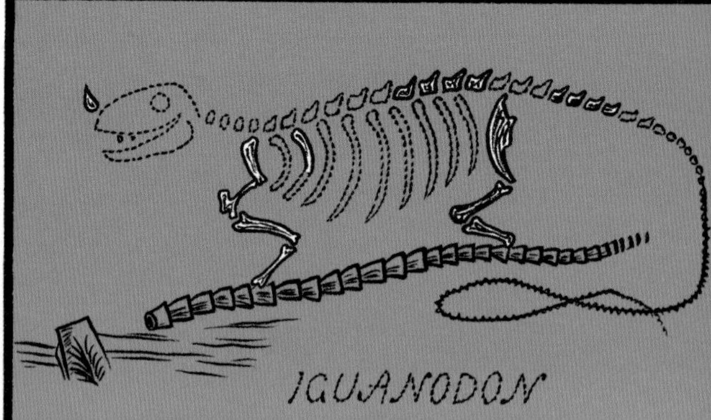

공룡의 왕조는 여전히 흔들림 없는 지배를 유지하며, 점점 기묘한 전형적인 예를 발달시킨다.

뿔을 가진 자.

갑옷을 입은 자.

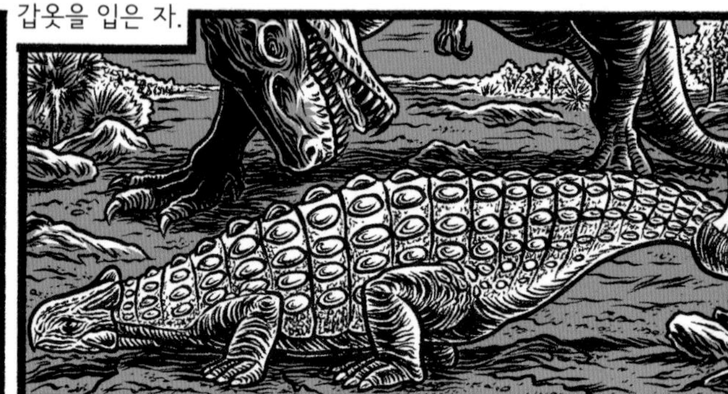

새를 닮은 자
갈고리발톱이 있는 자.

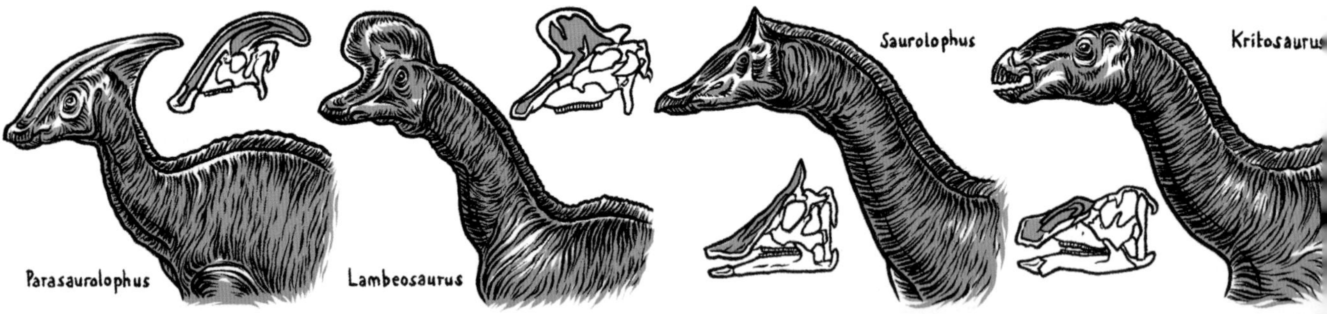

Parasaurolophus Lambeosaurus Saurolophus Kritosaurus

100,650,010 B.C. 1986

HA HA HA

2028 RRR

1999

GRRR

1984 1956

1968

발견된 화석으로 확실한 연대순의 분류는 알 수 없을지 몰라도, 특이한 형태의 공룡은 열심히 새끼를 돌보는 무해한 채식주의자가 많음이 거의 확실하다.

먹이사슬의 꼭대기를 차지하기 위한 영원한 투쟁은 물속을 포함한 곳곳에서 계속되고 있다.

해양은 바이오매스를 계속 생산한다.
몇 천 톤이나 되는 미생물이 해저에 침적되고, 퇴적층에 뒤덮인 **쵸크**(백악: 플랑크톤 석회암), 석회암, 석유를 만들어낸다.

육상에서는 **티라노사우르스**와 같은 육식수각류가 압도적인 대표자로 발전한다.

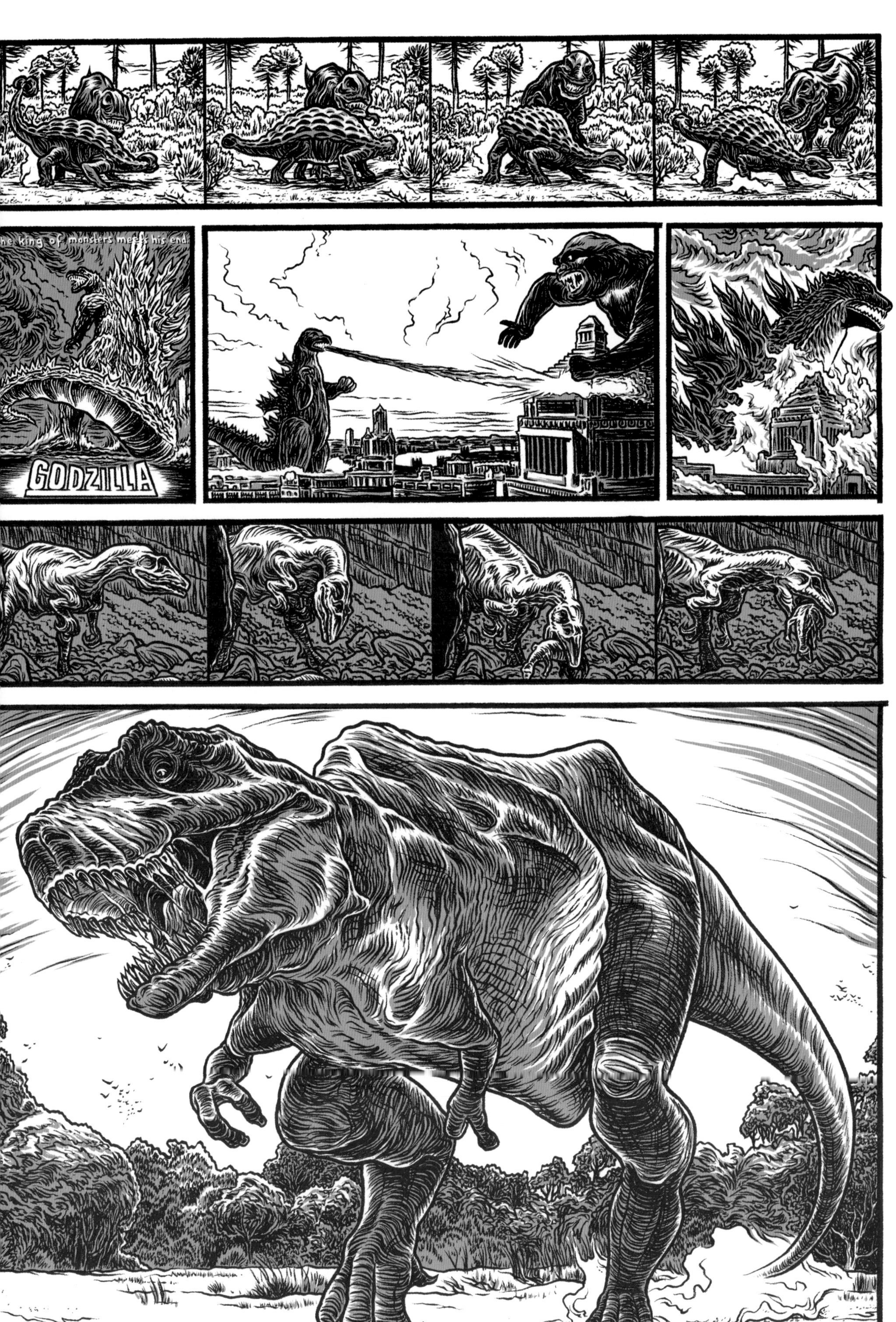
he king of monsters meets his end.
GODZILLA

그들은 다른 척추동물, 특히 포유류나 조류와 같은 진화계획에 있어서 미숙한 자들의 행동을 방해한다.

자신들을 노리는 끊임없는 사냥에 대항하여 포유류나 조류는 감각이 극히 예민해지고, 민첩해지며 작은 형태를 발전시켜…

… 상황에 적응하도록 만들고, 대단히 높은 번식률을 이용해서 자유로운 생태적 지위를 차지하려 한다.

그러나 직경 10km의 바위와 얼음덩어리의 형태로 또 한 번 대량멸망이 다가오고 있다.

멕시코만의 남쪽에 위치하는 석회암의 퇴적물 속에 충돌에 의한 거대한 **클레이터**가 뚫릴 뿐만 아니라…

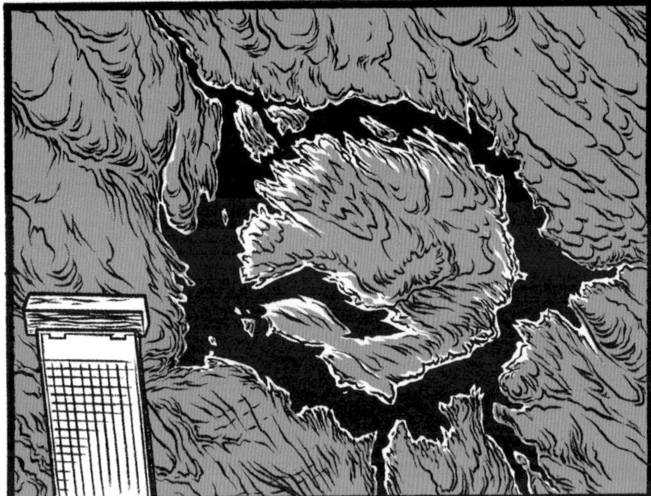

…그 후에 이어지는 지진과 함께 모든 것을 변화시키는 일련의 화산활동도 시작된다.

바위와 재로 이루어진 거대한 구름이 이 지옥으로부터 솟아오르고 공룡이 번영한 이 시대가 끝난다.

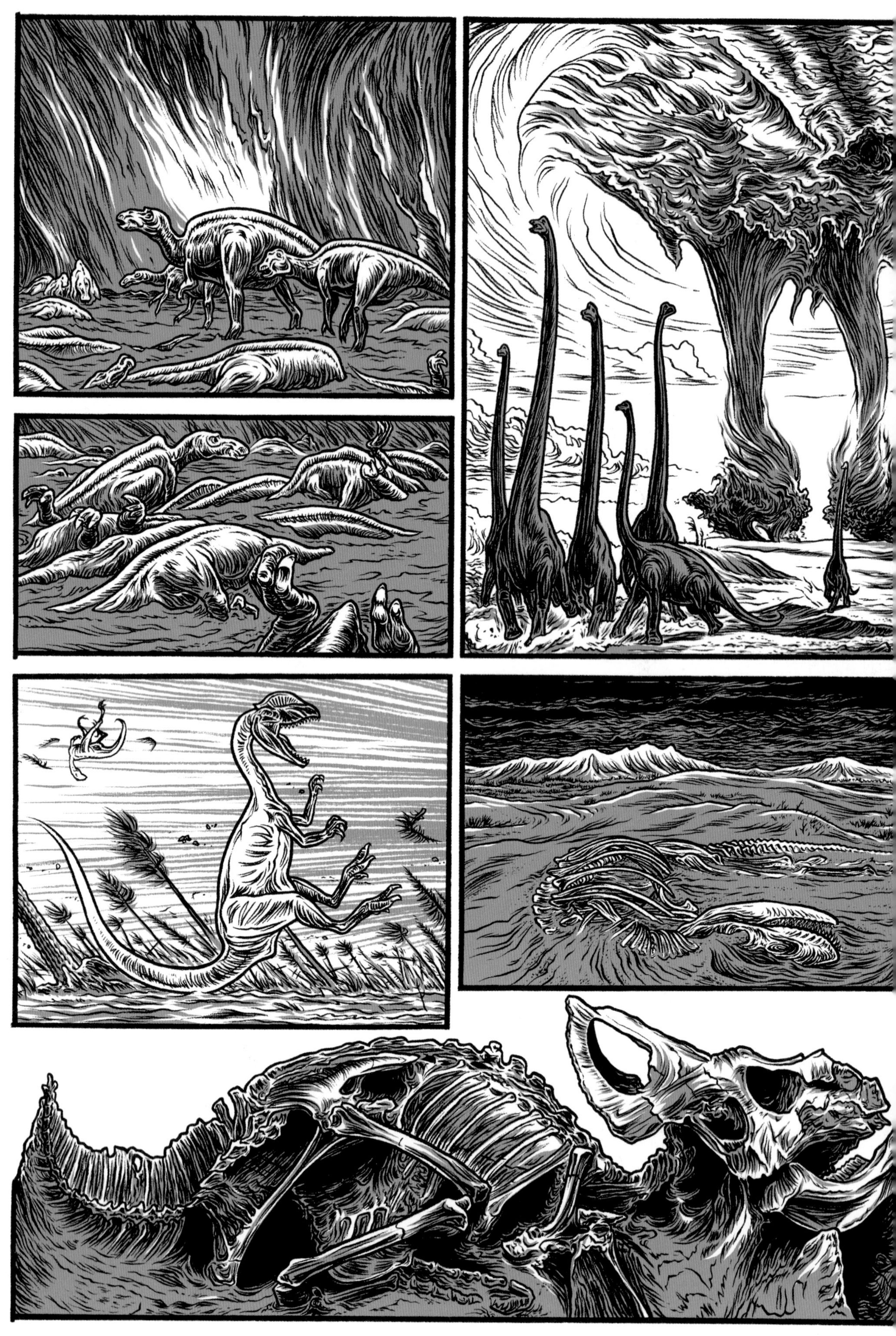

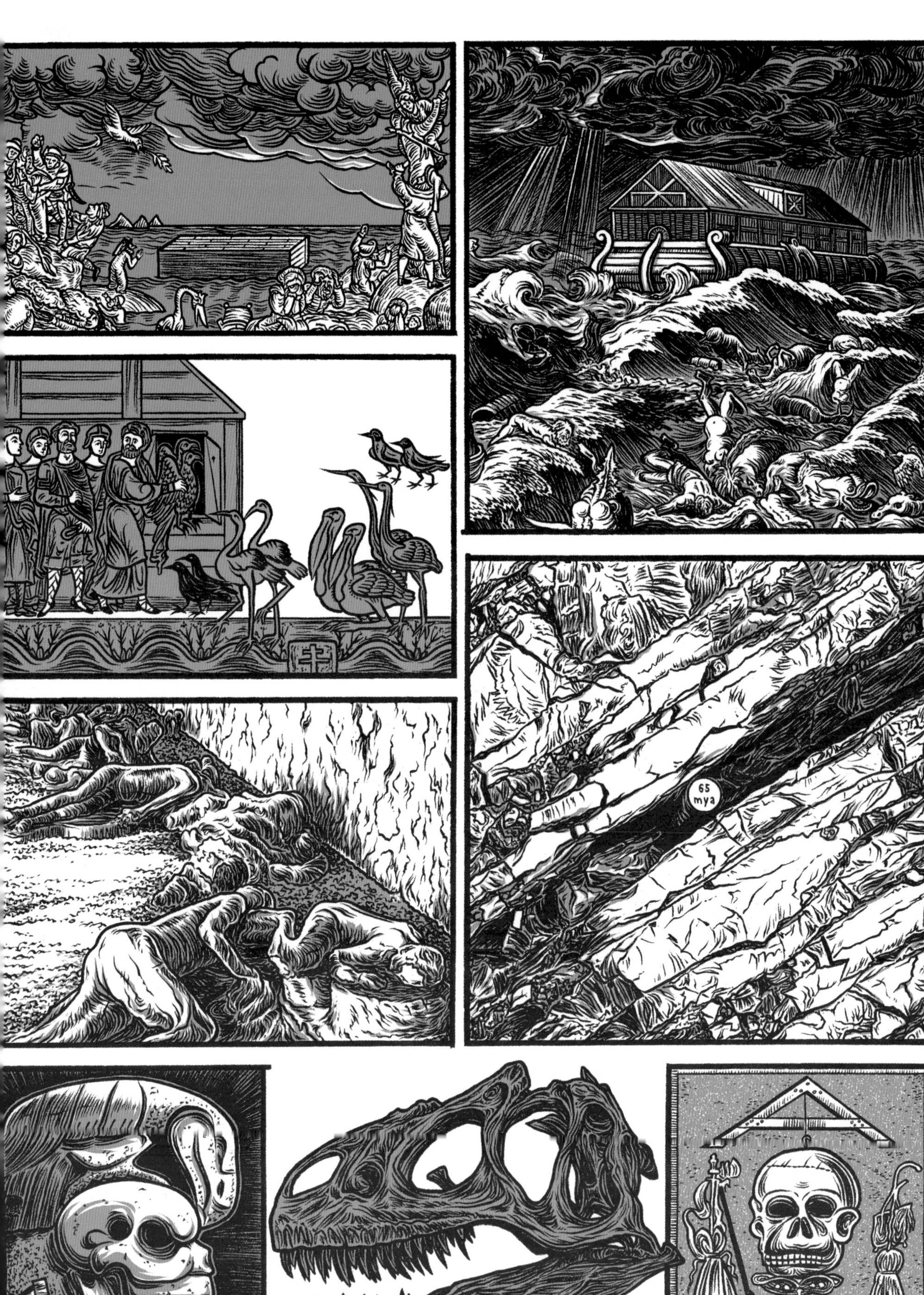

폭풍이 휘몰아치는 어두운 암흑시기가 시작되고 수천 년 간 계속된다. 천지의 조화가 깨진 힘의 관계가 겨우 구축되었을 때, 세상은 완전히 바뀌어 있었다…

5.2.3 백악기 1억 4550만 년 전에서 6550만 년 전

1억 4400만 년 전 북쪽 대륙에서 분리한 후, 곤드와나는 남아메리카, 아프리카, 인도, 오스트레일리아 그리고 남극대륙이라고 하는 서로 다른 부분으로 나뉘어 지기 시작한다. 그 대륙들 사이에 걸쳐져 있는 육교 덕분에 동식물계의 교류는 아직 가능하다. 가장 작은 오스트레일리아 대륙이 수천 만 년 만에 처음으로 완전히 독립됨으로서, 그곳에서는 독자적인 거주생물이 생겨난다.

1억 4300만 년 전 온실효과 가스가 현저하게 농축됨에 따라, 세계의 기후는 다시금 몹시 덥고 건조해진다. 백악기는 전 지구사에서 가장 더운 시기라고 알려져 있다. 극관과 대부분의 빙하가 녹고, 바다수면은 상당히 높아진다.

1억 4100만 년 전 식생이 변화한다. **히말라야삼나무**와 **세쿼이어**가 양치식물과 은행나무와 오래된 구과식물의 지위를 빼앗는다. 현화식물은 발전을 가속화시키고 그것을 수분(受粉:가루받이)시키는 곤충과 더불어 진화해가면서 세계정복에 나선다. 관목상의 형태가 무화과나무, 버드나무, 포플라, 플라타너스를 탄생시킨다. 노린재류의 형태에서 말벌, 꿀벌, 개미와 같은 막시류와 갑충류가 출현한다.

1억 3500만 년 전 특히 북반구에서는 공룡 가운데 용각류와 스테고사우르스가, 갑옷으로 덮인 **안킬로사우르스**, 이구아노돈, 오리주둥이를 가지고 있거나 뿔이 나 있는 공룡에게 서서히 자리를 내준다.

1억 3000만 년 전 최초의 유태반류有胎盤類가 포유류 가운데 등장하고, 그 이후 전 세계에서 원시적 근친인 난생의 단공류(오리너구리, 가시두더지 등)나 유대류有袋類와 생식환경을 서로 쟁탈한다.

1억 2800만 년 전 무리 지어 생활하는 최초의 개미화석은 이 시기에 시작된다.

1억 년 전 바다수면은「표준」보다 170m나 높아진다. 얕은 바다가 대륙의 광대한 경계부분을 덮어버리고, 동식물군의 새로운 비약을 가능케 한다. 수백 만 년 전부터 해저에 쌓여 온 석회질로 덮인 미생물이 이 시대 명칭의 근원이 되는 쵸크(백악)퇴적물을 전 세계에 엄청나게 형성한다. 전 세계에 축적되어 있는 석유와 천연가스 대부분이 이 시기에 만들어진다.

9800만 년 전 맨틀 내부의 변화무쌍한 대류가 새로운 해령(깊은 바다에 있는 길고 좁은 산맥 모양의 솟아오른 부분)을 창조하고, 대륙 플레이트는 서로 멀어진다. 이 현상에는 격렬한 화산활동이 동반된다. 곤드와나는 분열을 계속한다. 마다가스카르가 북쪽으로 표류하는 인도와 분리되고, 뉴질랜드가 오스트레일리아와 분리된다. 북쪽에서는 대서양의 새로운 만灣이, 대브리튼섬을 래브라도와 뉴펀들랜드로부터, 노르웨이를 그린랜드로부터 분리한다. 티벳과 동남아시아와의 충돌이 산맥의 형성을 재촉한다.

9400만 년 전 바다 속에서는 몸길이 15m에 이르는 고성능의 포식성 도마뱀의 일종인 **모사사우루스류**가 출현한다. 동시에 **플레시오사우루스**와 거대한 거북이 세력을 넓혀 가는데 오늘날 경골어硬骨魚의 지배적인 집단인 최초의 진골류도 몇몇 거대한 형태를 발달시킨다. 무척추동물로서는 암모나이트, 쌍각류, 복족류(권패류, 해우海牛, 달팽이 등)가 번성한다.

8300만 년 전 조류는 날아오르고 보행할 수 있는 형태 외에, 물속에서의 생활에 적응하여 잠수도 가능한 전형적인 예도 발달시킨다.

7500만 년 전 수각류에서는 **티라노사우루스류**가 발달한다. 그 중에서는 몸길이 12m에 달하는 것도 있는데, 최대의 육식공룡 중 하나로 꼽히는 **티라노사우루스 렉스**이다.

7000만 년 전 백악기의 끝 무렵, 격렬한 화산활동으로 인해 지상의 모든 생활환경이 악화된다. 많은 동식물종이 사멸하거나 현저히 쇠약해진다. 바다는 후퇴하고, 사계절의 특징이 뚜렷하기 보다는 한랭한 기후가 정착한다. 이런 기후는 그때까지 지배적이었던 대형파충류에게 적절하지 않지만, 조류나 포유류, 현화식물의 약진이 두드러진다.

6550만 년 전 직경 10km의 운석이 유카탄반도의 북쪽에서 지구와 충돌하고, 멕시코만 안쪽에 직경 약 180km의 클레이터를 만든다. 수십 억 톤의 암석이 부서져 흩어진다. 그을음과 재가 대기 중에 날아다니고, 수천 년에 걸쳐 하늘을 암흑천지로 만든다. 높이 100m이상의 해일이 육지를 강타하고, 많은 연안지역을 황폐화시킨다. 대규모의 지진이 화산활동을 더욱 격화시킨다. 인도 중앙에 있는 광대한 데칸고원은 대량의 용암으로 덮인다. 지구 전체에 영향을 미친 이 격변은 모든 공룡을 멸망시켰으며, 암모나이트나 목생고사리와 같은 중생대 대표적 동식물군을 절멸시키고, 전체 종의 70% 이상이 없어진다.

제3기

생물이 존재하는 영역이 재편되어 진다. 다른 많은 생명의 형태와 함께,
지구 「중세」의 가장 중요한 대표자인 공룡은 마지막 수백 만 년의 대변동 동안에 모두가 사라진다.

그 대변동에서 살아남은 동물의 과科는 극히 드물다.

가장 잘 적응하는 자만이 살아남을 수 있다.

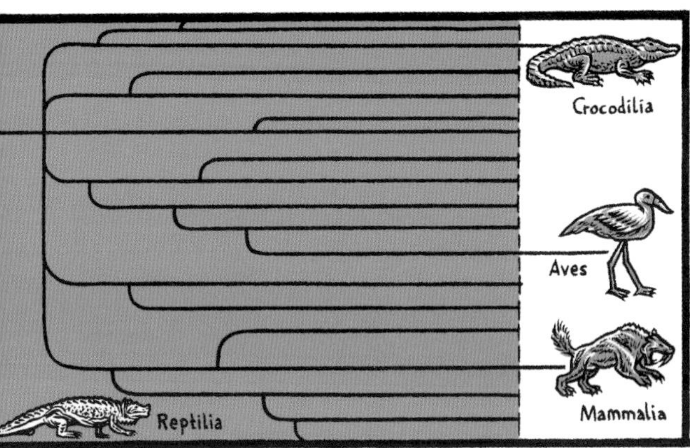

오랜 시간 동안 생명은 경직되어 있는 듯 보인다.

그러나 활력 있는 새로운 환경이 나타난다.

조류는 「무서운 도마뱀류」의 정정당당한 후계자이다. 비어 있던 왕좌를 어렵지 않게 차지한다.

존재하는 것은 4m나 되는 포식자뿐만이 아니다.

아주 작은 참새류도 이런 환경을 이용한다.

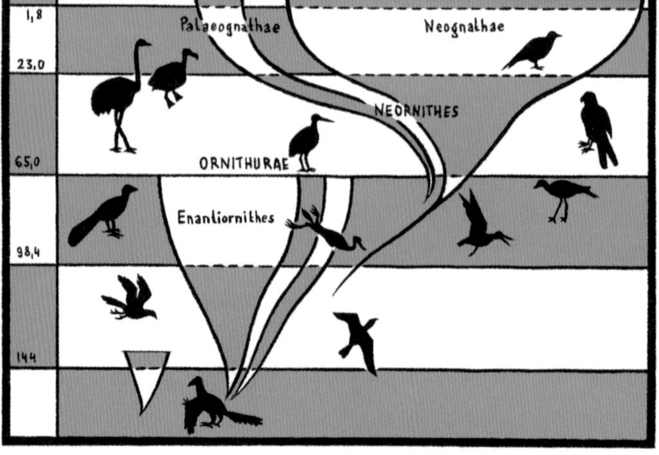

예전부터 만연해 있던 도마뱀류의 굴레로부터 해방된 포유류도 번성하고 급속히 대형화한다.

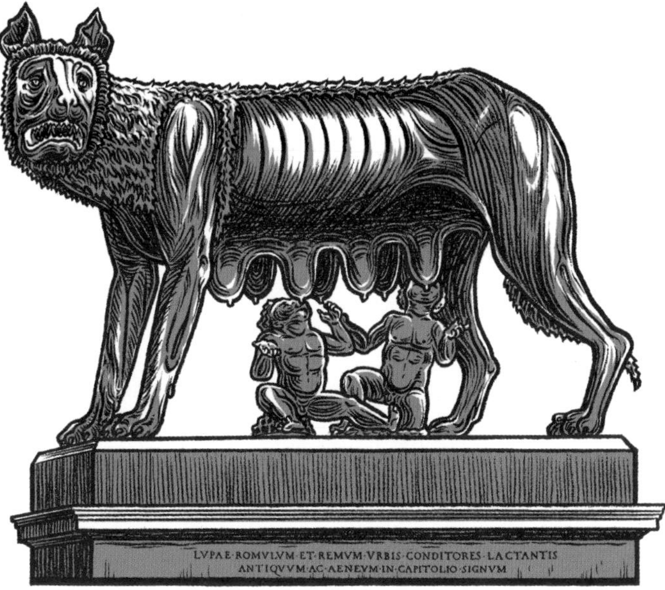

그러나 이런 최초의 육생 태생동물은 막 태어난 새끼에게 젖을 물리고 보살피지 않으면 안된다.

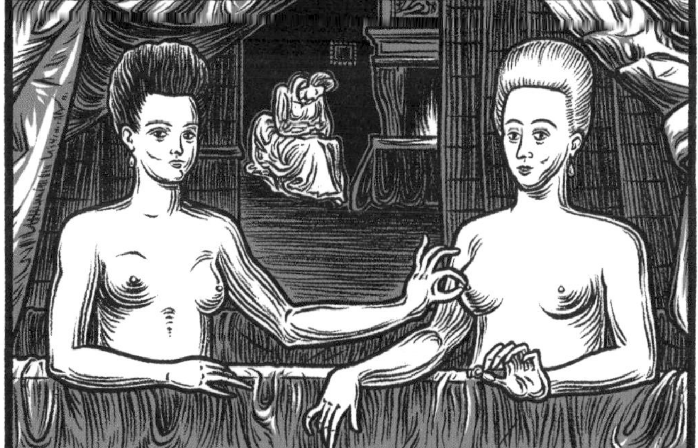

이것은 대담한 실험과 그 후 1000만 년 동안 이어지는 점진적 통합 단계의 시작이다.

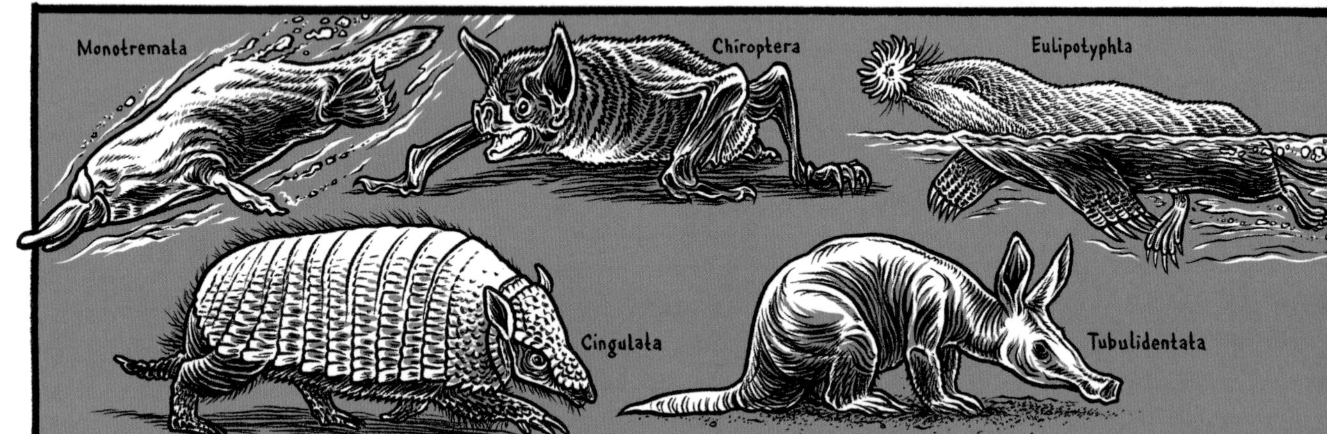

설치류가 처음으로 급속하게 증식한다.

다음으로 유제류有蹄類, 나무늘보, 박쥐가 이어 받는다.

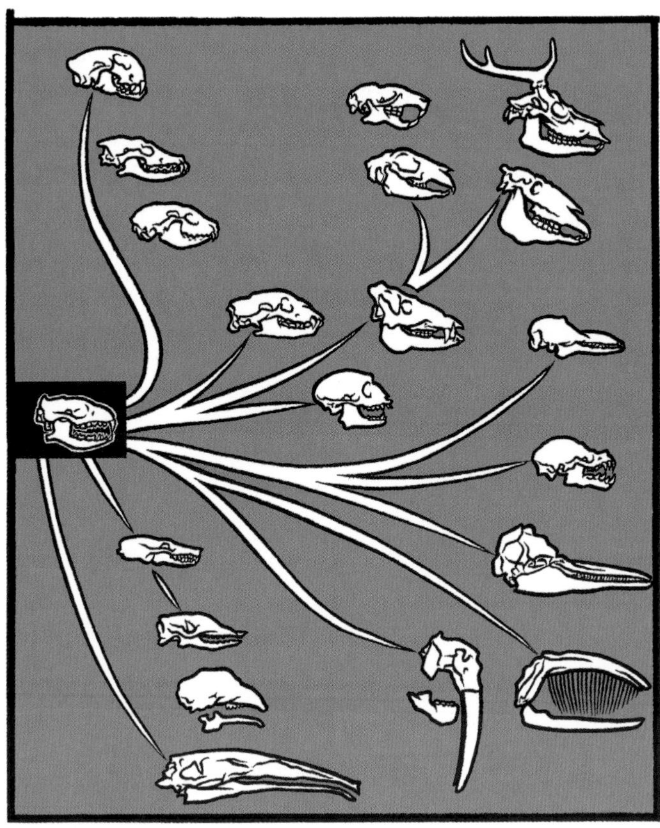

이들은 백악기 말의 절멸로 인해 공백상태가 된 모든 생태적 지위를 스스럼없이 점령한다.

최초의 육식동물은 얼마 지나지 않아 개류와 고양이류로 나누어지고 먹이를 쫓는다.

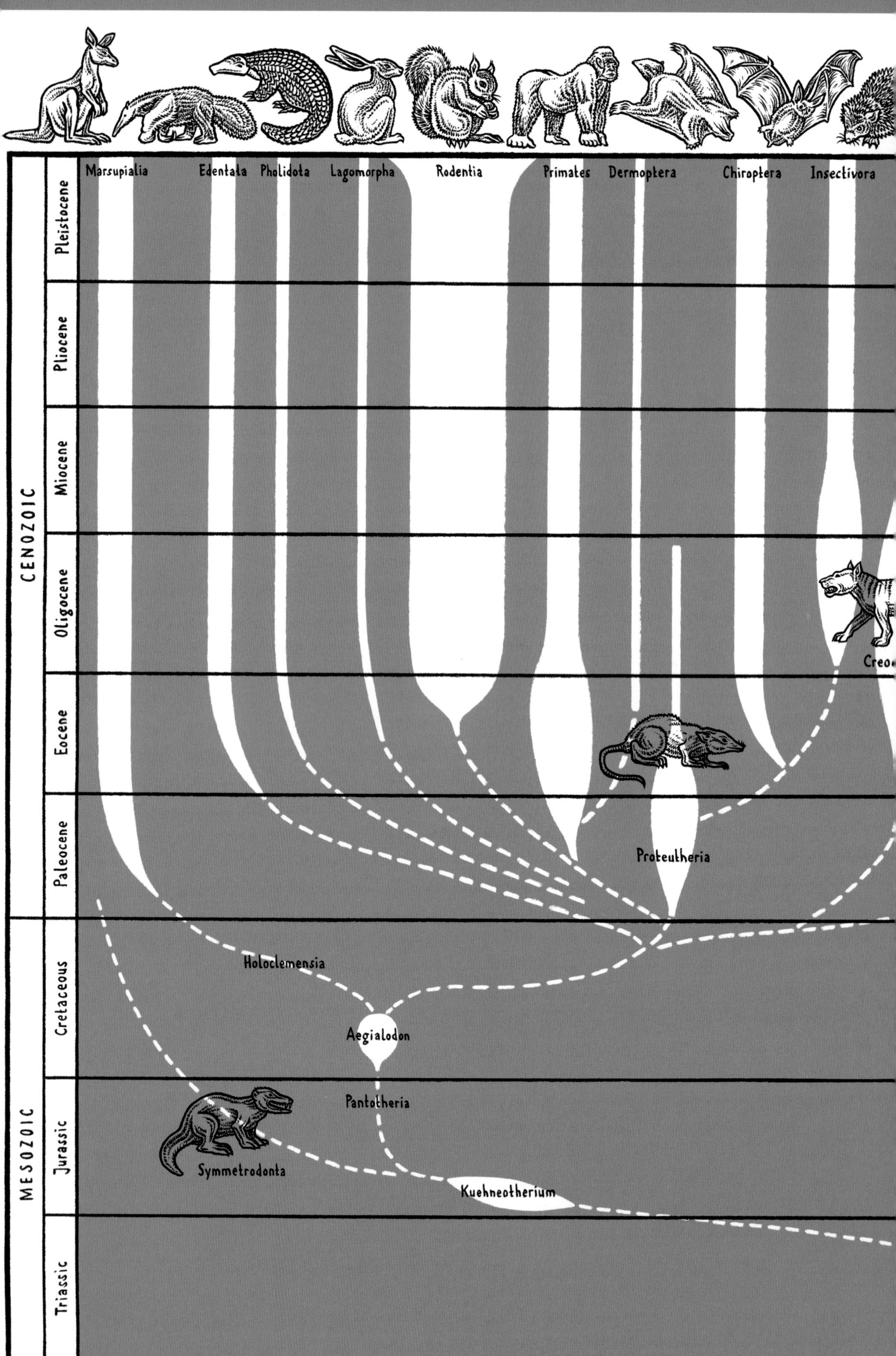
Marsupialia
Edentata
Pholidota
Lagomorpha
Rodentia
Primates
Dermoptera
Chiroptera
Insectivora
CENOZOIC
Pleistocene
Pliocene
Miocene
Oligocene
Eocene
Paleocene
MESOZOIC
Cretaceous
Jurassic
Triassic
Proteutheria
Holoclemensia
Aegialodon
Pantotheria
Symmetrodonta
Kuehneotherium

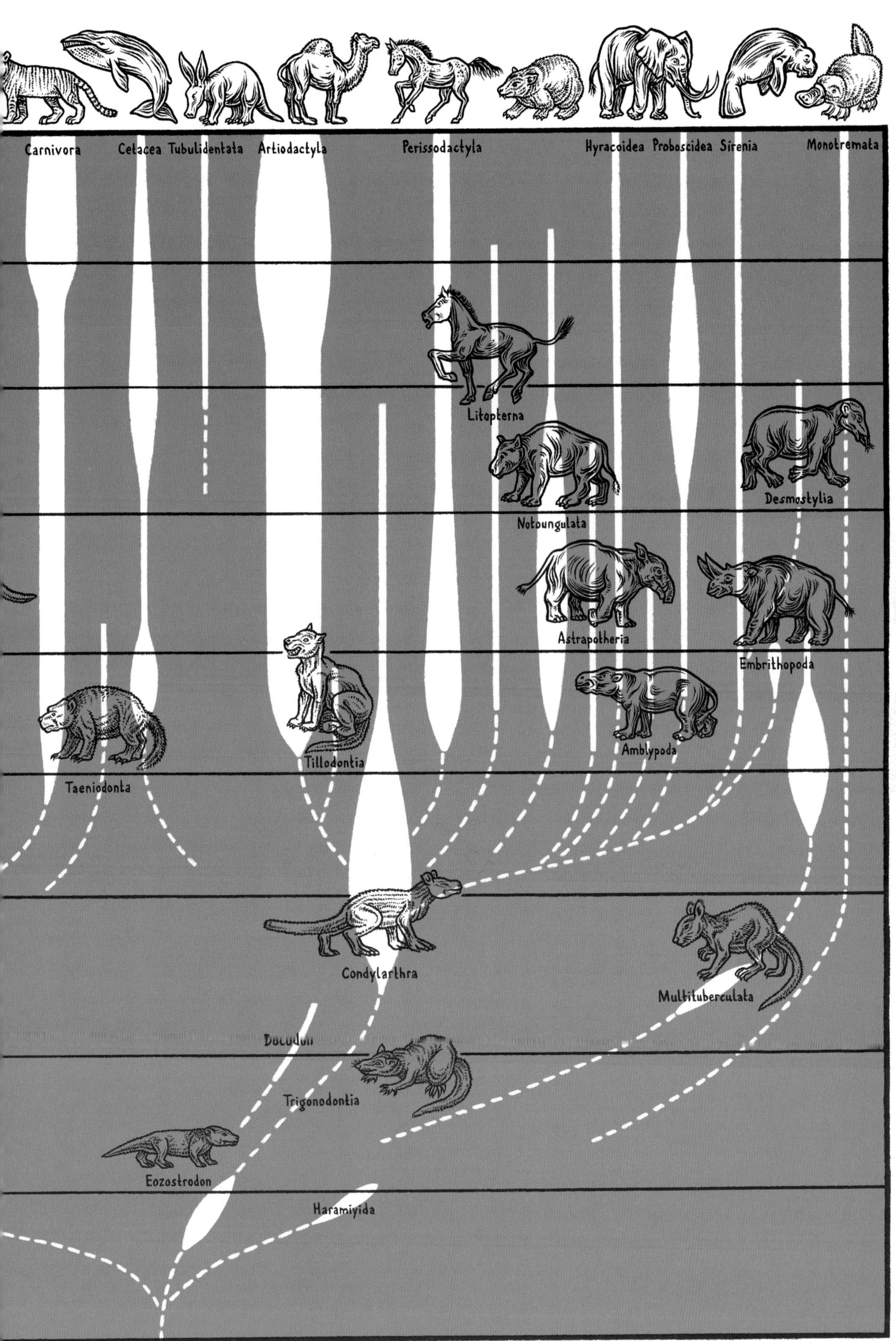
Carnivora
Cetacea
Tubulidentata
Artiodactyla
Perissodactyla
Hyracoidea
Proboscidea
Sirenia
Monotremata
Litopterna
Notoungulata
Desmostylia
Astrapotheria
Embrithopoda
Amblypoda
Taeniodonta
Tillodontia
Condylarthra
Multituberculata
Trigonodontia
Eozostrodon
Haramiyida

어떤 종의 원시적 유제류는 물속 환경으로 다시 돌아가 다리의 기능을 잊어버리고 서서히 헤엄치기를 익힌다.

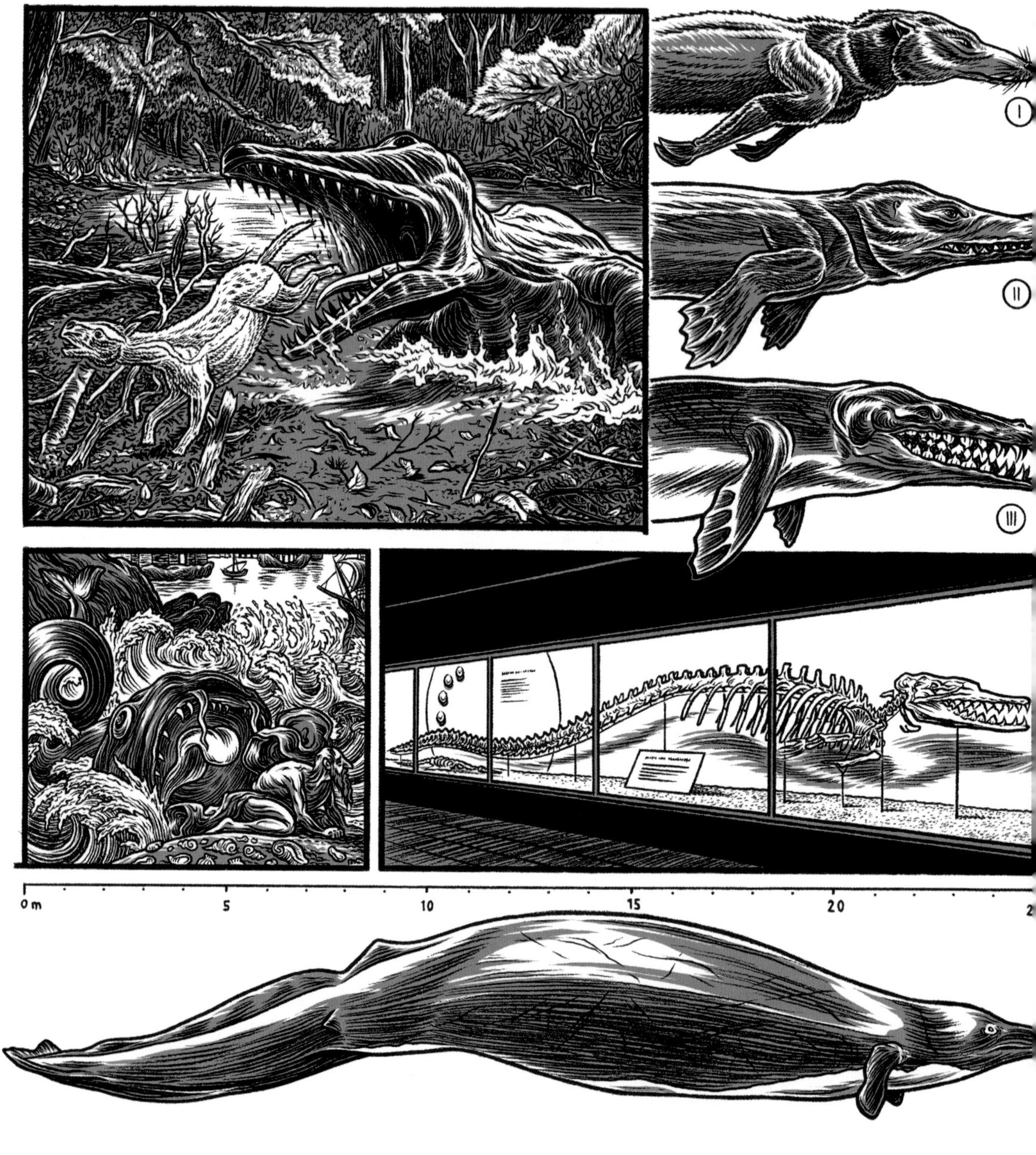

I

II

III

0 m 5 10 15 20

적응의 법칙은 그곳에서도 적용되어, 수백 만 년 후에는 **돌고래**와 **고래**가 등장한다.

< 신생대 >

바이오매스가 광대한 삼림에 축적되고, 수백 만 년 동안 막대한 석탄이 축적된다.

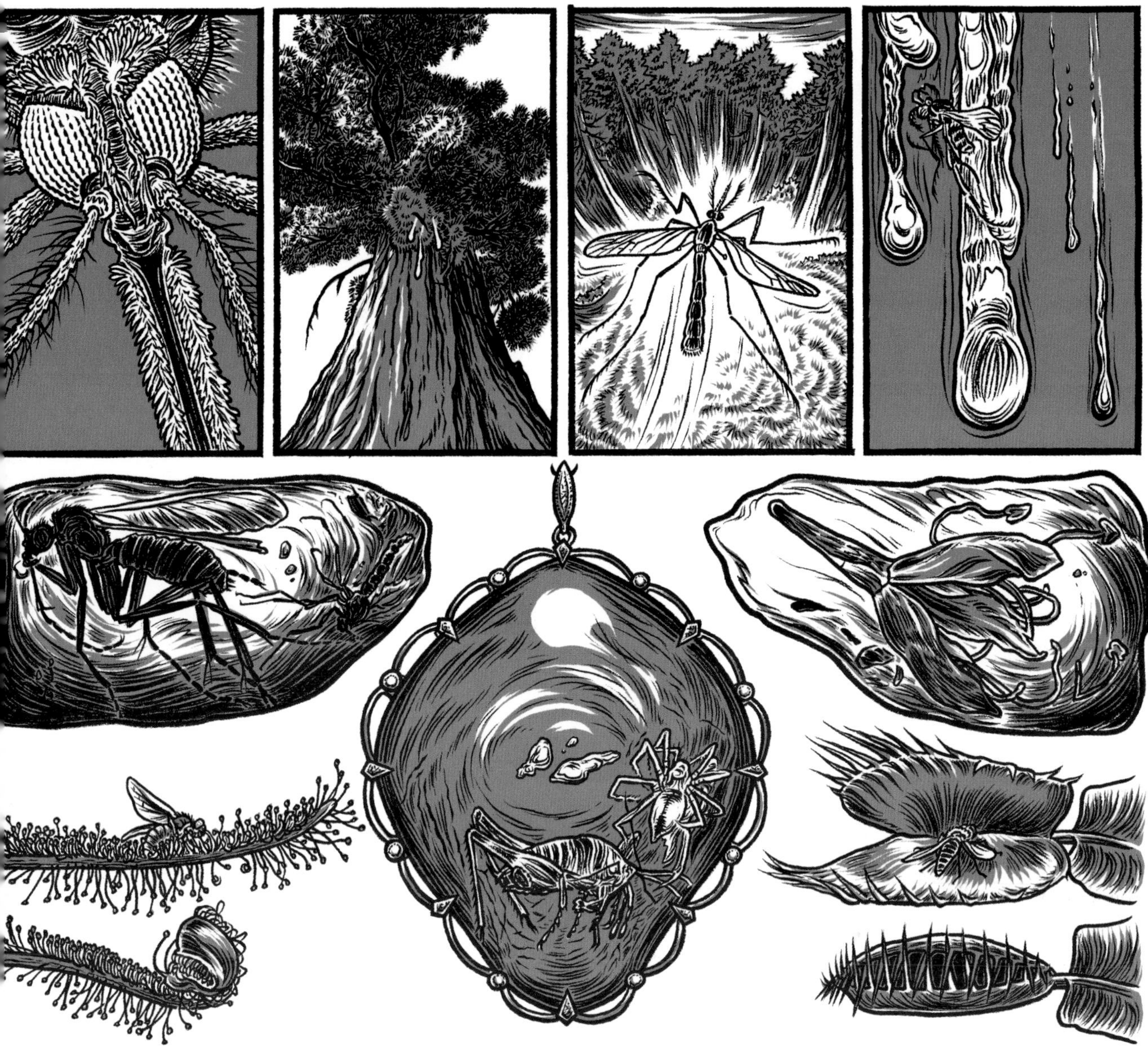

석탄이나 호박 속에 식물과 곤충의 흔적이 완벽하게 보존된다.

그 동안에 다시 더욱 냉랭하고 건조한 기후가 삼림을 후퇴시키고 광대한 지표가 나타난다. 작은 혁명의 시기가 찾아온 것처럼 보인다. 초목식물이 세상을 정복하기 위해 나선다.

포유류가 뒤를 잇는다. 끊임없이 드넓은 풍경 속에서 대형포유류는 진정한 우두머리가 된다.

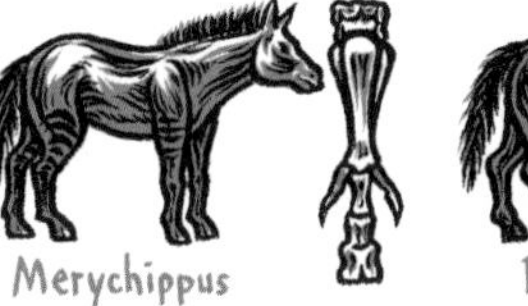

예전에 삼림에 집착해 있던 종족이 그곳을 떠나 대초원의 당당한 주인이 된다. 그것이 **말**의 경우이다.

60 MONGOLIA
МОНГОЛ ШУУДАН

НОЩА 20 СТ
НР БЪЛГАРИЯ
ДЕИНОТЕРИУМ

Mammuthus (1 mya)

Deinotherium (5 mya)

Gomphotherium (20 mya)

Phiomia (35 mya)

Moeritherium (50 mya)

Elephas maximus (0 mya)

코끼리 같은 장비류長鼻類도 남다른 발전을 이루어 내고, 경의를 표할 수밖에 없는 거대한 형태로 등장한다.

그러는 동안에도 대륙이 직소퍼즐 같이 끊임없이 진행된다. 좁은 지협地峽이 다시 두 개의 아메리카를 연결한다.

산은 계속 형성되고 유럽, 아프리카, 아시아의 플레이트가 점점 급속하게 접근한다.

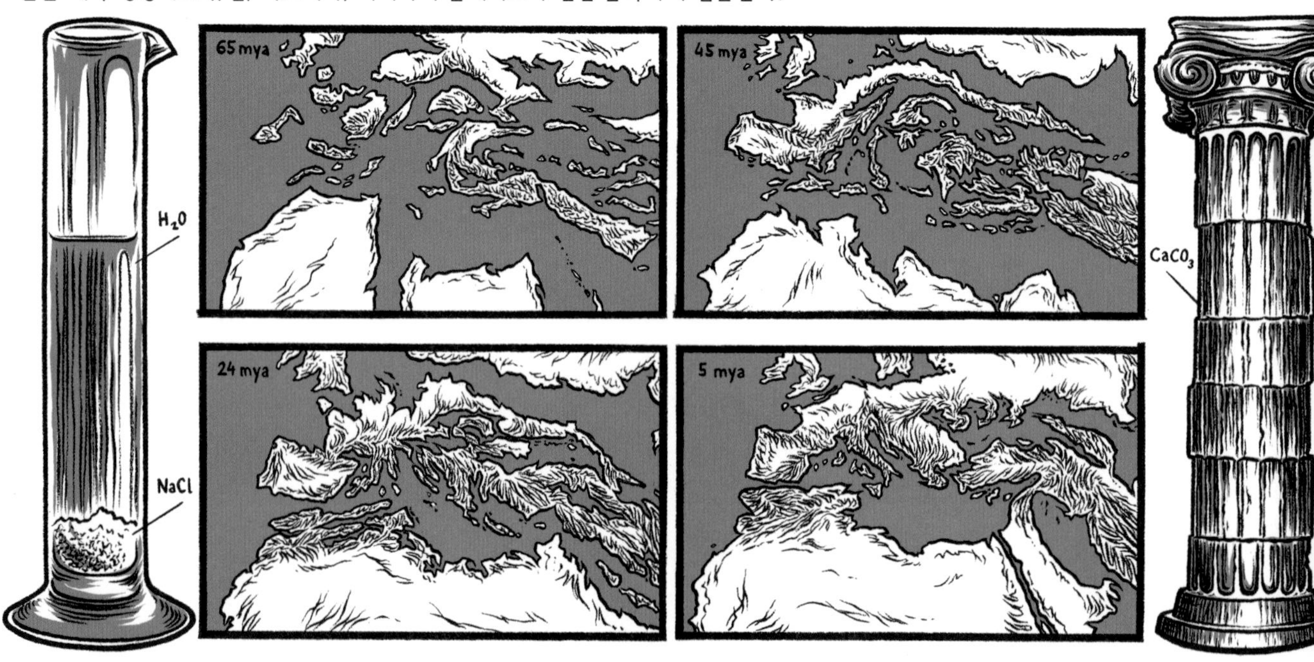

전 세계의 기온이 몇 도 내려가고, 제3기는 두꺼운 얼음층 아래에서 신속히 사라진다.

5.3 신생대 6550만 년 전에서 0만 년 전

5.3.1 제3기 6550만 년 전에서 180만 년 전

6300만 년 전 기후, 해류, 하늘과 땅의 힘 관계가 거의 안정되기 위해서는 **효신세**●라는 대략 250만년이 필요하다.

6200만 년 전 대서양은 급속하게 확대가 진행된다. 아이슬란드가 대서양 중앙해령의 「핫스팟」중 한 곳에 나타난다. 테티스 해는 점점 닫힌다. 아프리카 플레이트가 유라시아 플레이트의 아래로 점점 잠겨 들어가고, 유럽에서 고산의 형성이 가속화된다. 특히 알프스 조산운동이 이루어지는 동안 알프스 산맥과 피레네 산맥이 출현한다.

5900만 년 전 거의 날지 못하고 몸길이 4m에 이르는 거대한 형태의 조류(포루스라코스류)가 평원의 지배자가 되고, **카르노타우루스**류(대형 육식공룡)의 절멸로 공백상태가 된 생태적 지위를 점령한다. **참새류**(현생조류의 반 이상을 차지한다. 대부분은 작은 새)와 같은 최초의 현대적 조류(날 수 있는 신악류)가 출현한다. 포유류 중에서는 크기가 작은 종 이외에 뿔을 가진 거대한 원시적 종족도 발달한다.

5500만 년 전 **시신세**(에오세)의 기후 변화에 의해 대기가 급속히 10℃ 이상 따뜻해진다. 이 온실기후가 광대한 열대림의 출현을 촉진시키고, 유럽, 오스트레일리아, 북아메리카, 동아시아의 갈탄층 형성을 가능케 한다. 포유류가 놀랄만한 발전을 이루어 내는데(설치류, 박쥐, 우제류, 기제류, 나무늘보, 영장류 등) 반해, 오래된 형태는 사라져버리는 경향에 있다.

4400만 년 전 원시적인 유제류가 수륙양생의 과도기적 형태 다음으로 최초의 진정한 해생포유류를 탄생시키고, 해생포유류로부터 돌고래와 고래류가 태어난다.

3600만 년 전 포유류에서 갈라져 나온 많은 개체가 한랭 건조한 기후 탓에 사라진다. 저목지대와 반건조지 풍경이 출현한다.

3400만 년 전 **점신세**(올리고세)에, 거의 공룡크기와 같은 당당한 포유류가 발달하는데, 코뿔소, 낙타, 말, 토끼, 돼지, 식육류라고 하는 많은 현대적 모양도 출현한다. 식육류는 고양이, 몽구스, 하이에나와 같은 **고양이류**와 개, 곰, 늑대, 수달, 바다표범과 같은 **개류**로 나뉜다. 남극을 향해 이동하고 난류로부터 멀리 떨어진 남극대륙은 극관으로 뒤덮인다.

3250만 년 전 남아메리카는 파나마지협의 수몰에 의해, 오스트레일리아는 남극대륙으로부터 이탈됨에 따라 인접한 대륙에서 떨어져나간다.

2500만 년 전 참새류의 제2의 급증이 시작된다.

2400만 년 전 **중신세**에 알프스, 안데스, 록키, 그리고 세계 최고의 산맥인 히말라야가 형성된다. 8000m 이상의 산봉우리를 가진 히말라야는 인도아대륙이 유라시아 플레이트 아래로 밀려들어가면서 형성된다.

2200만 년 전 아시아에서 출발한 초목식물은 세계를 정복한다. 아시아의 스텝, 아프리카의 사바나, 남아메리카의 팜파스가 출현하고, 이윽고 대륙표면의 5분의 1이 초목으로 뒤덮인다. 반추동물이 세계 각지에서 급속히 발전하고, 수백 만의 개체로 이루어지는 무리를 형성한다. 재빠르고 끈기 있는 포식자가 광대한 평원의 생활에 적응한다.

1500만 년 전 뉴기니, 오스트레일리아, 태즈메이니아를 포함한 **사훌대륙**의 오스트레일리아 플레이트가 북동쪽으로 이동하고, 동남아시아와 충돌하여 뉴기니의 산악고원을 형성한다.

500만 년 전 **선신세**에 태양활동의 저하로 세계의 기후는 또다시 매우 한랭해진다. 일련의 빙하기가 특히 북반구에서 일어나고, 때로는 그 표면의 30% 가량이 두께 수km나 되는 얼음층으로 덮인다. 북극에서 열대까지의 기후대는 분화를 계속한다. 몇몇 절멸의 파도가 포유류의 많은 원시적인 종을 덮친다.

250만 년 전 3000만 년 간 고립을 이어온 후, 주로 **유대류**가 살고 있던 남아메리카 대륙은 북쪽의 쌍둥이와 충돌하여 종의 「아메리카간의 대교환」을 일으킨다. 파나마지협이 형성됨으로써 대서양의 난류 방향이 바뀌고, 기후의 대변동이 발생한다.

● 효신세 : 신생대 제3기를 5개로 구분했을 때, 그 최초에 해당한다.

제4기

빙하기의 새로운 파도가 북유럽, 북아메리카, 북아시아 등을 포함하는 지표를 습격한다.

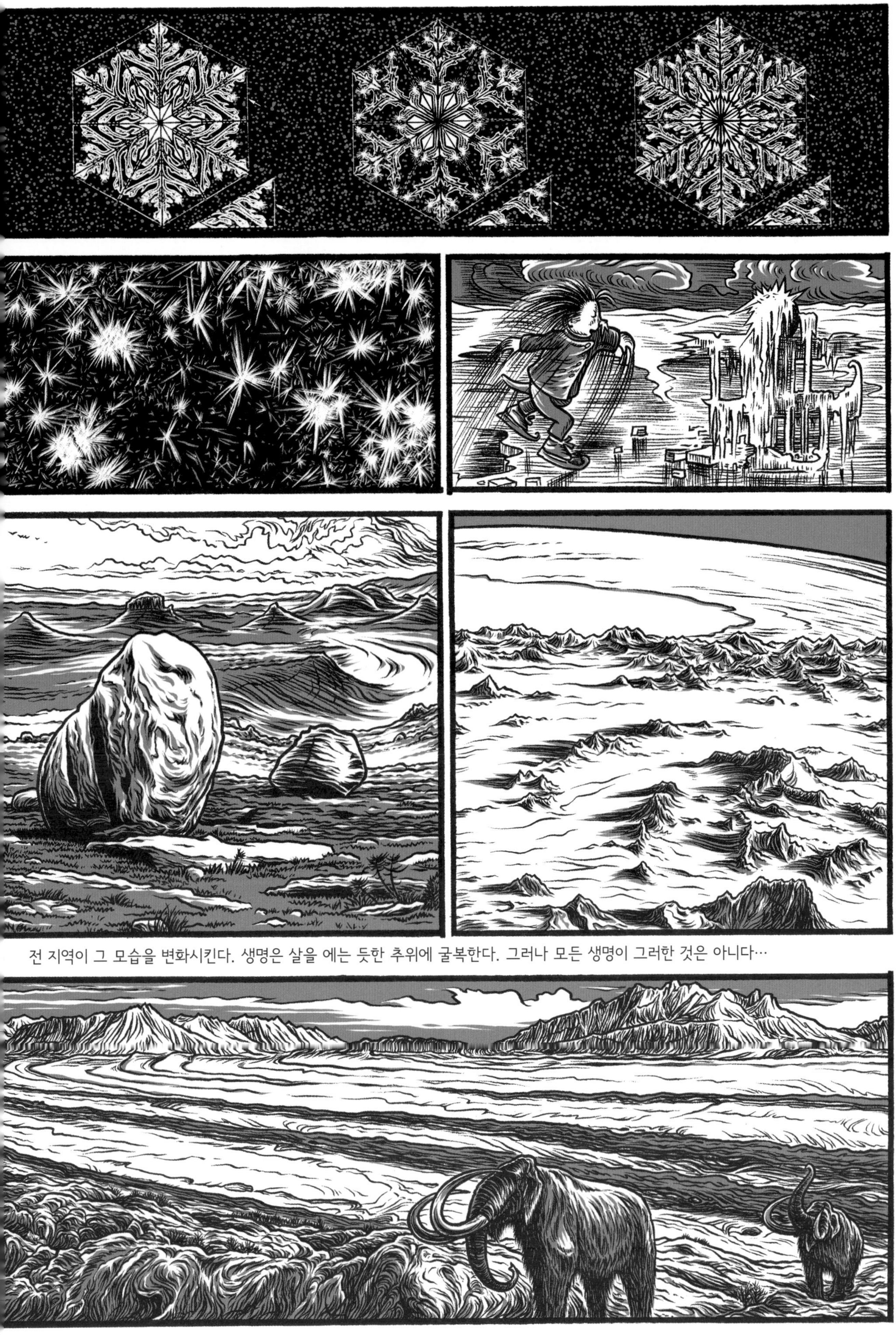

전 지역이 그 모습을 변화시킨다. 생명은 살을 에는 듯한 추위에 굴복한다. 그러나 모든 생명이 그러한 것은 아니다…

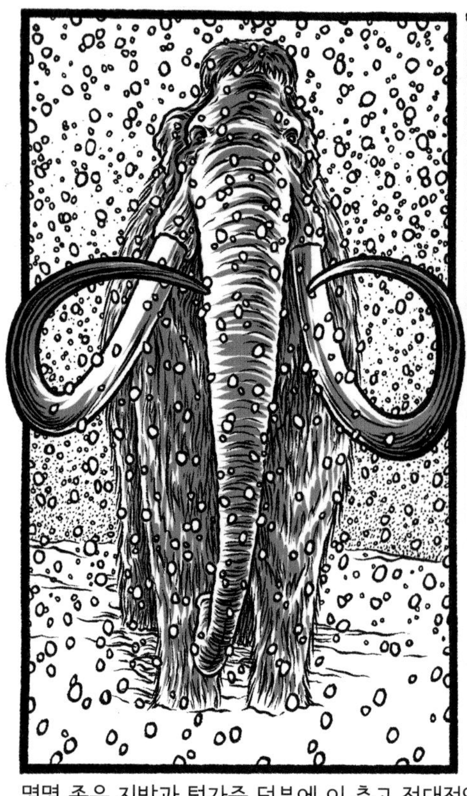

몇몇 종은 지방과 털가죽 덕분에 이 춥고 적대적인 환경에 적응하는데 성공한다.

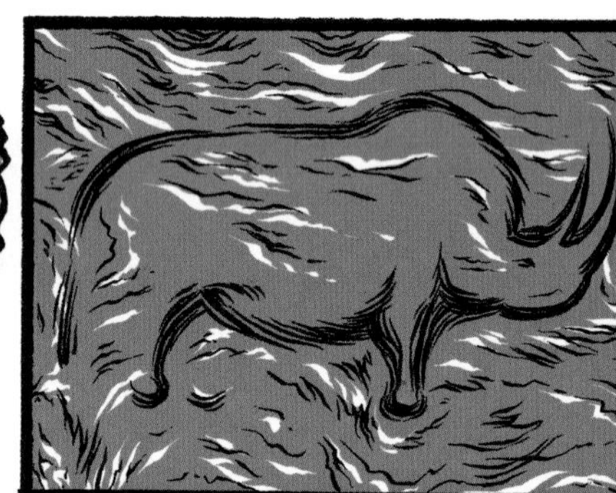

털코뿔소, 큰뿔사슴, 검치호랑이와 마찬가지로 동굴곰이나 동굴사자도 추위에 저항한다.

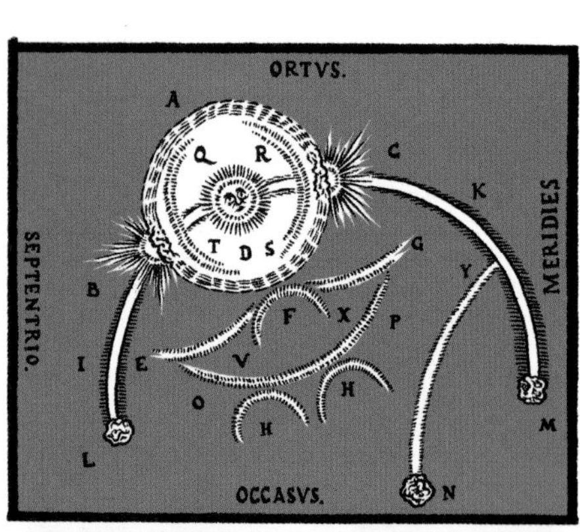

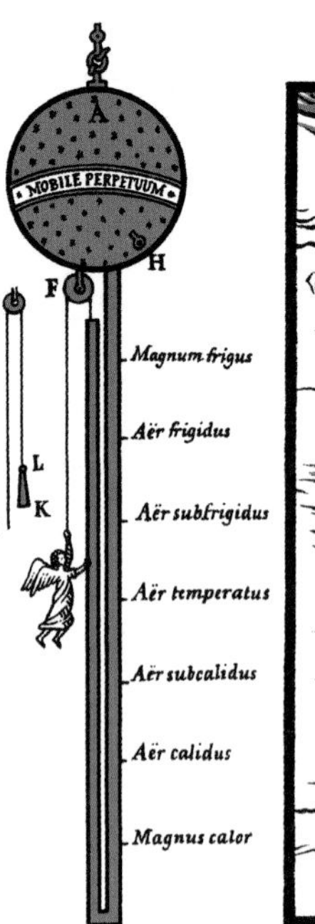

우유부단한 기후가 길게 이어진 뒤 온난해 지고…

… 극지방만이 얼음 속에 사로잡혀 있다.

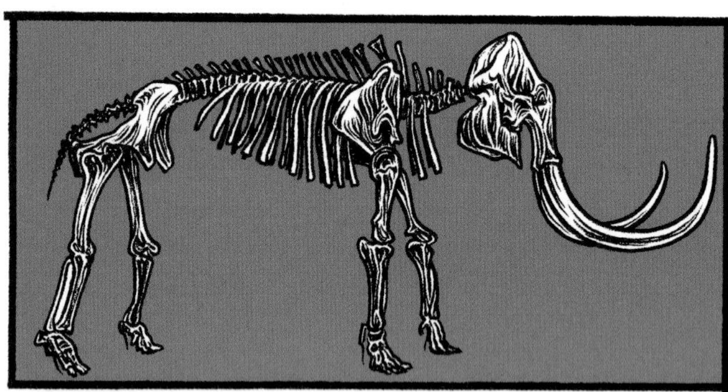

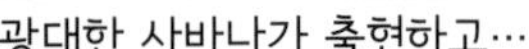

광대한 사바나가 출현하고…

… 식물이 곳곳에 존재하며…

… 사냥감은 도처에 널려 있다.

5.3 신생대 6550만 년 전에서 0만 년 전

5.3.2 제4기 180만 년에서 0만 년 전

180만 년 전 **갱신세**에 세계는 새로운 빙하기의 파도에 습격당하지만, 그것은 대략 20만 년의 전진기와 후퇴기를 포함하고 있다 - 즉 추운 시기와 따뜻한 시기가 교대로 찾아오고, 대부분 10만년의 한랭기 후에 10만년의 온난기가 지속된다는 리듬을 가지고 있다 - 마지막 빙하기의 절정에는 북아메리카와 유라시아 북부의 광대한 지역과 안데스와 티벳 고산의 능선이 수 킬로미터의 두께의 얼음층에 뒤덮인다.

지구상의 물 중 약 5%는 얼어버리고, 담수의 90%는 얼음 속에 갇혀버려서, 바다수위는 100m가까이 낮아진다.

갱신세의 동물군 중에서 가장 잘 적응한 자, 추위에 저항한 대표자는 선사시대 **코끼리의 동족**(맘모스, 마스토돈), 유제류(털코뿔소, 큰뿔사슴), 그리고 **포식동물**(동굴곰, 동굴사자, 검치호랑이)이다. 그들은 당당한 체구를 지니고, 털가죽과 지방층을 발달시켜, 그 덕택에 체온을 유지하고, 대륙빙하 기슭까지 확대되는 툰드라에서 살아남을 수 있었다. 열대는 어느새 적도 주위의 가늘고 긴 띠로밖에 남지 않는다.

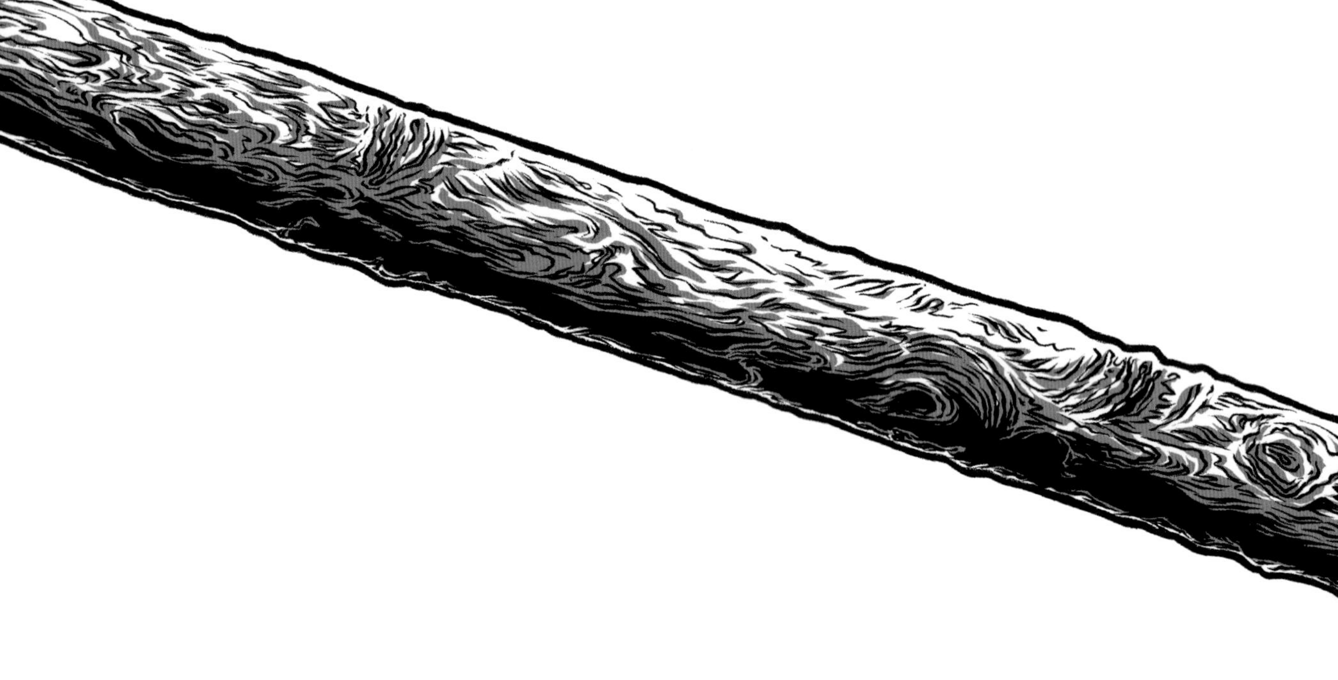

1만 년 전 **완신세** 초에 새로운 온난기가 얼음을 고산의 빙하와 극지방에까지 후퇴시키고, 바다수위는 다시 상승한다. 대형포유류의 대부분은 사람과Hominidae 생물들의 수렵에 의해 대량 살육되기도 하고, 새로운 기후변화를 이겨내지 못하고 사라진다.

0만 년 전 새로운 시대, 우리들의 시대가 시작된다…

인류대

새로운 시대, 「**인간의 시대**」가 시작된다.

인간은 본 서에서 다룬 두 개의 마지막 시기, 즉 제3기의 끝인 선신세와 제4기 전체에 걸쳐 이미 첫 발걸음을 내디딘 **오스트랄로피테쿠스**나 **호모에렉투스**와 같은 원시인류를 출현시켰다.

그러나 저자는 『베타…문명』 이라고 이름 지워진 이 시리즈의 제2부에서 본격적으로 다루기 위해, 『알파…방향』 에서는 사람과의 진화에 대해서는 다루지 않기로 했다. 『베타…문명』은 500만 년에 이르는 인류와 그 문명의 오늘날까지의 진화를 차분히 검토할 것이다.

이 3부작의 마지막 권 『감마…비전』 은 장래에 일어날 수 있는 진화와 그 시각화에 힘을 쏟게 된다.

서문

「결국 어떻게 하여 모든 것은 시작된 것인가, 어떻게 하여 모든 것은 끝나는 것인가 라는 두 개의 의문만이 인간의 근심의 씨앗이다.」 (스티븐 호킹)

이 의문에 대해서는 하나의 답에 접근할 수밖에 없다. 두 번째 의문에 관해서는 어떻게든 명백해 지리라 - 무모한 지식이나 유행하는 분석에 영향을 받지 않는다면 - 생각하거나, 혹은 순환적 모델이나 적어도 미래에 있어서 있을법한 모델, 과거의 사건으로부터 연역되는 인과적 연쇄나 법칙을 인정하거나일 것이다. 첫 번째 의문에 관해서는 여러 분야의 연구와 그것이 제공하는 모델을 결합하고, 천문학, 물리학, 화학, 생물학, 고생물학, 고고학 등 점점 늘어나는 지식의 상태를 조합시킬 수 있다.

우리들의 배후를 살펴보자. 21세기의 과학과 기술의 비약은 사람들 사이에 과거에 대한 관심을 고조시켰다. 놀랄만한 진귀한 물건을 대중에게 제시하는 것만으로 만족하지 않고, 천지창조나 노아의 홍수의 관념에 의존하지 않고, 그것을 설명하는 시도도 이루어졌다. 세계 곳곳에서 거대한 뼈, 석화한 신비한 형태, 기묘하고 거대한 흔적, 전체가 석탄으로 변화한 삼림 등이 발굴에 의해 공개되었다. 이후 「화석」이라고 불리게 된 이러한 물체를 제시하는, 여러 방법이 발달했다. 우선은 그 즈음 유행한 만국박람회에서 전시되고, 다음으로 이동전시회나 새로 개관한 박물관에 모였다. 오늘날에도 전문가팀은 지구 구석구석을 면밀하게 조사하고, 남극대륙의 얼음을 시굴하고, 광산과 건설현장에서 새로운 전리품을 찾아다닌다. 이 테마에 관한 모든 간행물, 즉 책, 잡지, CD-ROM, 컴퓨터 애니메이션, 인터넷 포럼, 다큐멘터리, 영화 등의 내용을 얻기란 거의 불가능하게 되어 있다.

어쩌면 6, 7세경, 나도 이 태고의 시대에 대해 관심을 가지기 시작했다. 애초 나에게는 (『쥐라기 공원』이 나오기 훨씬 전이었다고 해도), 동년배의 많은 아이들이 공룡에 대해 가질 수 있는 똑같은 정열이 있었다. 부모님은 나를 고생물 전람회에 데려가 주시고, 우리들은 베를린의 자연사박물관 앞에서 몇 시간이나 줄을 서기도 하고, 바우첸 근처의 클라인벨카 공룡공원을 견학하기도 했다(1970년대 말에 어느 열렬한 애호가가 정원의 한쪽 구석에 철근 콘크리트로 공룡을 건조하기 시작했다. 요즘은 컬렉션이 시립공원 전체를 점령했고, 독일에서의 이 장르 중 가장 중요한 컬렉션으로 인식되고 있다). 더군다나 내가 태어난 환경과 지역이 이러한 관심을 가지는데 무시할 수 없는 역할을 했다. 나는 구 동독, 오버라우지츠 지방의 바이스바서에서 자랐고, 아주 어렸을 때부터 그곳은 모든 것이 몇 백 번이나 변화되었다는 것이다. 그리고 그 변화는 현재도 계속되고 있음을 스스로 느끼고 있다. 한 편, 이 지역 전체는 빙하의 잇따른 통과로 인한 긁힘으로, 아무리 작은 언덕도 빙하의 활동을 생각나게 했다. 얼음은 우리들에게 몇 가지 기념품을 남겨주기도 했다. 미아석이라고 불리는, 스칸디나비아 전체에서 가지고 온 매끈하고 거대한 암석 덩어리가 있었다. 게다가 우리가 살던 지역의 지하에는 광대한 갈탄층이 잠자고 있었다. 커다란 굴삭기가 원초적인 숲의 흔적 안을 파내고, 자연 그대로의 마을과 광대한 황야를 황폐화시키고, 그 후에 지구가 아닌 것 같은 삭막한 풍경을 남긴다. 우리 자신도 복스베르크의 발전소(지금도 자랑스럽게 여기고 있는 갈탄을 연료로 하는 유럽 최대의 발전소)에서 실습을 하고 있었을 때, 「검은 금」이라고 하는 제3기의 유산을 괴물 같은 그을음과 에너지로 변환시키는 것에 모든 정열을 불태우고 있었다.

아버지의 격려로, 이미 오래 전부터 그림 그리기는 내가 좋아하는 활동의 일부가 되어 있었다. 나는 희한한 모양의 토할 것만 같은 냄새의 플라스틱 공룡(폴란드제. 그리 냄새가 강하지 않은 홍콩제는 귀했었다)으로 노는 것에 만족하지 않고, 아주 자연스럽게 이 원시생물의 그림을 그리고 있었다. 그러기 위해서 나는 입수하는 모든 관련 그림을 세세하게 분석했다 --- 무엇보다도 이 책의 집필을 위해서도 비슷한 행동을 했었다. 이윽고 나는 과거 시대에 대한 놀랄 정도로 생생한 가능성을 현재에도 비할 데 없는 체코의 화가 즈데닉 브리안을 발견했다. 나는 수십 권이나 되는 고생물 관련 출판물 속에서 본 그의 그림을 몇 번이나 복사하고 나의 것으로 만들기 시작했다.(스승이 나에게 허락하여, 『알파』 중의 몇몇 테마에 사용하고, 그의 작품이 착상의 유일한 원천이었다는 사실을 그의 작품에 대한 찬사라고 봐주시도록)

사춘기 때에는 이 테마에 대한 나의 관심은 조금 줄어들었다. 하지만 때로는 그리움을 느끼고 도서관 책장에서 브리안의 책을 꺼내는 일도 심심치 않게 있었다. (당시 그 책을 내 것으로 만들기란 불가능하였고 좋은 상태의 그 책을 찾을 수 있게 된 것은 인터넷 시대가 오고 나서였다.) 그러나 그 욕망을 참는다는 것은 한 순간의 것에 지나지 않았다. 세계와 생명의 기원이라는 문제는 요즘의 나에게 있어서 너무나 본질적이고 중요하다. 종교는 해답을 주지 않았고, 세계에 대한 비교적秘教的인 개념도 그러했다. 그와 더불어, 1990년대부터 사람들의 정신 속에 점점 자리를 잡게 되었던, 생물권역의 보호라고 하는 문제가 존재했다. 주의 깊게 검토한다면, 이 문제는 우리를 아주 직접적으로, 지구가 경험한 과거에 대한 격변의 시나리오로, 놀랄만한 기후의 변화로, 빙하기로, 대량절멸의 파도로 되돌아갈 것이다. 이러한 사건은 수백만 년에 걸쳐 반복되어 벌어졌지만, 현재의 우리 인간들은 이 모든 상황이 조금 더 빠르게 진행될지도 모른다는 것을 자연에게 알려주는데 좀 더 나은 위치에 있다.

우리가 어디에서 와서 어디로 가는가 하는 문제는 사람들로 하여금 정열을 부채질한다. 진화론 지지자와 창조론자 -신에 의한 창조론을 믿는 자들- 사이의 골은 현대의 발전을 눈앞에 두고 보다 깊어지고 있다 --- 동양에서나 서양에서나 펀더멘털리즘이 다시금 나타나고 있고, 가치 체계의 본질이 급진화하는 것이 문제가 되고 있다. 이미 미국의 몇몇 학교에서는 생물학 수업이 성경의 명제와 모순되지 않도록 주의를 기울이고 있다. 비슷한 예로 어떤 사람들은 독일의 학교 교육에서 다윈의 이론이 추방되기를 원하고 있기도 하다.

그렇다 하더라도 다윈의 발견으로부터 발전한 지식은 지극히 중요하기 때문에 이것은 진화 전체의 보편적 모델로 여겨져야만 한다. 여기서 나는 「적자생존의 법칙」의 나쁜 해석에 기인하는, 때로는 인종차별주의로까지 나아가는 기묘한 폭주행태는 언급하지 않겠다. 진화 속의 「진보」라는 개념이 반드시 필요한 것이 아니라, 오히려 지금 있는 것의 끊임없는 발전의 개념이 중요한 것이다. 왜냐하면 이전에 나온 해답으로의 회귀나 나선적螺旋的 혹은 순환적 발전도 경쟁력을 가질 수 있기 때문이다. 변이, 돌연변이, 공생, 결합, 수렴이나 적응은 생물학에 있어서 뿐만 아니라, 기술적 진화에 관해서도 또한 사회적 관계, 언어체계, 건축이나 음악이라고 하는 다양한 영역에 있어서도 유효하다. 그리고 필연적으로 이 법칙을 부정하는 사람들의 영역 -종교, 세계관, 교의, 논의- 에 있어서도 가치가 있다.

나는 「알파」를 통해, 빅뱅이라 불리는 시점에서 출발하여 우리들이 알고 있는 우주의 탄생을 상상하기 위해, 가능한 모든 시각표현을 수집하려 시도했다. 예전에 문맹자들을 위해 편찬된 『그림으로 이해하는 성경』과 닮아 있지만, 본서는 과학적 기반에 입각한, 어떠한 고백도 강제되어 있지 않은, 글을 읽을 수 있는 사람들에게 맞춘 책이다. 그렇다고 신적인 표현이나 종교적인 상징이 본서에 전혀 등장하지 않는 것은 아니다. 오히려 나는 곳곳에 천지창조나 원초의 여러 가지 힘, 전설적 인물이나 낙원에 관한 옛 표현을 적극적으로 채용했다. 왜냐하면, 그 그림들은(상당히 모호한 장면이라도) 오늘날 허블우주망원경의 영상이나 DNA분석과 같은 과학적 발견 덕택에 그 비밀이 밝혀져 있는 종의 과정을 예감하고 있기 때문이다. 다른 몇몇 삽화는 반대로 그 소박함이 감동적이고 비상식일 정도로 공상적이어서, 소립자의 흐름과 같은 가설적 운동의 다소 무미건조한 그림 사이에 그 그림들을 넣고 싶은 유혹을 떨쳐버릴 수 없었다. 설령 그 그림들의 기능을 설명하는 것이 아니라, 오히려 그곳에서 일어나고 있는 현상과의 대조를 더욱 두드러지게 했다 할지라도 말이다.

따라서 몇몇 그림 외에는 본서의 그림을 개인적인 창작물로 여기지 말아주었으면 한다. 3부작이란 틀 안에서, 나이 상상력에서 나온 과거모습을 종이 위에 표현하기를 기대하는 것은 그다지 흥미로운 일이라고는 생각되지 않는다. 반대로 당초부터 내가 추구해 본 방침은 가능한 한 많은 도상적 원전을 수집하고, 그것들을 페이지 속에서 결합한다는 것이었다. 『알파』로 하여금, 나는 인류 역사 3만 년의 도상적 창조로부터 차용한 파노프티콘(panoptikon, 일망감시시설, 건물 안이 한 눈에 보이는 시설)을 ---크로마뇽인이 그린 최초의 동굴벽화로부터 3D영상까지의 표현의 요약을 만들고 싶다고 생각했다. 나는 고대 모자이크의 창작자로부터 르네상스의 화가를 거쳐, 최근 수 십 년 동안의 유명한 팔레오아트(Paleontological Art의 줄임말, 고생물학 그림) 전문화가 및 이 책의 테마에 적합한 만화가까지, 많은 위대한 그림 스승들을 통합하고자 했다. 따라서 이러한 관점에서 보면, 『알파』는 자료수집작품 이라고 볼 수도 있다. 왜냐하면 나는 진화의 과정 그 자체뿐만 아니라, 세계의 표현과 사상의 진화, 만물의 기원과 세계의 이미지가 어떻게 변화했는지도 제시하고 있기 때문이다. 나는 앞서 언급한 종교적 인용 외에 여러 시대의 과학적 삽화의 예도 더하려 했다 --- 그 중의 몇 가지는 초보적인 지식의 상태에 머물러 있고, 훨씬 예전에 이미 시대에 뒤쳐졌다고 취급

받았지만, (288페이지 위의 이구아노돈과 같이) 다른 것들은 BBC의 매력적인 컴퓨터 애니메이션처럼 현재에도 그 의의를 유지하고 있다.

나는 항상 시간의 흐름에 대한 깊은 관심을 가져왔다. 제4차원의 접촉할 수 없는 재료는 140억년 이상을 350페이지 남짓으로 그린다는 것은 농담처럼 보인다 하더라도(약 2000개의 그림이 있으므로, 평균으로 치면 하나의 그림이 700만 년에 상당한다) 만화와 같은 연속그림에 기초한 매체에 의해서만이 그나마 제대로 접근할 수 있을 것이다. 내 마음 속에서 줄곧 떠나지 않는 생명의 출현은 우리 인간들에게는 언제나 「기적」처럼 여겨진다. 그 큰 수수께끼에 마주해, 나는 그림으로 그것에 다가가려고 본서의 꽤 많은 부분을 할애했다. 본서의 집필과 병행해서, 나에게 우리 아이들의 진화를 추적할 기회가 있었다 --- 선명하지 못한 초기의 초음파검사 동영상에서부터, 5분만에 응접실을 전쟁터로 바꾸어 버릴지언정, 이미 스스로 그림까지 그려내는 4살 반의 오늘까지의 진화를. 그러나 『알파』 속에 항상 존재하는 관념은 어떤 것이든 결코 끝나지 않고, 무엇이든 완전하지 않고, 모든 것이, 이 이야기 조차도 변화한다는 것이다. 이 이야기는 끊임없이 수정되고, 4년 반 전에 내가 작업을 시작하고 나서도, 세계에 대해 보다 많은 정보가 계속 나오고 있다. 훨씬 이전부터 많은 것이 확증되고, 많은 것이 포기되고도 있지만, 나는 그것을 조금밖에 고려하지 못했다. 3부작 중 첫 권인 본서의 개정판을 언젠가 집필하게 된다면, 나는 분명 몇몇 그림을 추가하거나 수정할 것이다. 그리고 어쩌면 앞으로 다른 만화가들이 「모든 시대에 대한 보다 긴 이야기」를 쓸지도 모른다. --- 실제로 그럴 정도의 가치는 있다고 나는 생각하고 있다.

2008년 10월

옌스 하르더

< 부록 >

옌스 하르더 jens harder

1970년 독일민주공화국의 바이스바서에서 태어남.
1996년에서 2003년까지 베를린 바이센제 미술학교에서 그래픽 아트를 공부했다.

귀화한 도시인 베를린에서 수 년 전부터 일러스트레이터 겸 만화 작가로서 일을 하고 있다. 몇 편의 화집과 이야기책을 발표하고, 다양한 국제적인 상을 수상했다.

에르랑겐 만화 살롱 최우수 독일만화 막스 & 모리츠상 (2004, 2010).
e.o.plauen협회 장려상 (2007).
앙굴렘 국제만화제 대담상 (2010).
한스 마이트상 (2011).

그의 작품은 독일의 몇 개 도시와 에크스, 바젤, 베로 오리존테, 크리티바, 쥬네브, 예루살렘, 리스본, 루체른, 노보시비르스크, 오슬로, 파리, 포르투알레그리, 텔아비브, 취리히 등에서 전시되었다.

그는 다수의 만화잡지 (Mogamobo, Nosotros somos los muertos, Panel 등) 과 앤솔로지 (Alltagsspionage, Monogatari 2001; Warburger, Stripburger 2003; Operation Lackerli, Monogatari 2004: CARGO-comicreportagen israel-deutschland, Avant-velag 2005; Beasts Vol.Ⅱ, Fantagraphics 2008; Gods & Monster, NoBrow 2009 등) 에 작품을 발표하고 있다.

최근 수년 동안 발행된 옌스 하르더의 작품

LEVIATHAN
(독일어, 프랑스어, 영어, 일본어 4개국어판 Editions de l'An 2, 2003)

La Cite de Dieu
(프랑스어판 Editions de l'An 2, 2006)

MIKROmakro
(독일어, 프랑스어 2개국어판 vfmk-velag fur moderne Kunst Nurnberg, 2007)

ALPHA…directions
(프랑스어판 Actes Sud-L'An 2, 2009, 독일어판 Carlsen Comics, 2010)

BETA…civilisations
(프랑스어판 Actes Sud-L'An 2, 2014, 독일어판 Carlsen Comics, 2014)

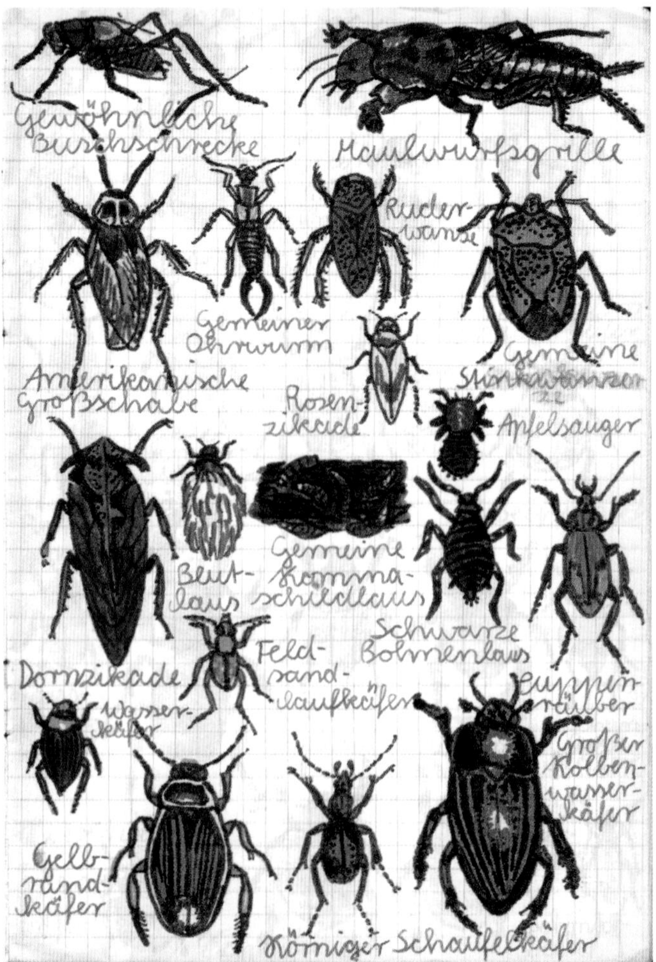
Gewöhnliche Buschschrecke
Maulwurfsgrille
Ruderwanze
Gemeiner Ohrwurm
Amerikanische Großschabe
Gemeine Stinkwanze
Rosenzikade
Apfelsauger
Beutlaus
Gemeine Kommaschildlaus
Schwarze Bohnenlaus
Dornzikade
Feldsandlaufkäfer
Puppenräuber
Wasserkäfer
Großer Kolbenwasserkäfer
Gelbrandkäfer
Körniger Schaufelkäfer

Schlammröhrenwurm
Spinnentiere
Weberknecht (Kanker)
Bücherskorpion
Kreuzspinne
Zebraspinne
Holzbock
Sammetmilbe
Krebstiere
Seepocke
Wattkrebs
Kugelassel
Edelkrebs
Chinesische Wollhandkrabbe

왼쪽페이지
스테고사우르스 대 아로사우르스
(즈데닉 브리안에 기초함) / 절족동물 컬렉션
I + II.

오른쪽페이지
킨카주 / 모아 / 백악기의 연구 (즈데닉 브리안에 기초함) / 오셀롯 / 마스토돈 대 맘모스.

아래 그림과 뎃생, 1979-1981년.

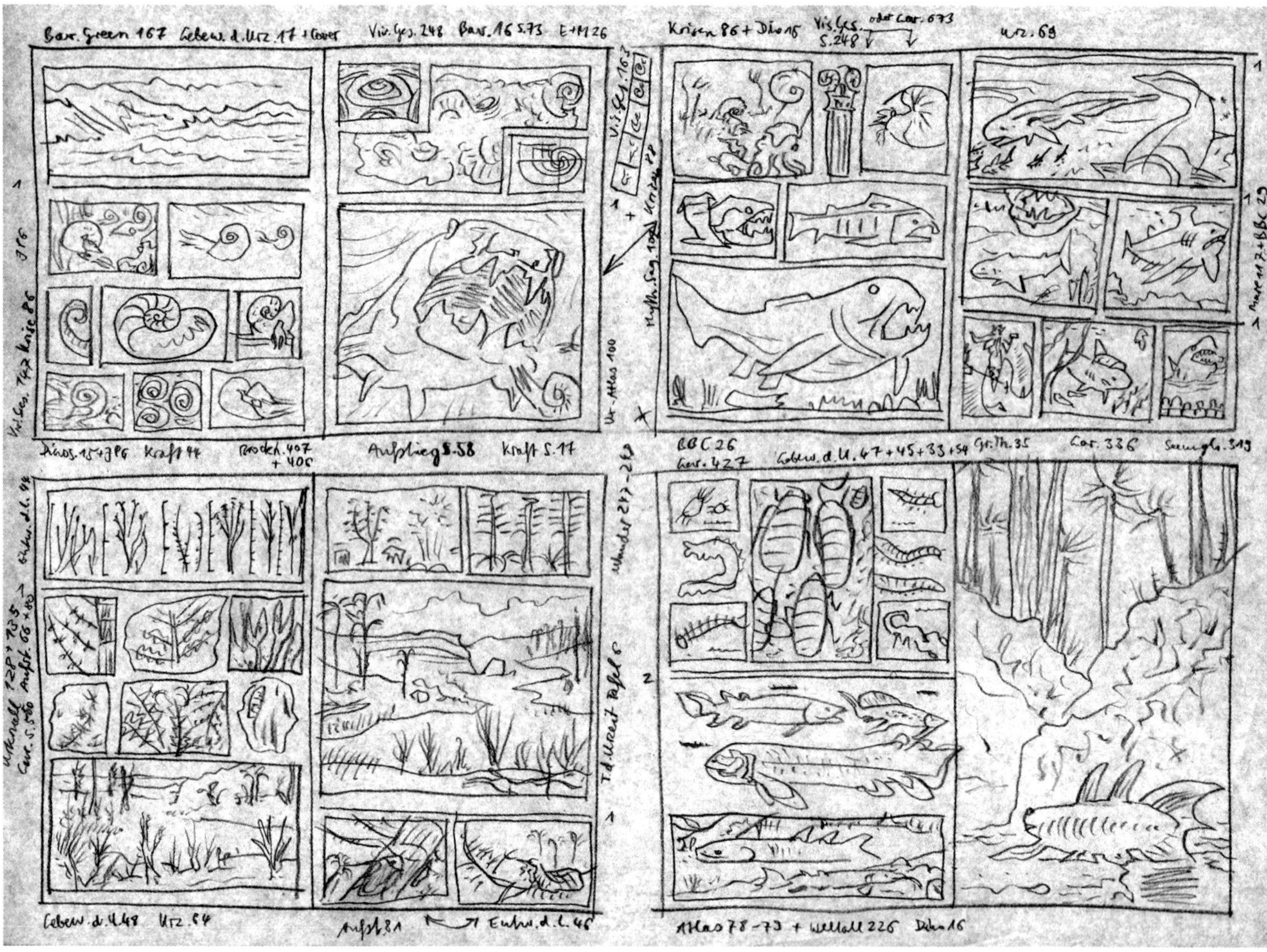

『알파』의 스토리보드. 작업 최초단계 (2004-2007년)의 밑그림.

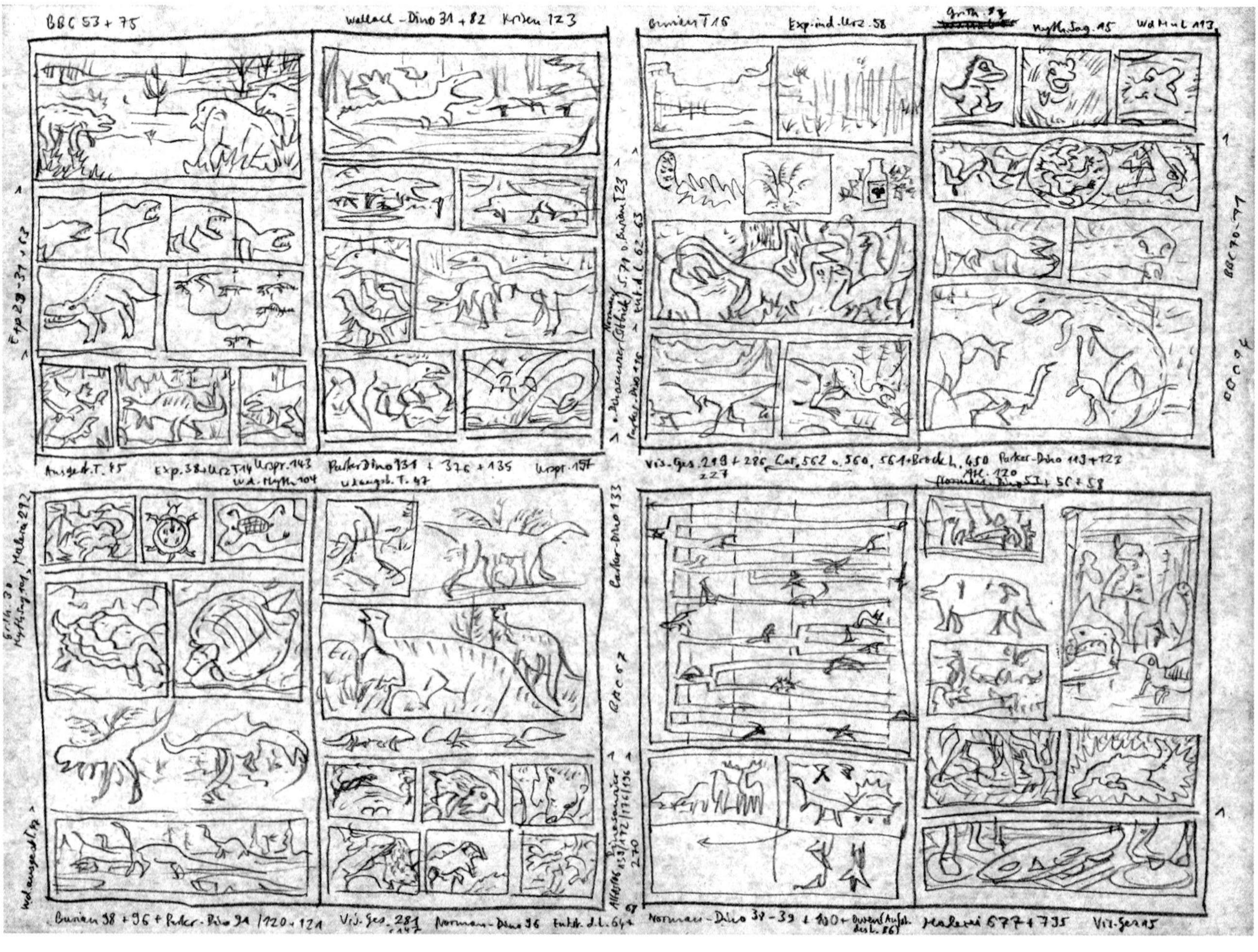

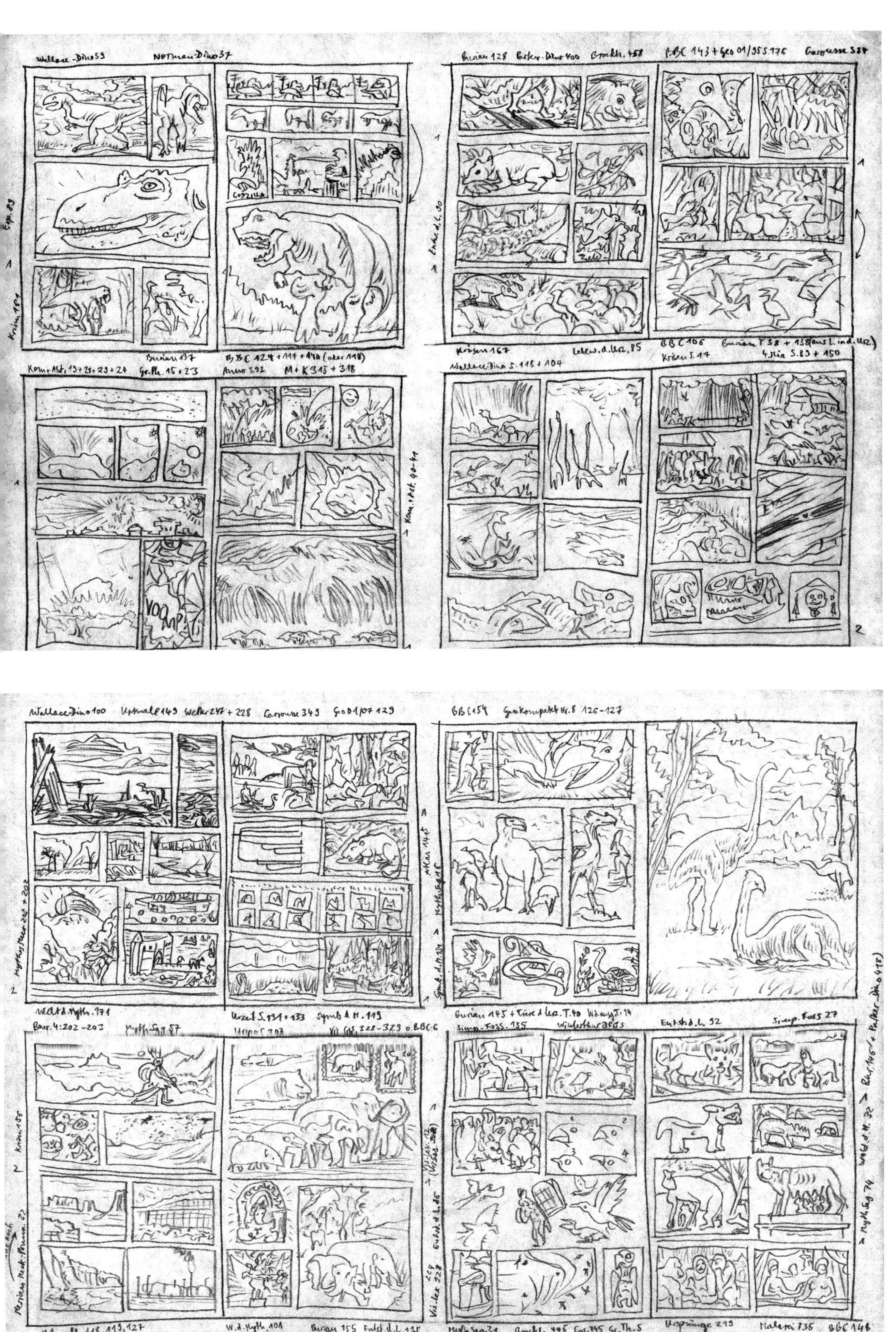

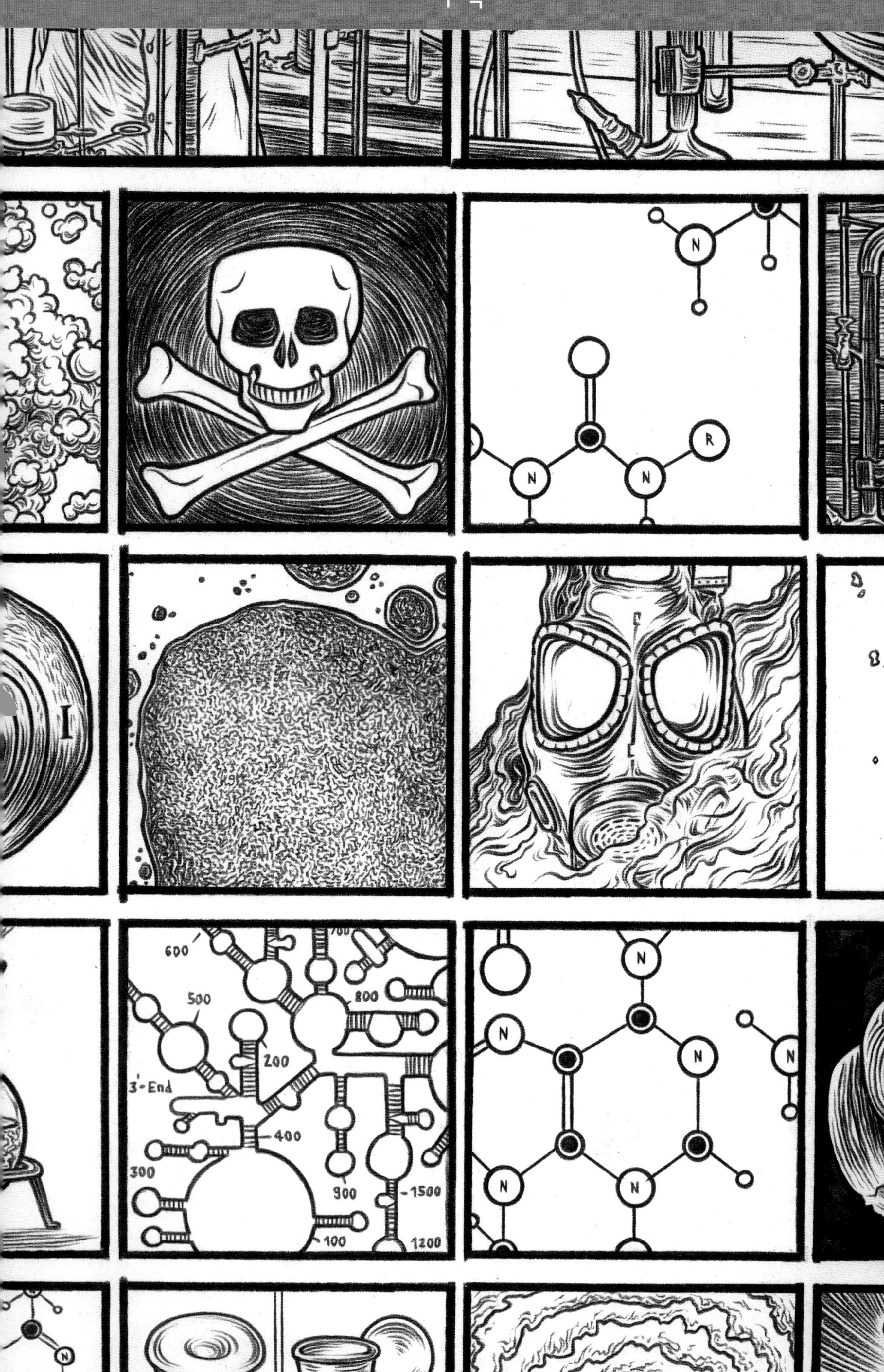
N
R
600
500
800
200
3'-End
400
300
900
-1500
100
1200

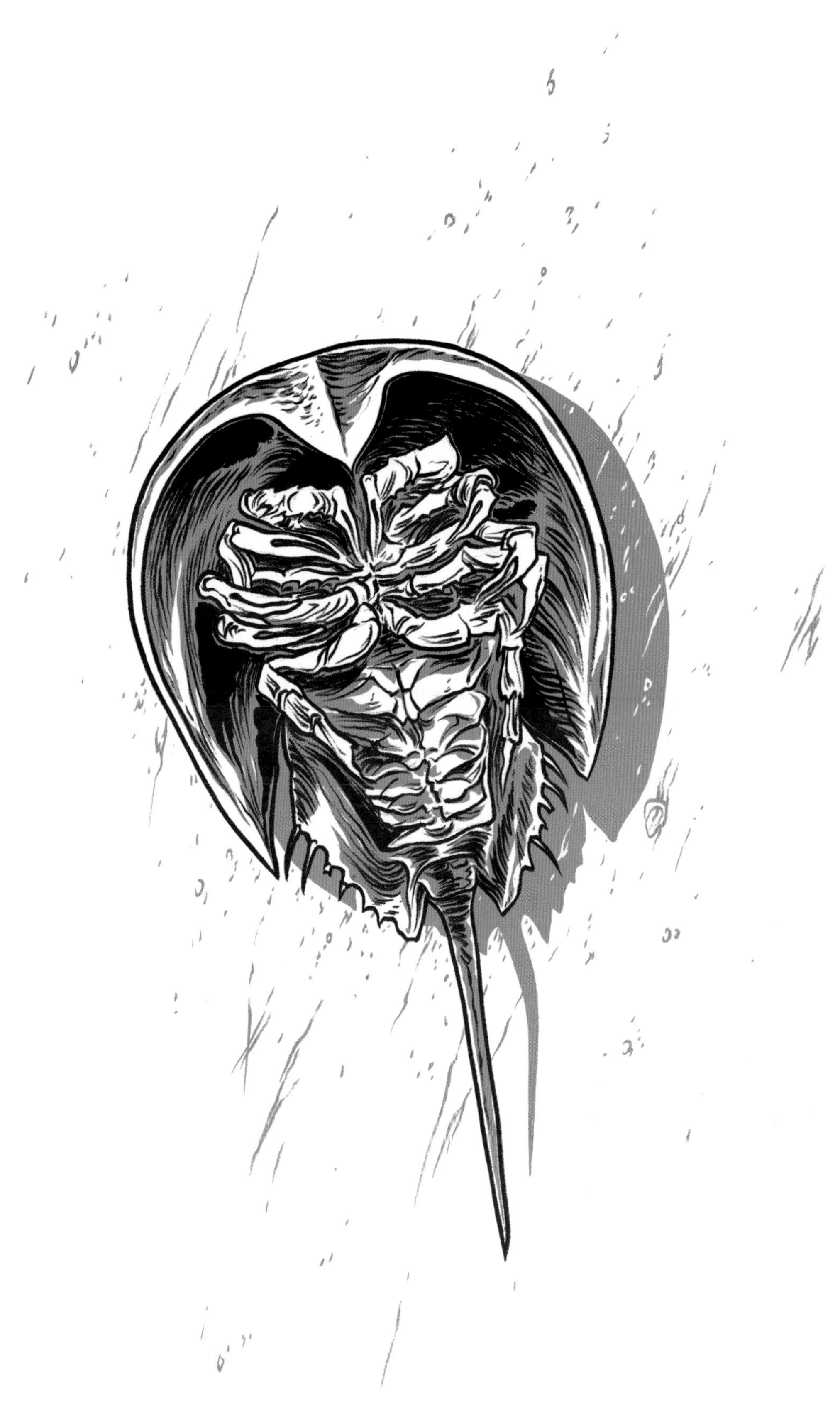

왼쪽페이지 : 『알파』의 오리지널 페이지 복제 (A3 용지에 연필과 목탄으로 그렸다).

< 부록 >

지질연대

은생누대
46억 년에서 5억 4200만 년 전

명왕대
46억 년 전에서 39억 년 전

태고대
39억 년 전에서 25억 년 전

원생대
25억 년 전에서 5억 4200만 년 전

현생누대
5억 4200만 년 전에서 0만년 전

고생대

캄브리아기		오르도비스기		실루리아기
5억 4200만 년 전	………	4억 8830만 년 전	………	4억 4370만 년 전
데본기		석탄기		페름기
4억 1600만 년 전	………	3억 5920만 년 전	………	2억 9900만 년 전

중생대

삼량기		쥐라기		백악기
2억 5100만 년 전	………	1억 9960만 년 전	………	1억 4550만 년 전

신생대

제3기

효신세		시신세		잠신세		중신세		선신세
6550만 년 전	………	5580만 년 전	………	3990만 년 전	………	2303만 년 전	………	533만 년 전

제4기

갱신세		완신세
180만 년 전	………	1만 1500년 전

6일간의 세계창조.
리옹에서 간행된 성서 (16세기) 에서 발췌.

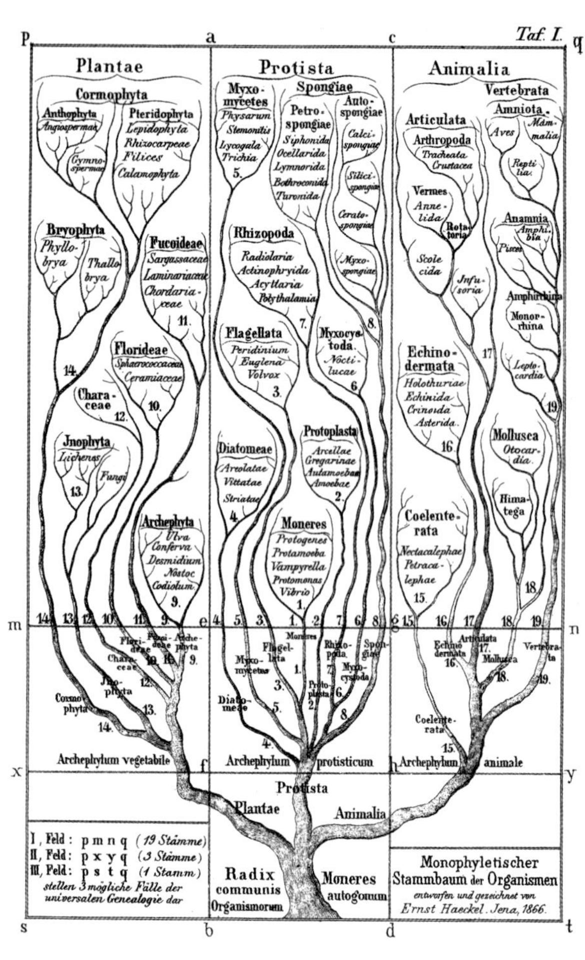

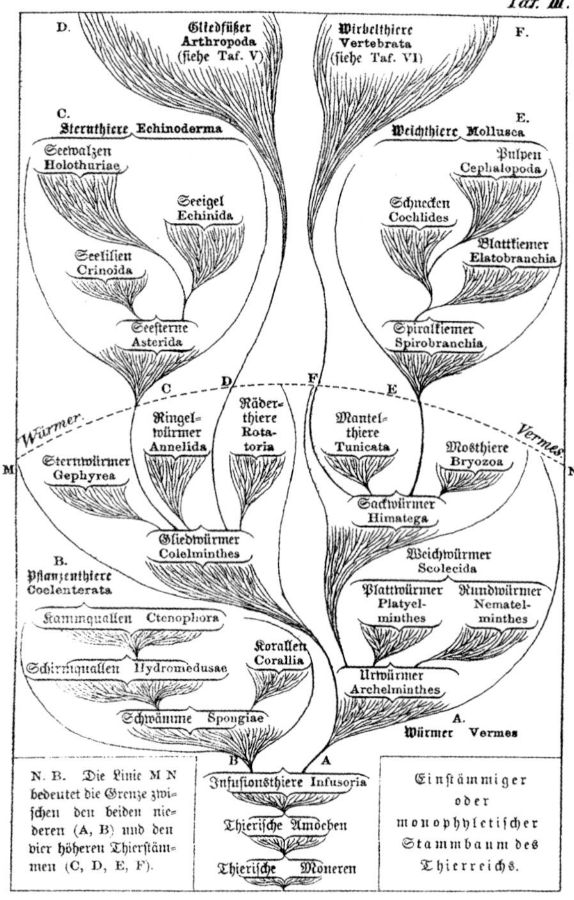

Taf. VII.

Stammbaum der Wirbelthiere palaeontologisch begründet, entworfen und gezeichnet von Ernst Haeckel. Jena, 1866.

N.B. Die Linie M N bezeichnet die Gränze zwischen den Anamnien und den Amnioten

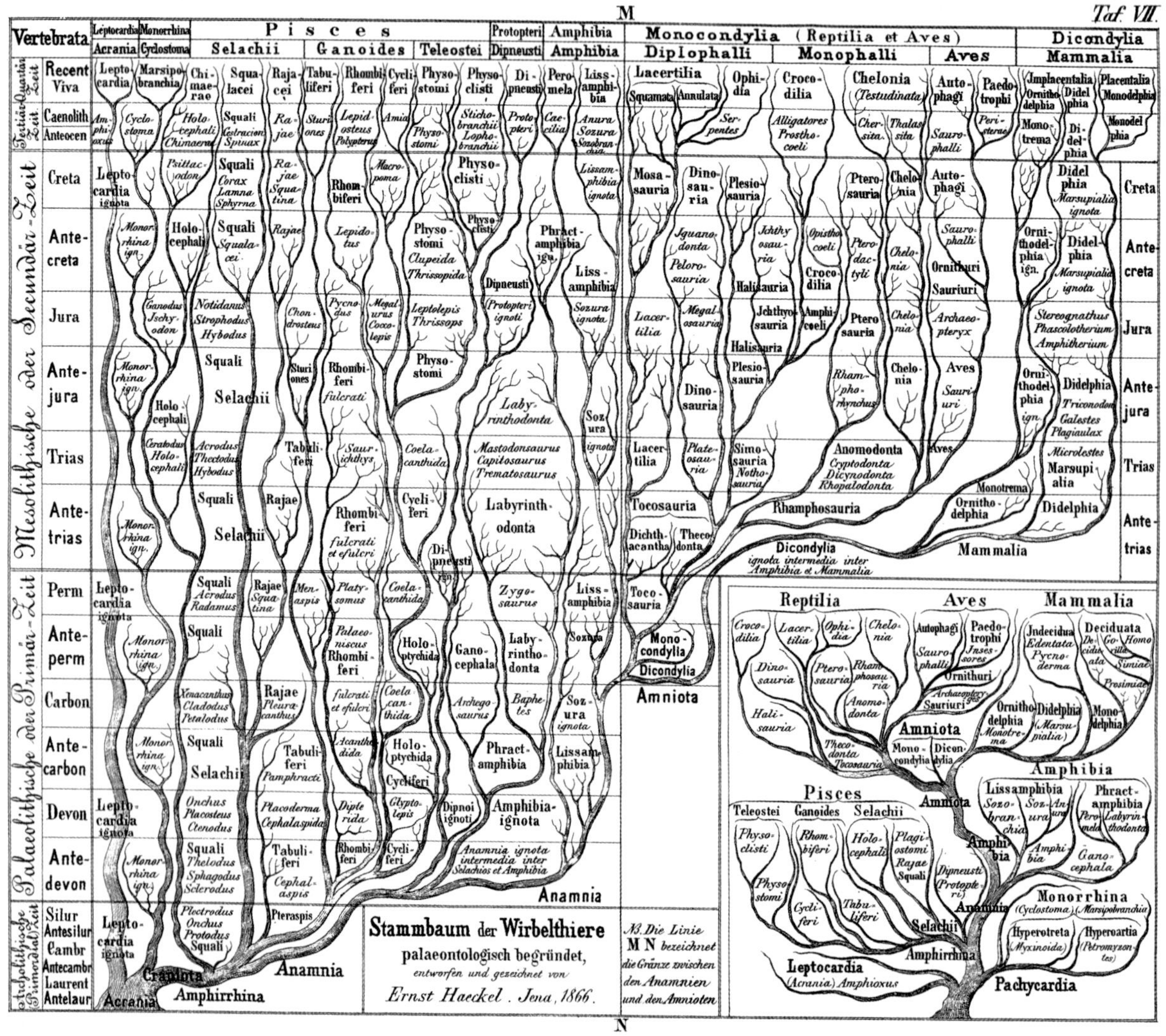

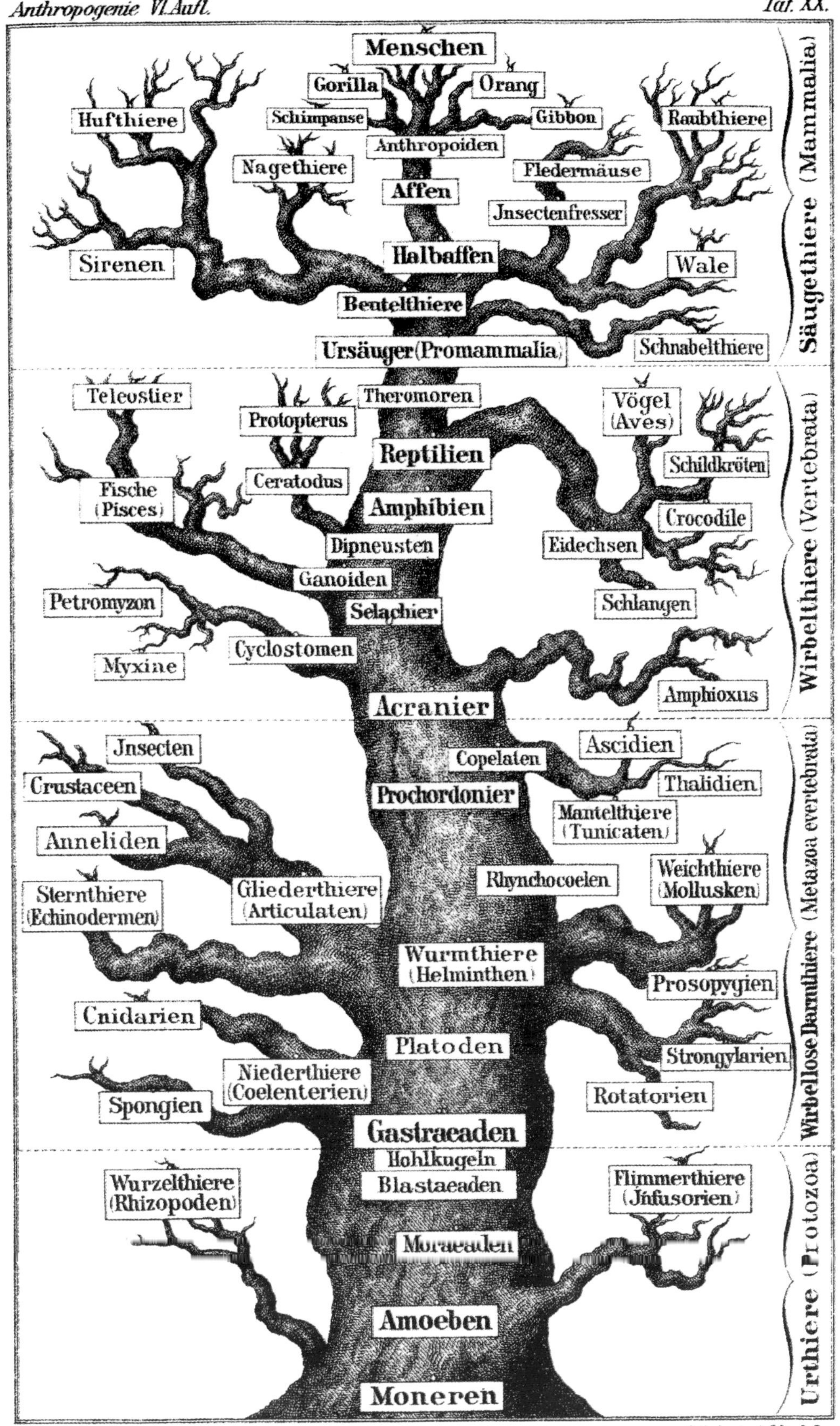

왼쪽 페이지 : 순서대로 전 생물, 동물, 척추동물의 계통수.
에른스트 헤켈 『유기체의 일반형태학』 (1866년) 에서 발췌.
오른쪽 페이지 : 인류의 체계적인 계통수.
에른스트 헤켈 『인류발전사』 (1874) 에서 발췌.

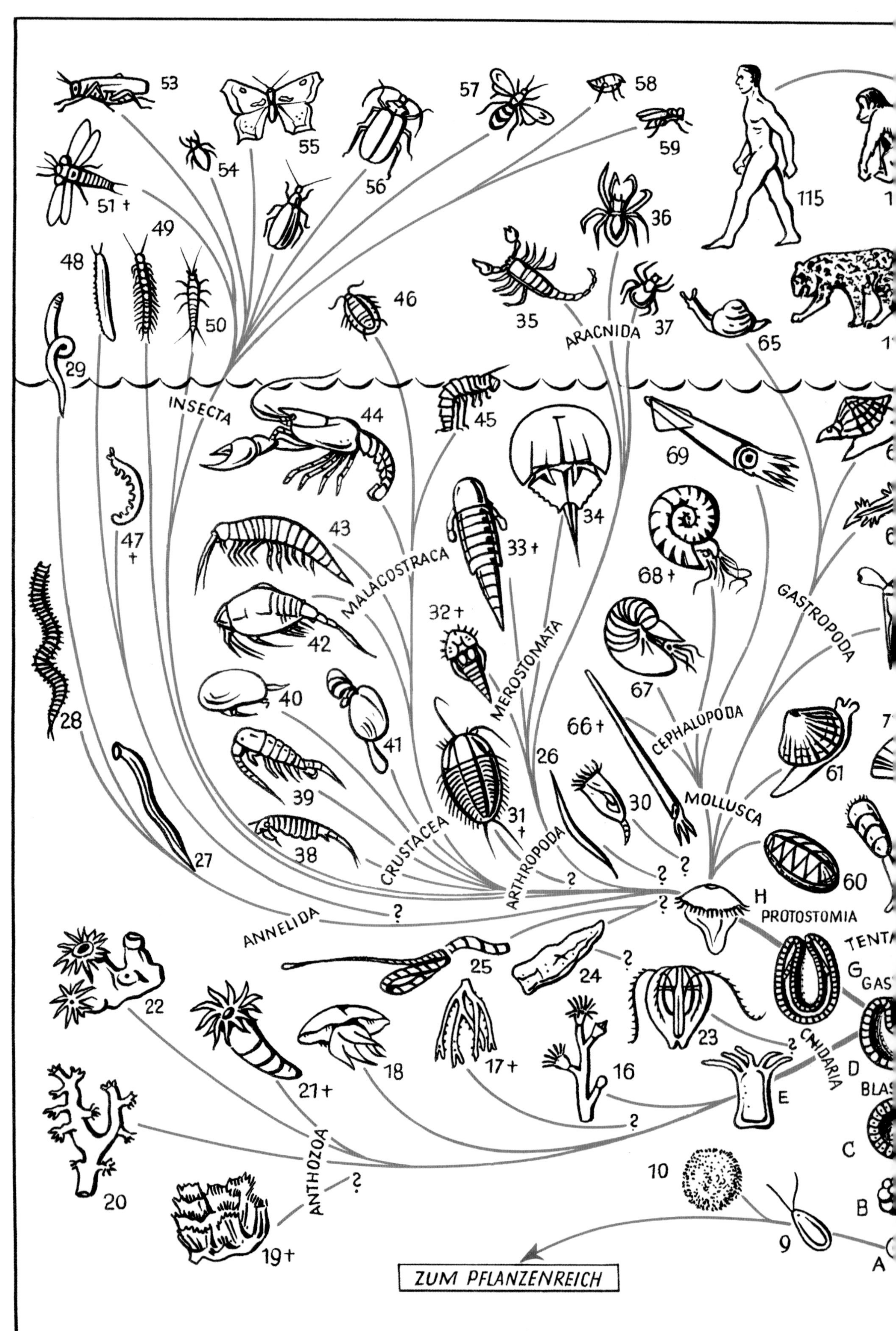
INSECTA
ARACNIDA
MALACOSTRACA
MEROSTOMATA
GASTROPODA
CEPHALOPODA
MOLLUSCA
CRUSTACEA
ARTHROPODA
ANNELIDA
PROTOSTOMIA
CNIDARIA
ANTHOZOA
ZUM PFLANZENREICH

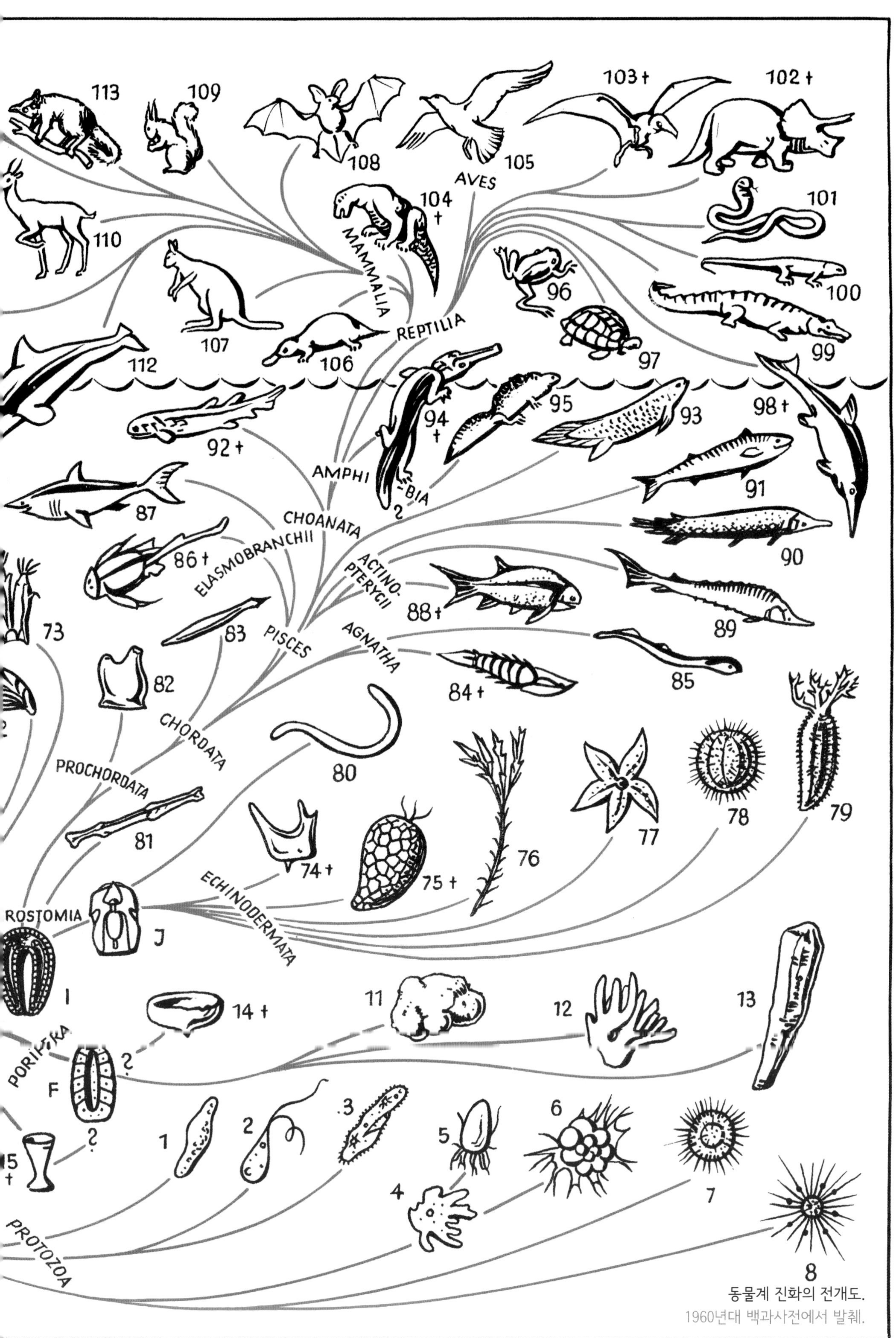

동물계 진화의 전개도.
1960년대 백과사전에서 발췌.

벤자민 워터하우스 호킨즈 (1854년)

벤자민 워터하우스 호킨즈 (1859년)

처음에는 네발로…
로버트 오웬의 지시에 따라 런던의 「크리스탈 팰리스」에 설치된 실물크기 조각과 그 조각에 기초하여 뎃셍.

니브 파커 (1960년경)

다음에는 뒷다리로 서서.
조각류鳥脚類의 골반은 조류의 그것과 닮았다고 하는 해부학적 지식에 따른 과학적 정보에 기초하여 제작된 그림.

공룡(2010년)

다시 네발로 서다.
현재의 생각에 따른 입체모형. 이 동물들은 꼬리로 균형을 잡으면서 주로 네발로 이동한다.
(소프트웨어 Poser 5-8을 사용 / DAZ Studio).

고생물학적 표현의 진화의 모든 단계. 이구아노돈 (1822년에 발견되었다) 의 예.
(288페이지도 참조할 것. 상단의 오른쪽은 기드온 만텔에 의한 예전 뎃셍.
상단의 왼쪽은 고생물학자들을 「크리스탈 팰리스」에서의 만찬에 초대하기 위해 호킨즈에 의해 제작된 실물크기 모형)

< 부록 >

방향 adams, audubon, auster, blu, borges, bruno, comenius, couché, darwin dawkins, debeurme, dennett, diamond, ford, forster, eco, hawking, hooke, larousse, lautréamont, lem, mare, margulis, mattotti, miyazaki, morris, murakami, musturi, ovid, pettibon, poe, pynchon, rabelais, schwägerl, scape, seba, shubin, strugatzki, verne, ware, wolverton

음악 bell, clark, ellison, fsol, funk, james, jelinec, jenkinson, jenssen, jerome kozalla, lippok, oceanclub, patterson, peel, plaid, sandison, vibert, warp

감사 ABCD, AS-BD, BBC, BD-FIL, CNBDI, CRS, CS14, CSV, FIBD, FIQ, GBS, GEO, HMS, KHB, MPG, NAFÖG, NSLM, SMNK, VFMK, VG B+K, ZLB

출전 de la beche, bosch, botticelli, brueghel, burian, busch, cranach, disney, doré, dürer, ernst, flammarion, furtmayr, giacometti, van gogh, goya, grandville, grünewald, gurche, haeckel, hallett, hawkins, henderson, hergé, hokusai, holbein, lichtenstein,magnus,magritte, mccay, mcguire, merian, michelangelo, pisanello, raffael, sibbick, tanaka, trondheim, da vinci, wegener, woodring etc.

감사 alex, andra, andreas, anna, anne, auge, augusto, ayelet, barbara, bastién, benjamin, cecile, chiqui, christian, claudia, conny, constanze, cuno, cristo, detlef, diez, dino, dirk, einat, emmanuel, evelyn, ferdinand, fernanda, fil, frederik, gabi, grit, guido, gianco, gottfried, gregor, hannes, hans, henni, hennink, henrik, henry, hülia, iliana, jan, joachim, john, josé, josepha, kairam, karsten, katharina, kati, klaus, konrad, lara, lars, laureline, leó, leoni, liane, line, lothar, lucie, manuele, marc, marcel, mario, marion, martin, matthias, mawil, max, micha, mimi, myriam, nanne, naomi, niki, norbert, okko, opp, pascal, paul, pedro, peter, pia, pierre, ralf, reinhard, reinhold, roberto, roland, sabine, schyda, sébastian, sébastien, serge, stephan, stephen, stéphanie, thaís, thierry, thomas, tim, tine, titus, tom, tomi, uli, valis, verena, vicki, viola, xoan

tous ceux que j´ai oubliés ici
ainsi que ma famille, tout, particulièrement ma chère franziska et nos enfants charlotte et matteo

여기에 적지 못한 모든 사람들.
및 나의 가족, 특히 사랑하는 프란치스카, 우리들의 아이 샤롯테와 마테오에게.

< 부록 >

그림(도상)의 출전

『아우로라 콘슬겐스』p.77, 2단 오른쪽 『아르데아』p.243 위 왼쪽 아르바니(프란체스코) p.226 위 왼쪽 베게너(알프레토) p.280, 2단 베히틀린(요한) p.174 가운데 윗드링(짐) p.180, 2단 오른쪽 에우프로니오스 p.175 위 오른쪽 에르제 p.209 아래 가운데 에른스트 (막스) p.179 위 왼쪽 / 226, 2단 옥스포드 사이엔티픽 필름회사 p.251 아래 왼쪽과 3단 왼쪽 / 274 위 왼쪽과 위 오른쪽 / 288 아래 오른쪽 오라우스 마그너스 p.211 위/287, 2단 오른쪽 올리버 (켄) p.242, 3단 왼쪽 / 290, 2단 왼쪽 카 (카렌) p.291 위/332 아래 카에타니(미켈란젤로) p.127 위 왼쪽 카쿠(스티브) p.258, 3단 / 259위 오른쪽 / 290 아래 왼쪽 가치(존) p.172 아래 / 213 / 240 위 / 270 위 오른쪽과 가운데 / 276, 2단과 아래 오른쪽 카랏치(안니발레) p.175 위 왼쪽 카롤르스펠트(슈놀 폰) p.90, 2단 왼쪽 키르허(아타나시우스) p.79 가운데 퀘르치아(브리아모 델라) p.127 위 가운데와 오른쪽 크라나흐(루카스) (아버지) p.305 위 오른쪽 그랑빌 p.65 가운데 그뤼네발트 (마티아스) p.258 위 왼쪽 그로스만 (게르하르트) p.287, 2단 왼쪽 케플러 (요하네스) p.35 위 왼쪽 고호 (빈센트 반) p.285 가운데 고야 (프란시스코 데) p.175 가운데 콘스탄티노프 (브라도) p.289 아래 오른쪽 사이언스 포토라이브러리 p.291 아래 오른쪽 쉐델 (하트만) p.103 위 시빅 (존) p.175 아래 / 209 위와 가운데 왼쪽 / 212 아래 / 217 위 오른쪽 / 229 아래 / 235 / 238 위 오른쪽 / 242 위 오른쪽 / 243, 3단 / 253 가운데 / 255 위 / 256 아래 왼쪽 / 266 위 / 271 위 오른쪽 / 272, 3단 왼쪽 / 276 위 오른쪽 / 278 아래 / 279 위 / 288, 2단 / 300 가운데 오른쪽 / 309 아래 왼쪽 / 325 위 자코메티 p.179 가운데 오른쪽 샤르메 (장=루) p.261 위 왼쪽 심슨 (톰) p.260 위 스호텐 (플로리스 반) p.125 위 셀라리우스 (안드레아스) p.57 가운데 왼쪽 소바크 (얀) p.320 아래 다윈 (찰스) p.308, 2단 오른쪽 다나카 마사시 p.257 위 챠오 츄안 / 신 리다 p.274 위 가운데 다니엘 (존) p.308, 2단 왼쪽 듀몬트 (존□S) p.321 아래 오른쪽 뒤러 (알브레히트) p.277 위 가운데 / 310아래 왼쪽 데 라 비치 (헨리 토마스) p.271 아래 『천구론』(天球論) p.156, 3단 가운데 톰 링 (루트거) (아들) p.319 가운데 아래 가운데 도레 (구스타브) p.252 아래 오른쪽 / p.297 위 오른쪽 / p.304 아래 왼쪽 트론다임 (루이스) p.239 아래 나이트 (찰스 R) p.309, 2단 오른쪽 뉴먼 (에드워드) p.254 아래 오른쪽 뉴먼 (콜린) p.229, 3단 / p.231, 2단 노보스티 포토라이브러리 p.332, 2단 오른쪽 바이유의 타페스트리 p.67 아래 오른쪽 하일만 (게르하르트) p.289 위 왼쪽 바크스 (칼) p.198 아래 / p.288 아래 할렛 (마크) p.266 아래 헌트 (윌리엄 홀맨) p.320, 3단 가운데 비자넬로 (안토니오) p.243 아래 오른쪽 헬데가르트 폰 빙엔 p.80 가운데 퐁테뉴브로파 p.309 아래 오른쪽 부쉬 (빌헬름) p.329, 2단 오른쪽 / 332, 2단 왼쪽 브리 (테오도르 드) p.175, 2단 브리안 (즈데닉) p.134 위 오른쪽 / 165 / 168-169 / 185 위 / 187 아래 / 190 아래 / 193 / 194 아래 / 195 위 왼쪽과 가운데 왼쪽 / 196 아래 / 199 위 / 202 아래 / 210 아래 / 211 가운데 / 214 위 왼쪽 / 219 / 221 아래 왼쪽 / 222-223 / 224 위 / 225 아래 오른쪽 / 229, 2단 / 230 아래 / 231 아래 / 238 아래 / 239 위 오른쪽 / 240 아래 오른쪽 / 241 가운데와 아래 / 243 아래 / 247 / 248 아래 왼쪽 / 249 아래 가운데 / 250 아래 왼쪽 / 251 아래 오른쪽 / 253 위와 아래 / 256 위 왼쪽 / 258, 2단 오른쪽과 아래 / 259 위 왼쪽과 4단 오른쪽 / 263 / 265, 3단 왼쪽 / 268-269 / 272, 3단 오른쪽 / 275 / 283 / 288, 3단 / 289, 3단 왼쪽 / 292 / 294 아래 오른쪽 / 296 위 왼쪽 / 297 가운데 / 303 / 306 가운데 / 307 / 309 위 오른쪽 / 310, 2단 왼쪽과 4단 3번째 / 311, 2단과 아래 / 316-317 / 318 위 / 321 위 오른쪽과 아래 왼쪽 / 322 위 왼쪽과 아래 오른쪽 / 323 / 327 / 330 아래 / 331, 2단과 3단과 아래 / 334 및 표지의 몇몇 인용 프리드리히 (카스퍼 데이빗) p.285, 2단 왼쪽 브뤼헐 (피테르) (아버지) p.230 가운데 오른쪽 후르트마이어 (베르토르트) p.148 위 오른쪽 헤켈 (에른스트) p.176아래 / 180 위 가운데와 2단 왼쪽 및 가운데 베르겐 (데이빗) p.289 아래 왼쪽 헨더슨 (더그) p.251 위 보우텔 (로빈) p.216 위 호킨스 (벤자민 워터하우스) p.261 위 오른쪽과 3단째 왼쪽 / 288 위 왼쪽 호쿠사이 p.82 아래 오른쪽 / 92 아래 / 99 위 오른쪽 보스 (히에로니무스) p.172, 2단 왼쪽 / 179 위 오른쪽과 2단 왼쪽 / 227 위 오른쪽 보티첼리 (산드로) p.150, 2단 왼쪽 / 176 위 왼쪽 호델 (에른스트) (동생) p.328 아래 / 329 아래 폴 (그레고리 S) p.270 아래 오른쪽 / 294 위 / 300, 3단 왼쪽 홀바인(한스) (아버지) p.261 아래 마이스터 베르트람 p.178 아래 마이어 (미하엘) p.261 가운데 오른쪽 맥가이어 (리차드) p.290, 2단 가운데 마그리트 (르네) p.76 가운데 왼쪽 마탄즈 (제이) p.321 위 왼쪽과 2단 왼쪽 멕케이 (윈저) p.265, 3단 오른쪽 마르틴 (라윌) p.267 아래 만셀 / 타임 인코포레이티드 p.299, 2단 왼쪽 만텔(기드온) p.288 위 오른쪽 미켈란젤로 p.76 위 왼쪽 메리안 (마리아 지빌라) p.237 아래 / 286 아래 라트게버 (토마스) p.294 가운데 라파엘로 p. 226 위 오른쪽 램브르 형제 p.320, 3단 왼쪽 리히텐슈타인 (로이) p.298 아래 오른쪽 레오나르도 다빈치 p.90, 3단 오른쪽 / 92 위 왼쪽 로마노 (쥴리오) p.232 위

및 다음에 올리는 영화 장면 :

『달세계 여행』p.85아래 오른쪽 『벅스라이프』 p.237, 4단 가운데 『판타지아』 p.265 아래 왼쪽 『고질라』 p.295, 2단 『쥐라기 공원』 p.264, 2단 / 290, 2단 오른쪽 『모비딕』 p.315 아래 왼쪽 및 BBC 제작의 다큐멘터리 3부작 『Walking with Beast』 p.297 아래 왼쪽 / 306 위 / 309, 3단 왼쪽 / 310, 2단 오른쪽 / 314 위 오른쪽과 가운데 왼쪽 / 315 위 왼쪽과 아래 오른쪽 / 330 위 가운데와 위 오른쪽 / 331 위 『 Walking with Dinosaur』 p.250 위와 2단 / 252, 2단 / 255 가운데 왼쪽과 아래 / 257, 3단과 아래 / 259, 2단 / 270 아래 왼쪽 / 272 아래 왼쪽과 오른쪽 / 273 아래 오른쪽 / 278 위 / 289 위 오른쪽 / 290 아래 오른쪽 / 291 가운데와 아래 왼쪽 / 295 위와 3단과 아래 / 297 위 왼쪽과 아래 왼쪽 『 Walking with Monster』 p.190 위 / 208 가운데와 아래 / 209 가운데 오른쪽 / 226, 4단 가운데 / 227 아래 왼쪽과 오른쪽 / 228 위 왼쪽 / 240 가운데 / 241 위 / 242 위 왼쪽과 2단 / 248 아래 오른쪽 / 249 위 왼쪽과 오른쪽

몇몇 그림은 다음 것에서 착상을 얻었다. 아보리지니, 이누이트, 켈트, 슬라브의 전설, 아프리카, 인도, 폴리네시아, 스칸디나비아의 신화, 이집트, 게르만, 그리스 로마, 페르시아의 신들, 불교, 기독교, 도교, 힌두교, 이슬람교, 유대교, 신도 및 석기시대의 수렵문화 등.

저자는 이 책에서 그 작품을 이용하고
다시 그린 모든 일러스트레이터, 화가, 만화가, 사진가, 영화인, 조각가에 감사한다.

본 서적의 일러스트에서 사용된 테마는 주로 다음 서적에 유래한다.

David E. Fastovsky & David Weishampel, The Evolution and Extinction of the Dinosaurs, Cambridge University Press, 1996

Peter Wellnhofer, Illustrated Encyclopedia of Pterosaurs, Crescent, 1991

그가 다룬 많은 테마를 다시 채택하도록 허가해 준 체코의 화가 즈데닉 브리안의 권리소유자에게 특히 감사를 표한다. 브리안에 착상을 얻은 『알파…방향』의 그림은 주로 「고생대」「중생대」「신생대」의 각 장에 보이고, 다음 저자에 유래한다.

Josef Augusta & Zdenek Burian, Praveka zvirata (『태고의 동물』), Artia, Praha, 1960

Zdenek V. Spinar & Zdenek Buria, Zivot v praveku(『태고의 생명』), Werner Dausien, Hanau / Artia, Praha, 1973

Borivoj Zaruba & Zdenek Burian, Svet vyhynulych zvirat (『절멸동물의 세계』), Artia, Praha, 1982

Vratislav Mazak & Zdenek Burian, Praclovek a jeho predkove (『원시인과 그 선조』), Artia, Praha, 1983

순수주의자 여러분들께

사실적인 면에서나 그림면에서나 이 책에서 나는 아무런 발명도 하지 않았다. 인간의 역사를 도상화하기 위해 나는 화석의 그림뿐만 아니라, 3만년에 걸친 문명의 역사 속에서, 인류의 대표자 몇 명이 제작한 막대한 시각적 유산도 사용했다 --- 신석기 시대의 동굴벽화에서 그리스의 모자이크까지, 중세의 제단화에서 근대의 다게레오타입까지, 나아가 우주망원경으로 촬영된 사진이나 3D디지털 표현까지도 이용했다.

신앙심이 두터운 분들께

이 3부작은 선교의 의도를 전혀 지니고 있지 않다 ---설령 무신론적 세계관이 필연적으로 페이지 속에 비춰 보인다할지라도, 나는 어느 누구도 개종시키려고 하지 않는다. 이 모든 사건들에 대해서 과학에 입각한 생각을 공유하는 독자나 어찌되었든 신앙과 진화론을 화해시킬 수 있는 독자에게 말을 건네는 것이 나에게는 흥미진진했다. 그래도 새로운 지식이 얻어질 때마다 과학 차원에서 뿐만 아니라, 신학 차원에서도 새로운 의문은 등장하므로, 이러한 시도는 우리가 우리 자신에 대해서 가지는 이미지에 깊은 영향을 미치는 것이다.

< 부록 >

만화 팬 여러분들께

만약 당신이 습관적으로 『알파』를 이 페이지부터 펼쳤다면, 여기서부터 앞쪽으로 읽어나가길 바란다. 그렇게 하면 당신은 이 책에 표현되어 있는 모든 과정과 발전을 참신하고 기발한 방법으로, 일반적으로는 시각적으로 이해하기가 불가능한 맥락으로 훑어나갈 수 있을 것이다. 각 페이지를 오른쪽에서 왼쪽으로 뿐만 아니라, 아래에서 위로 읽는 것에도 주의해야 하겠지만.

과학자분들께

이 책은 독자를 우주와 생명 진화의 일종의 비전으로 개종시키려 하는 것은 아니다. 여기서 중요한 것은 세계의 생성에 대해 표현 가능한 방식을 취한 것이며, 따라서 이 책에서는 현재형이 사용되고 있다. 다양한 이론과 지식이 이 페이지들을 완성하는데 많은 역할을 했지만, 그 이론과 지식들이 최근의 연구성과에 매번 들어맞는 것은 아니다. 나는 주관적 시점으로 가능성과 강력한 시각적 잠재력에 기반하여 그 다양한 이론과 지식들을 선택한 것이다.

엔스 하르더
ALPHA
...directions

초판 1쇄 인쇄 2017년 7월 20일
초판 1쇄 발행 2017년 7월 25일

글·그림 옌스 하르더
옮긴이 멜론 편집부

펴낸이 김태광
펴낸곳 (주)도서출판 멜론

디자인 정현명

출판등록 2007년 5월 23일 제313-2007-000116호
주소 서울 마포구 잔다리로 47 B1
전화 02-323-4762
팩스 02-323-4764
이메일 mellonml@naver.com
블로그 mellonbooks.com

ISBN 978-89-94175-09-6 03900
978-89-94175-08-9 (세트)

책값은 뒤표지에 있습니다.
잘못된 책은 구입하신 곳에서 바꿔드립니다.

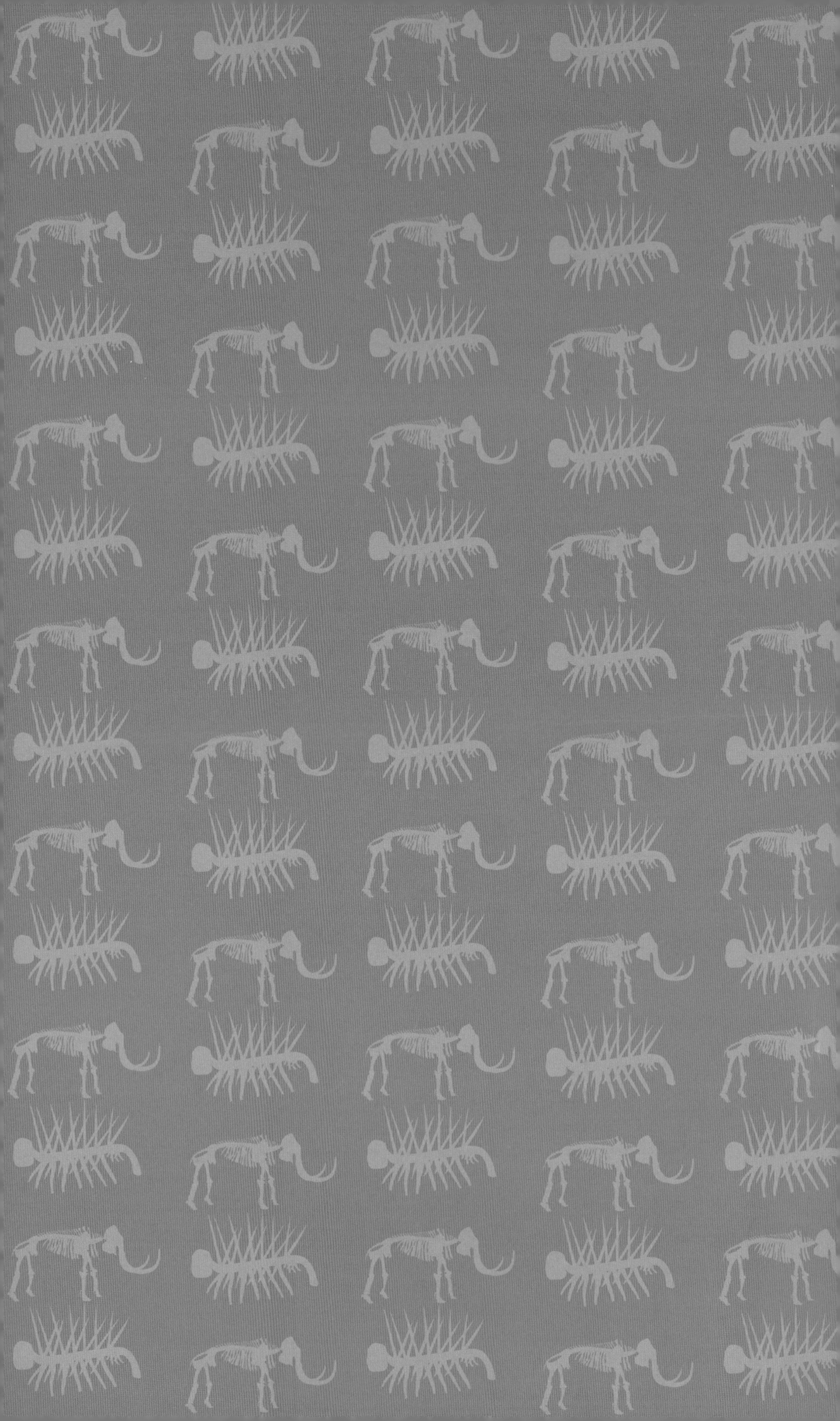